DIEZ
Cuentos
DE
Eva Luna

DIEZ
Cuentos
DE
Eva Luna

Isabel Allende

CON GUÍA DE COMPRENSIÓN Y REPASO DE GRAMÁTICA

Editado por Kenneth M. Taggart
Richard D. Woods

Introducción de Marjorie Agosín

Boston, Massachusetts   Burr Ridge, Illinois
Dubuque, Iowa   Madison, Wisconsin   New York, New York
San Francisco, California   St. Louis, Missouri

McGraw-Hill

A Division of The McGraw-Hill Companies

7 8 9 10 11 12 13 14 BKMBKM 9 9

ISBN 0-07-001356-X

The editors were Thalia Dorwick and Richard Mason.
The production supervisor was Tanya Nigh.
The design manager was Francis Owens.
The text designer was Brad Thomas.
The cover designer was Juan Vargas.
The cover woodcut was by James Grashow.
The woodcut illustrations were by James Grashow.
This book was set in Centaur and New Baskerville by Clarinda
   Typesetting.

Library of Congress Cataloging-in-Publication Data
Allende, Isabel.
    (Cuentos de Eva Luna. Selections)
    Diez Cuentos de Eva Luna: con guía de comprensión y repaso de gramática / editado por Kenneth M. Taggart y Richard D. Woods; introducción de Marjorie Agosín.
        p.   cm.
    Prefatory material in English.
    ISBN 0-07-001356-X
    1. Spanish language—Readers. I. Taggart, Kenneth M.
II. Woods, Richard Donovon. III. Title.
PQ8098. 1. L54C84 1994
468. 6' 421—dc20

94-24582
CIP

Contents

Preface to the Instructor
ठाईठाईठाईठाईठाईठाईठाईठाई

Diez Cuentos de Eva Luna, con guía de comprensión y repaso de gramática is a student edition of ten of Isabel Allende's stories. The stories are unabridged and the edition is designed for intermediate and advanced Spanish courses.

A Reader with Stories by One Author

Our experience has been that students' reading skills and language fluency improve dramatically when they are allowed to focus on the works of a single author. In this kind of "narrow" reading, the style, vocabulary, themes, and characters of one author provide a *consistent context* within which students can more easily understand the text they are reading at the moment.

Allende's stories provide several advantages for Spanish students at the intermediate and advanced levels.

- Her use of linear narration makes the chronology of events in the stories easier for students to grasp.
- Her characters represent realistic regional and universal types that students can easily identify and visualize. (The handwritten signatures of the characters in the stories, displayed on the inside back cover, were created by Isabel herself.)
- Her themes are contemporary as well as traditional, and her focus on women's issues is timely and insightful.
- Most important, her stories are moving on a human level and will undoubtedly hold the attention of students. As such, it is likely that for many students these stories will provide the first experience of enjoyable reading in Spanish.
- Finally, Allende is a highly acclaimed writer whose creative imagery and metaphors represent the best in contemporary Latin American literature.

Allende's prose, like that of many contemporary authors, is challenging, and students may have to work hard on the first few stories. If your students are like ours, however, they will soon be caught up in the exciting flow of Allende's narrative and begin to read with greater ease, comprehension, and enthusiasm.

Distinguishing Features

The following features of this anthology will help to make Allende's stories accessible to your students.

Introducción a Isabel Allende by Chilean Poet Marjorie Agosín

Written in Spanish and glossed to facilitate student comprehension, the *Introducción* provides background information on Allende's life and works, as well as important introductory comments on each of the stories in the anthology. Students should be taught to refer to the *Introducción* before beginning a given story.

Comprehension Aids

Reading Tips for Spanish Students offer students suggestions that will help them organize their reading efficiently and so become better readers.

The all-Spanish emphasis in the anthology, including footnotes and all exercises and activities, will help students "stay in Spanish" as they read and react to the stories. (The end vocabulary, of course, offers definitions in English.)

The activities in the *Preparación* sections help students enter the context of the stories by making sure that they understand the title and the first paragraph(s) of each one. The brief discussion questions in *Temas e ideas* encourage students to think about the themes and issues in each story before they read it. The list of key words for each story will enhance students' comprehension when they see these words in their narrative context.

The illustrations, which represent critical scenes in the stories, will help students visualize key points in the narration.

Two kinds of comprehension activities *(El argumento, Cuestionario)* help students verify their understanding of the main ideas of the story, and guide discussion of it.

Activities in *Síntesis* will guide class discussion of the stories and serve as the basis for follow-up activities, if so desired.

Language Aids

The *Modismos* sections help students practice key idiomatic expressions, all within the story's context.

Repaso gramatical sections offer material for reviewing important topics in Spanish grammar: **ser** and **estar**, preterite and imperfect, indicative and subjunctive, and so on.

Suggested Pace

The following pacing guide shows how to use this anthology with classes meeting three hours a week.

First   *Preparación: El título*
Class   *Temas e ideas*
                    Primer párrafo
                    Palabras útiles

        Assign the story for homework, along with most of the follow-up activities.

Second *Lectura*
Class   *Comprensión: Argumento*
                   Cuestionario
                   Modismos
       Repaso gramatical

        Assign as many of the *Síntesis* activities as desired or as time permits.

Third   *Síntesis:* class discussion, partner/pair, group work as
Class   well as class presentations with the optional materials in this section.

        Assign *Preparación* for the next story.

Acknowledgments

The authors wish to express the first note of thanks to our publisher, Thalia Dorwick, who recognized the uniqueness of this project and provided encouragement from the very beginning. She has guided us through the various stages of editorial production with great enthusiasm, often involving herself as intensively as a co-author, yet always maintaining the necessary objectivity and standards required by her role.

We also wish to recognize the contributions of several McGraw-Hill staff members. Richard Mason was our editing supervisor and was also crucial to the development of the artwork, to which he added his own highly insightful reading of the stories. The artist himself, James Grashow, is due a special note of thanks for translating our narrative description into artistic reality, and also for contributing his own perceptive vision of the stories. Scott Tinetti's proofing, research, and cross-referencing provided a very necessary quality control element.

Special thanks go to the following instructors who reviewed the manuscript at an early stage. The appearance of their names does not necessarily constitute an endorsement of the text.

Ramón Araluce, University of Southern California
Gene Hammit, Allegheny College
David C. Julseth, Belmont University
Lorraine Sciadini, Vanderbilt University
Héctor N. Urritibeheity, Rice University
Samuel G. Saldívar, United States Military Academy

From the Department of Modern Languages and Literatures of Trinity University, we acknowledge especially Dr. Pablo A. Martínez, whose excellent proofreading skills, constructive comments, and cultural insight were invaluable. Important support was also provided by Mrs. Patricia Cárdenas and Ms. Diana Noriega.

Marjorie Agosín accepted our request to write the Introduction with great enthusiasm. Her perspective will help students achieve a fuller appreciation of the stories.

The last note of thanks is personal. Isabel Allende has been most gracious; not only a gifted writer, she is also a beautiful person and a dear friend. Mary S. Woods, who embodies many of the qualities of an Allende heroine, has been especially supportive because of her appreciation of feminist literature. Doris M. Taggart is perhaps the one to whom most thanks are due, for, years ago, she introduced us to Allende's work and conceived the general idea for this anthology.

Reading Tips for Spanish Students

Isabel Allende is a master storyteller. Her works, written in a highly readable style, present unforgettable characters and focus on timely issues. Your primary goal should be to read and understand the stories in this collection, and work through pre- and post-reading materials, all within a Spanish context. The text has been structured with that goal in mind; the *Introducción a Isabel Allende,* as well as all notes and exercises, are in Spanish. If you follow the procedure outlined below, you will improve your reading skills rapidly and gain full advantage from the materials included in the text.

◆ Before you begin to read a story, read the comments about it that are included in the *Introducción a Isabel Allende.*

◆ Do the *Preparación* exercises carefully. Here is what you will find in the *Preparación* section.

• *El título* helps you think ahead to what the story might be about.
• *Temas e ideas* sets the stage for the story's themes and issues.
• *Primer párrafo* structures your reading of the initial passages of the story, with questions to test your understanding.
• *Palabras útiles para la comprensión* helps you understand new terms that describe major events and advance the action.

◆ Scan the drawings before you begin to read the story. The drawings can both help you anticipate and follow the plot, and make unfamiliar vocabulary comprehensible.

◆ Now read the story following these steps:

1. **Your first reading of the story is perhaps the most important.**

Read through the story without using either a dictionary or the Spanish-English glossary. Infer the meanings of new terms and idioms through their context. Remember that the content *before* and *after* unknown terms may be equally important. Be content with general definitions of such terms; they are probably sufficient at this stage of your reading. As you approach the end of the story, you may find that the repetition of words in different contexts can help to clarify the meaning of many words that you did not understand at first.

Remember what you know about Spanish grammar during the inference process. If a new word is a verb, its tense may provide important information. (Allende tends to narrate in the past tense.) A preterite tense verb probably narrates a major event, especially if it is preceded by verbs in the imperfect. A verb in the imperfect most likely describes background action. You can infer much from a verb in the subjunctive. Is it triggered by uncertainty or emotion expressed by the verb of the main clause, or by the conjunction joining the two? What is the sequential relationship between the two clauses? You can infer a great deal about nouns by their gender and number. Those two elements will, in turn, point clearly to an adjective's antecedent, whose meaning you may already know.

Use the notes. Written in basic Spanish with maximum use of cognates, the notes provide valuable cultural, historical, or language information.

When you have finished the first reading, ask yourself some general questions to check your comprehension. What is the general story line? Who are the protagonists? What are they like? What issue(s) do they face? Turn to the first exercise of the *Comprensión* section and try to fill in the chronological sequence of some or most of the items. As you progress through the readings, you can measure your improvement by your ability to complete the exercise at this point in your study process.

2. Read the story a second time.

If you cannot infer the meaning of a term, and if the term seems important to the action of the paragraph, underline it lightly, look it up, and write a one-word definition of it lightly in the margin. Use a Spanish synonym if you can. Be careful to select a definition that fits the context of the paragraph. Write in pencil. Keep the text of the story clean and free of translations.

3. Read the story a third time with the benefit of your vocabulary notes.

Probably scanning by this time, you will be using your marginal information almost subconsciously. You will be surprised, however, to discover new meanings in many of the terms, and a number of the story's scenes will become much more vivid than they were in the previous readings. Three readings of the same story may seem excessive, but this is a very efficient process. You will understand more of the story each time you read it.

◆ Now you are ready to do the follow-up exercises. Here is what you will find after the story to help you with comprehension, language, and in-class discussion.

• *El argumento* This allows you to complete and check the chronology exercise, which serves as an outline of the principal scenes in the story.

- *Cuestionario* These questions, arranged in the sequence of the story's events, also present a chronology useful for overall comprehension and an additional plot outline.
- *Modismos* Answering the questions in this section allows you to practice the idioms and reinforces your understanding of many key scenes.
- *Repaso gramatical* This section also has a dual focus. A review of key elements of grammar is accomplished using the story's context.
- *Síntesis* This section will help you increase your appreciation of all story elements. Class discussion will hone your understanding and broaden your appreciation of the story. Writing on a topic of your choice culminates the process.

If you follow these suggestions, you will come to understand the stories fully and be well prepared for exams on them. Of more lasting value, you will have achieved an appreciation of the richness of Isabel Allende's metaphors, themes, and imagery, and you will have accomplished that in the original Spanish in which she wrote.

Isabel Allende: Datos personales y profesionales

1942 Nace el 2 de agosto en Lima, Perú, de padres chilenos.

1944 Se separan sus padres; Isabel y su madre vuelven a Chile.

1956–1958 Vive en el Líbano; asiste a un colegio inglés.

1958 Regresa a Santiago de Chile, donde termina sus estudios.

1962 Contrae matrimonio con Miguel Frías.

1963 Nace su hija Paula.

1965 Estudia televisión en Bélgica.

1966 Nace su hijo Nicolás.

1967 Empieza su carrera periodística con una revista feminista.

1969 Empieza a trabajar como entrevistadora en la televisión.

1970 Su tío, Salvador Allende, es elegido presidente de Chile.

1973 Golpe de estado y asesinato de Salvador Allende; Isabel ayuda clandestinamente a los perseguidos por el régimen militar.

1974 Publica *Civilice a su troglodita: Los impertinentes de Isabel Allende*, libro humorístico y satírico.

1975 Abandona Chile y se exila en Venezuela.

1982 Publica su primera novela, *La casa de los espíritus*.

1984 Publica su segunda novela, *De amor y de sombra*. Publica *La gorda de porcelana*, libro juvenil.

1987 Se divorcia (de Miguel Frías). Publica su tercera novela, *Eva Luna*.

1988 Se casa por segunda vez. Se establece en California con su esposo, William Gordon.

1989 Publica *Cuentos de Eva Luna*, antología de veintitrés cuentos.

1991 Publica su cuarta novela, *El Plan Infinito;* su hija Paula se enferma y cae en coma.

1992 Fallece Paula.

1994 Es condecorada con la Orden al Mérito Gabriela Mistral. Publica su quinta novela, *Paula*.

Introducción a Isabel Allende

En la sociedad patriarcal hispanoamericana de principios de siglo, no era bien visto que la mujer se expresara abiertamente. La mujer debía ser prudente y discreta, es decir, no hablar más de lo necesario. El refrán popular «En boca cerrada no entran moscas» resultaba apropiado para lograr este fin.

Con la puesta en escena de la escritora chilena Isabel Allende, este conocido dicho pierde valor y resulta anacrónico.

Sin lugar a dudas, Isabel Allende irrumpe en las letras del continente en una forma prodigiosa; hoy su obra se traduce a más de veinticinco idiomas. Su literatura crea una realidad femenina audaz en la cual la capacidad de hablar, de contar y de denunciar por medio de la voz protagónica de la mujer forma un elemento integral. La temática de sus novelas propone un discurso novedoso y diferente, donde la mirada femenina crea una visión de la realidad circundante. Es una literatura que mezcla la historia con la ficción, la magia con la realidad.

Vida

La vida de esta escritora es tan intensa y alucinante como los temas de sus relatos. Isabel Allende nace en Lima, Perú, en 1942, hija de Tomás Allende, un diplomático chileno, y de Francisca Llona. Sus padres se separaron cuando Isabel sólo tenía dos años, y ésta creció en la casa de los abuelos, una casa antigua de laberintos e historias. La autora ha afirmado repetidas veces que la casa ficcionalizada en *La casa de los espíritus* se asemeja a la casa de su infancia.

Sus familiares, personajes dotados de exquisita extravagancia, serán el material narrativo de muchas de sus obras. El personaje central de *La casa de los espíritus,* Clara del Valle, fue inspirado por la personalidad extraordinaria y luminosa de su abuela. Aun hoy día, Isabel lleva una foto de ella como talismán[1] para la buena suerte. En numerosas entrevistas la autora ha hablado de sus ejemplares relaciones con su madre y del hecho de que ésta es la única persona que lee sus manuscritos.

A los once años de edad, Isabel se traslada con su familia a Bolivia y su madre vuelve a casarse. En 1956, Isabel y su familia se transladan de nuevo, esta vez al Líbano en el Medio Oriente, donde ya las mujeres dejaban de usar el velo. Es en este espacio donde Isabel concebirá uno de los temas centrales de sus obras posteriores, *Eva Luna* y *Cuentos de Eva*

---

[1]objeto al que se atribuye virtudes sobrenaturales y que se lleva como portador de buena suerte.

Luna. De la tradición de *Las mil y una noches*[2] aparece una nueva Scherezade, pero esta vez, será una Scherezade hispanoamericana. Isabel Allende cuenta que durante esta época su padrastro tenía el libro de *Las mil y una noches,* guardado bajo llave pero que ella encontró la forma de leerlo y sumergirse en una fantasía que incorporará en su vida.

Debido a los conflictos políticos del Líbano en aquellos años, Isabel regresa a Chile, a la casa de sus abuelos, a perderse entre baúles y memorias, a leer muchos libros sin que nadie censurase[3] o se quejase de[4] sus lecturas de juventud.[5] Es en Chile donde Isabel comienza su labor literaria como periodista y actriz. Sus crónicas[6] siempre fueron audaces, desafiantes y tenían mucho humor e ironía.

Junto a su labor periodística, Isabel Allende tiene entonces un programa de televisión. En los años setenta, se funda en Chile una importante revista femenina, *Paula,* e Isabel tiene una columna sugerentemente llamada «Los impertinentes», donde se dedica a comentar, con su acostumbrado humor y mucha ironía, las relaciones entre los sexos. También se dedica al teatro. A raíz del golpe militar chileno,[7] y la consecuente derrota del gobierno de su tío, Salvador Allende, una vez más Isabel abandona su país, en 1975, con su esposo y sus dos hijos, Paula y Nicolás.

Isabel misma ha relatado en una entrevista que su marido y ella comenzaron a mirar el mapa de América en busca de un lugar en donde establecerse. Escogieron Venezuela, un país cálido y generoso.[8] Sin lugar a dudas, este exilio será el punto central de su narrativa, ya que, según Isabel, sin el drama político de su país, tal vez ella hubiera escrito sobre temas diferentes.

Tras varios años de estadía en Venezuela, la repentina fama de sus primeras dos novelas y la disolución de su primer matrimonio, el azar interviene nuevamente en la vida de Isabel Allende. En uno de sus numerosos viajes, William Gordon, abogado de San Francisco y lector de su obra, se convierte en su segundo marido. Isabel se traslada a los Estados Unidos, donde sigue escribiendo. A fines de 1991, su hija Paula se enferma en España. Isabel la trae a su casa en California, en donde fallece en 1992, después de haber estado en coma durante casi un año.

---

[2]**Las...** Colección de cuentos árabes. Después del *Corán,* es la obra más famosa del mundo islámico. Scherezade salva su vida narrando un cuento que nunca acaba al rey sultán.

[3]criticara, desaprobara

[4]**se.** . . mostrara disgusto

[5]Isabel Allende, «El Sexo y Yo», *Ventana Suplemento Barricada* (Agosto 1988): 7.

[6]**Crónicas** es un cognado falso. Aquí se refiere a los artículos que Allende escribió.

[7]El golpe de estado *(coup d'état)* del 11 de septiembre de 1973 a raíz del cual el presidente Salvador Allende fue asesinado (o se suicidó, según la versión oficial).

[8]«Entrevista con M. Agosín», *Imagine* (Winter 1984):42. *Generoso* es un cognado falso; aquí significa *acogedor.*

Isabel estuvo a su lado durante todo ese tiempo, cuidándola hasta el momento final.

El 8 de marzo de 1994, Isabel Allende recibe de manos del presidente de Chile, Patricio Aylwin, el premio «Orden al Mérito Gabriela Mistral».[9] Es la primera mujer que recibe esta distinción en su máximo grado. El Ministro de Educación destacó que no era casualidad que «se le otorgara la condecoración un 8 de marzo, Día Internacional de la Mujer ...», porque Allende es «una mujer que ha luchado toda su vida por abrirse paso en un mundo esencialmente masculino.»[10]

Obras: Novelas

La casa de los espíritus (1982)

La historia política de Chile e Hispanoamerica inspiró a Isabel Allende a escribir su primera novela, que la lanzó a la fama internacional. Ella cuenta que al recibir la noticia de que su abuelo de noventa años se estaba muriendo en Chile, quiso recuperar los recuerdos, vencer el olvido y, de una carta inicial que escribió a su abuelo, comenzó esta memorable saga que sería *La casa de los espíritus*. Allende afirmó en una entrevista que tenía miedo por su novela, que la vio casi desamparada y solitaria, pero que luego un buen espíritu veló por ella.[11] *La casa de los espíritus* inspiró gran parte de la producción literaria de Isabel Allende y le daría a su obra una indiscutible originalidad. Por medio de esta novela, Isabel Allende encontró los ingredientes adecuados para trenzar la realidad con la magia,[12] el espacio de lo irracional con el de la intuición. En *La casa de los espíritus* el destino de los pueblos latinoamericanos y la historia de uno en particular, sometido a una dictadura, serán el eje central de esta obra. En ella, la historia oficial se une a la intrahistoria[13] arraigada en la vida diaria y en el espíritu de mujeres luminosas que para no olvidar cuentan, escriben y hacen tapices.[14]

Los temas de *La casa de los espíritus* son la denuncia, la violencia y la injusticia. Por medio de personajes como Esteban Trueba y la inolvidable Clara del Valle, el destino histórico hispanoamericano se hace palpable y veraz, como también los elementos inexplicables del

---

[9]Premio literario que lleva el nombre de la poeta chilena Gabriela Mistral, ganadora del Premio Nobel de Literatura en 1945 y la primera persona de Hispanoamérica a recibir ese honor.

[10]«Isabel Allende, oficiala de las letras,» *El Mercurio,* 9 de marzo de 1994:35.

[11]«Entrevista», 52.

[12]En el *realismo mágico,* fenómeno literario del siglo XX en la literatura hispanoamericana, se acepta lo milagroso como algo normal. La obra más conocida de este movimiento es *Cien años de soledad,* del novelista colombiano Gabriel García Márquez (Premio Nobel de Literatura en 1982).

[13]La historia personal de una familia en contraste con la historia nacional o universal.

[14]Referencia a los trapos o las «arpilleras» de tela hechas por las madres de familiares desaparecidos.

azar, la esperanza y la posibilidad de trascender el mal a través del amor.

En esta novela, las mujeres son los personajes protagónicos, y son ellas las depositarias de la memoria, las guardianas de las alianzas de familia como también las portadoras de la imaginación y la creatividad expresadas en diversas formas, ya sea por medio de animales mitológicos, tapices o cuadernos para anotar los hechos de la vida. Entre ellas, citamos a Clara del Valle, la que escribe en enormes cuadernos amarrados con cintas de colores la intrahistoria de la familia Trueba, los quehaceres de otras mujeres, las campañas educativas, unidos a aquella otra historia: la oficial.

En varias ocasiones se ha comparado la obra de Isabel Allende con la del escritor colombiano Gabriel García Márquez.[15] Es evidente que todos los escritores de la generación de Allende fueron herederos de los escritores del *Boom*.[16] Tanto *La casa de los espíritus* como *Cien años de soledad* son sagas familiares como también metáforas de la historia latinoamericana, con sus grandes triunfos y fracasos. Sin embargo, Isabel Allende difiere de García Márquez al brindar a sus personajes femeninos una mirada alterna. Éstos son seres poderosos que crean un modo alternativo de establecer alianzas y relaciones con el mundo circundante y desafían las leyes de la sociedad tradicional. Allende otorga a las mujeres la enorme capacidad de decir, de denunciar y de conservar el testimonio personal ligado al de la memoria colectiva del continente.

De amor y de sombra (1984)

Como heredera del post Boom, Allende mezcla con gran habilidad los acontecimientos históricos hispanoamericanos con el lirismo de su prosa. Su segunda novela, *De amor y de sombra*, se basa en un episodio real ocurrido en Lonquén,[17] documentado en el libro del mismo nombre por el abogado chileno Máximo Pacheco. En esta obra, Allende narra los siniestros episodios suscitados por el descubrimiento en 1978 de las fosas comunes que contenían los restos de desaparecidos políticos.

Isabel Allende denuncia por medio de la palabra estos hechos, que la prensa nacional trató de desmentir. *De amor y de sombra* retrata las banalidades del fascismo y la represión política. Nuevamente esta novelista demuestra su extraordinaria capacidad en elegir ciertos temas altamente politizados con el fin de conmover al lector y despertar así su conciencia y acercarlo más a la verdad que la dictadura intentó ocultar.

---

[15]Véase la nota 12.

[16]Palabra prestada del inglés. Se refiere al crecimiento repentino de la novela hispanoamericana entre 1945 y 1965.

[17]Referencia a una mina abandonada en Lonquén, situada a aproximadamente 35 millas de Santiago.

Con estas dos novelas, Isabel Allende se establece en las letras latinoamericanas. Su fama se debe no sólo a su compromiso de exponer la violencia política sino también a la calidad estética de sus obras. Tanto *La casa de los espíritus* como *De amor y de sombra* son obras que luchan contra el olvido. Como lo asegura René Jara al hablar de la novela, «lo importante es permitir la continuidad de la vida en el medio de las circunstancias de la represión y la mentira que sucedieron al golpe; era un mensaje que hacía falta verbalizar, aunque nos neguemos a aceptar la fuerza de su sencillez».[18]

Aunque otras escritoras, desde los comienzos de los años veinte, comenzaron a forjar un camino señero en las letras femeninas hispanoamericanas, no cabe duda que Isabel Allende es «la gran dama» de las escritoras de Latinoamérica. Como muchas hermanas de pluma,[19] ella centra su literatura en la denuncia y en la alianza con los oprimidos, los marginados[20] y, por supuesto, con las mujeres.

Eva Luna (1987)

La tercera novela de Allende, *Eva Luna*, tiene como personaje central a una hija ilegítima, en algún país empobrecido, explotado e inombrado del Caribe. Eva Luna es hacedora de historias; a través de la novela, se convierte en una audaz y astuta Scherezade, recreando por medio de la trama y sus personajes la historia de la vida de tantas mujeres del continente con sus angustias, sus delirios de amor y sus esperanzas.

En esta novela, a través de los personajes que Eva Luna encuentra a su paso, Allende logra formar un peculiar[21] mosaico de realidades tanto históricas como personales, desplazándose entre el confín de lo político y lo real al igual que en los cuentos de carácter exótico que abundan en la colección.

La identificación del personaje de Eva Luna con la mítica Scherezade alude a la importancia que Isabel Allende le otorga a la capacidad de hablar, de tejer y contar historias al igual que lo hizo Scherezade para salvarse. Así como Scherezade sobrevive a las amenazas del sultán por medio del poder y lucidez de su imaginación, Isabel Allende desafía el olvido con su narración, que es otra forma de posponer la muerte y de recuperar una memoria colectiva.

Eva Luna es la heroína del texto quien a la vez asume una importante identificación con el rol que Isabel Allende proporciona a sus personajes femeninos, comenzando con Clara del Valle de *La casa de los espíritus*. Allende permite a sus mujeres protagonistas la capacidad de

[18]René Jara. *Al revés de la arpillera* (Madrid: Ediciones Hiperión, 1988): 235.
[19]Referencia metafórica a otras escritoras hispanoamericanas.
[20]Los que viven al margen de la sociedad y no reciben los beneficios de ella, como por ejemplo, los pobres.
[21]propio de una persona

hablar, de contar, de recrear y de inventarse a sí mismas, recurriendo al poder de la palabra para salvarse. En esta realidad femenina auténtica, las protagonistas son capaces de actuar por sí mismas, de amar y de crear.

La estancia de Isabel Allende en el Líbano la motivó a leer las fascinantes historias de *Las mil y una noches* así como también despertó su conciencia al silencio en el cual las mujeres vivían sometidas. En *Eva Luna* ella desafía ese silencio milenario y huye de los espacios domésticos hacia la dimensión imaginaria de crear vidas alternas.

Eva Luna es un texto que incita la posibilidad milenaria de contar historias así como alude al poder magnético y liberador de las palabras. Como la mítica Scherezade en el Oriente Medio, que aprendió a narrar desde el confín de las antiguas bibliotecas, Eva Luna aprende a contar historias junto al proceso mismo de inventarlas. De esta forma reafirma la importancia de la tradición oral en la cultura hispanoamericana como también la creación de una nueva realidad colectiva para grupos de mujeres que narran y se cuentan cuentos entre ellas.

El Plan Infinito (1991)

En su último libro *El Plan Infinito*, el espacio narrativo de Allende es California. La época es la que abarca entre la Segunda Guerra Mundial y el presente. El personaje principal se cría en el Barrio Latino[22] de Los Ángeles, California, y muchos de los personajes son hispanos residentes en los Estados Unidos.

Obras: Cuentos

Cuentos de Eva Luna (1989)

Después de *Eva Luna,* Isabel Allende decide tomar el personaje principal de esa novela y crear con él la obra *Cuentos de Eva Luna.*[23] Leer estos cuentos es encontrarse frente a un mosaico de paisajes y personajes inolvidables, profundos, y descubrir a través de ellos el poder del lenguaje y sus dimensiones imaginativas.

«Dos palabras»

Se inicia la obra con el cuento «Dos palabras», breve relato que ejemplifica con propiedad gran parte de los cuentos de la colección y la im-

---

[22]sector habitado principalmente por hispánicos.
[23]El personaje de Rolf Carlé también aparece en esta antología. En un pasaje introductorio se presenta una escena de la vida íntima de los dos, al final de la cual él le pide que le cuente «un cuento que no le hayas contado a nadie». El primero es el primer cuento de esta antología.

portancia del lenguaje para valorizar la existencia humana. El personaje central es una mujer humilde, analfabeta, Belisa Crepusculario, cuyo oficio es viajar de aldea en aldea y vender palabras. Belisa Crepusculario no sólo vende palabras que auguran la felicidad sino también «le vendía palabras a un anciano que pedía justicia».

En este cuento, muchas de las ideas expresadas por Allende se materializan. Para citar sus propias palabras: «...conocemos el poder de la palabra y estamos obligados a emplearla para contribuir a un mejor destino de nuestra tierra. Esto no significa hacer panfletos ni renunciar a la calidad estética, al contrario. El primer deber es crear buena literatura para conmover a los lectores y perdurar en el tiempo».[24]

«El oro de Tomás Vargas»

En «El oro de Tomás Vargas», Allende describe a un hombre avaro, su mezquindad con su familia, con los que lo rodean y consigo mismo. En esta historia, Allende nos demuestra cómo las mujeres maltradas por Vargas le castigan por el egoísmo, la desconsideración y la avaricia que han soportado durante tanto tiempo, y logran la paz y la reconciliación. Un personaje de *Eva Luna*, Riad Halabí, vuelve a aparecer en éste y, más adelante, en otro relato de la antología.

«Tosca»

En muchos cuentos de Eva Luna, Isabel Allende hace que la protagonista sea una figura femenina. Esto se manifiesta en «Tosca» por medio de la determinación y la audacia de la protagonista Maurizia Rugiere, quien inicia un largo y doloroso viaje de descubrimiento personal. Maurizia es aficionada a la ópera y se emociona con sus grandes tragedias y pasiones. Por su deseo de vivir conforme a su concepto del arte, abandona su vida cómoda y tranquila con un hombre bondadoso, para vivir una existencia materialmente difícil, sostenida por la fantasía de una pasión imaginaria.

«Lo más olvidado del olvido»

«Lo más olvidado del olvido» postula el encuentro casual de una pareja de jóvenes expatriados, y finaliza con el reconocimiento de la angustia y la culpabilidad ocultas que comparten como víctimas de la tortura en prisión durante los años trágicos de la dictadura chilena.[25] El poder redentor del amor hace que la vida sea, más que un acto de sobrevivencia, un acercamiento a la restauración de la dignidad humana y a la posibilidad de un futuro soportable.

---

[24]Isabel Allende, «La Magia de las Palabras», *Revista Iberoamericana* 132–133 (Julio–Diciembre 1985):451.
[25]Referencia al régimen militar del general Augusto Pinochet, quien llegó al poder por medio del golpe de estado de 1973. Véase la nota 7.

«La mujer del juez»

En el conmovedor relato «La mujer del juez» la entereza del personaje femenino adquiere una dimensión heroica. Aunque se puede pensar que el papel de Casilda, el personaje femenino, es secundario, Allende, con gran sutileza, logra que Casilda sea el eje central de la narración. Además, logra polarizar el universo de dos seres dramáticamente opuestos: el del anciano juez y el de su joven esposa «frágil y descolorida[26] como una sombra». Casilda desafía silenciosa pero públicamente la crueldad de su marido el Juez, quien enjaula a Juana la Triste en la plaza central por las fechorías de su hijo. Casilda, aparentemente débil, tímida, resulta ser valiente, determinada y fuerte. Este relato nos acerca a un espacio mágico en el que existe la posibilidad de predecir el futuro, al anunciar, desde el comienzo del relato, que el criminal de la historia sabe que perderá su vida por una mujer.

«El huésped de la maestra»

El ya conocido Riad Halabí eslabona esta historia con la segunda de la antología. Halabí es el que salva a otros personajes del abandono y la soledad en el pueblo de Agua Santa. En «El huésped de la maestra», una bondadosa, aparentemente pacífica mujer logra, después de muchos años, vengar el asesinato de su hijo y, de cierta forma, recuperar el recuerdo de éste y su dignidad.

«Un discreto milagro»

«Un discreto milagro» alude a las preocupaciones centrales de Isabel Allende, entre ellas, la relación entre la religión y la ética. Esta historia nos transporta al universo de los Boulton, tres hermanos diferentes entre sí, descendientes de una familia británica que en cierta época tenían grandes pretenciones aristocráticos. La acción principal se centra en el personaje de Miguel, un sacerdote revolucionario que ejerce su vocación en las poblaciones periféricas de la capital.

El cuento tiene como transfondo histórico los años de la dictadura militar en «el país más austral y lejano del mundo».[27] Las autoridades detienen repetidamente a Miguel, pero a la vez el azar, las fuerzas del bien y la noble samaritana de su hermana Filomena lo protegen.

«Un discreto milagro» plantea en forma sutil aspectos centrales dentro del contexto cultural latinoamericano por medio de la voz y los gestos del sacerdote Miguel. El cuento señala, por ejemplo, cómo un miembro de la clase privilegiada cambia drásticamente su modo de vida y se alía completamente con los desposeídos.

---

[26]Cognado falso; aquí significa *pálida*.

[27]Referencias obvias a Chile: el país que está más al sur *(austral)* y *lejano* (de Europa, de los Estados Unidos y de otros países del mundo). Para referencias a la dictadura militar, véanse las notas 7, 14 y 17.

«Cartas de amor traicionado»

La potencia redentora del amor configura este relato y el que sigue. Se puede observar en ellos que hay personas que llegan a perder la dignidad por la ambición y la lujuria. Al mismo tiempo muestra cómo el verdadero amor y la redención son viables debido al enorme potencial del ser humano.

«El palacio imaginado»

Con gran habilidad estilística, Allende despliega en «El palacio imaginado» la fantasía y el simbolismo que caracterizan esta colección. La exuberancia de la naturaleza americana es reflejada junto al abuso de los poderes coloniales que derrochan la generosidad de la tierra y sus hombres.

La figura de un dictador irónicamente llamado «el Benefactor» aparece hábilmente retratada en este relato. La pasión de este ser autoritario por una extranjera, Marcia Lieberman, es tal que el viejo dictador termina secuestrándola en un remoto palacio de arquitectura excéntrica. Sólo la muerte del Benefactor pone fin a la historia del sometimiento de Marcia Lieberman y del pueblo que ni siquiera aparece en los libros de historia.

«De barro estamos hechos»

Así como en «Lo más olvidado del olvido», el reconocimiento del otro ante el dolor es el elemento que desata la memoria reprimida y permite al protagonista denunciar lo acontecido. En este trágico relato que cierra la colección, Allende indaga la dignidad extraordinaria del comportamiento humano en el intento de salvar la vida de Azucena, una niña atrapada en el barro. Después, el recuerdo de ella es una constante en la vida del periodista Rolf Carlé, personaje que aparece también en la novela *Eva Luna*.

Conclusiones

Se puede decir que Allende ha capturado en todos estos relatos la esencia de la naturaleza humana con sus pasiones nobles y viles, con los complicados avatares del destino y la posibilidad transformadora del amor. Más que una colección de textos anudados por elementos románticos y hazañas memorables, los cuentos de Eva Luna crean ambientes y situaciones objetivas con un vuelo de magia y colorido. Allende nos abre las puertas de la imaginación, nos invita a viajar con ella por paisajes insólitos, con personajes inolvidables, y nos ayuda a verificar que el mundo «es una Tapicería grande» donde todo está entretejido, donde la realidad y la ficción se confunden con la vida. Más que nada, es un lugar donde las mujeres hablan, escriben o actúan para romper un silencio milenario y desafiar el mensaje de aquel dicho nefasto, «en boca cerrada no entran moscas».

Cada cuento de Eva Luna representa una joya estética bien lograda. Como la narradora de *Las mil y una noches,* Isabel Allende demuestra ser una Scherezade criolla[28] y recrea, e inventa a la vez, el paisaje de América con sus ríos torrentosos, sus desiertos y montañas, y sus selvas y personajes exuberantes e inolvidables.

A través de esta colección se perfilará en la voz narrativa de Isabel Allende un espíritu libre y apasionado, una escritora con conciencia clara y seguridad para hablar claro y rebelarse ante las injusticias. Allende se compromete con el poder de la palabra y con las enormes posibilidades de acercarnos a la verdad a través de la escritura, la forma más poderosa de negar el olvido y llenarnos de buenos espíritus.

Marjorie Agosín
Wellesley College

[28]Nacida en uno de los países de Hispanoamérica.

Al lector/A la lectora

Todos los elementos de esta antología apoyan la comprensión de los cuentos, aun los de la portada y los nombres que aparecen, arreglados en forma artística, en la cara interior de la contraportada.

- En la portada se ve un dibujo de una escena clave de un cuento. En el marco del dibujo aparecen algunos elementos importantes de otros cuentos.
- En la cara interior de la contraportada se ven los nombres—escritos por Isabel Allende—de los personajes principales de todos los cuentos.

Sugerencia   Después de leer cada cuento, busque:

- los nombres de los protagonistas (en la cara interior de la contraportada).
- la escena o el elemento clave del cuento (en la portada).

I

Dos palabras

Preparación

Título

1. ¿Qué sugiere el título de este cuento?
   a. la profesión de trabajar con palabras
   b. el arte de contar cuentos como los de esta antología
   c. algo relacionado con la comunicación
   d. algo relacionado con la ciencia
   e. algo relacionado con el amor
2. La primera palabra del título tiene un significado ambiguo: *dos = algunas* o *unas cuantas* (palabras). Sabiendo esto, ¿escogería Ud. otra respuesta para la pregunta número uno? ¿Por qué sí o por qué no?
3. ¿Puede el título sugerir algo más? ¿Qué?

Temas e ideas

Conteste y/o comente con un compañero/una compañera. Consulte la Introducción del presente libro antes de contestar las siguientes preguntas.

1. La protagonista de este cuento «recorría el país, vendiendo palabras y cuentos». ¿De qué manera se parece la protagonista a la cuentista Eva Luna? ¿De qué manera se parece a Isabel Allende? ¿Hay profesiones parecidas en nuestras sociedades?
2. Hay muchas carreras para las mujeres hoy en día. En el pasado, aparte de la vida doméstica, ¿qué otras oportunidades tenían las mujeres?
3. En este país, ¿cuál tiene más prestigio, la palabra oral o la escrita?
4. ¿Qué clase de persona debe gobernar un país, un militar, una persona muy culta o una persona muy honrada?
5. ¿Cuáles son las desventajas de no saber leer ni escribir? ¿Es el analfabetismo un problema en este país?
6. ¿De qué manera puede la mujer gobernar al hombre?

Primer párrafo

Lea el primer párrafo del cuento y conteste las preguntas.

Tenía el nombre de Belisa Crepusculario, pero no por fe de bautismo o acierto de su madre, sino porque ella misma lo buscó hasta encontrarlo y se vistió con él. Su oficio era vender palabras. Recorría el país, desde las regiones más altas y frías hasta las costas calientes, instalándose en las ferias y en los mercados, donde montaba cuatro palos con un toldo de lienzo, bajo el cual se protegía del sol y de la lluvia para atender a su clientela. No necesitaba pregonar su mercadería, porque de tanto caminar por aquí y por allá, todos la conocían. Había quienes la aguardaban de un año para otro, y cuando aparecía por la aldea con su atado bajo el brazo, hacían cola frente a su tenderete. Vendía a precios justos. Por cinco centavos entregaba versos[1] de memoria, por siete mejoraba la calidad de los sueños, por nueve escribía cartas de enamorados, por doce inventaba insultos para enemigos irreconciliables. También vendía cuentos, pero no eran cuentos de fantasía, sino largas historias verdaderas que recitaba de corrido, sin saltarse nada.[2] Así llevaba las nuevas de un pueblo a otro. La gente le pagaba por agregar una o dos líneas: nació un niño, murió fulano, se casaron nuestros hi-

---

[1]líneas de un poema; aquí probablemente poesías completas que recita Belisa para sus clientes
[2]**largas**...Esto recuerda el estilo de los juglares de la Edad Media que recitaban de memoria largas historias de amor y de aventuras en verso. Así, ante la falta de medios eficaces de comunicación, difundían oralmente los sucesos importantes.

jos, se quemaron las cosechas. En cada lugar se juntaba una pequeña multitud a su alrededor para oírla cuando comenzaba a hablar y así se enteraban de las vidas de otros, de los parientes lejanos, de los pormenores de la Guerra Civil.[3] A quien le comprara cincuenta centavos, ella le regalaba una palabra secreta para espantar la melancolía. No era la misma para todos, por supuesto, porque eso habría sido un engaño colectivo. Cada uno recibía la suya con la certeza de que nadie más la empleaba para ese fin en el universo y más allá.[4]

1. El nombre «Belisa» sugiere
   a. una referencia histórica.
   b. la belleza.
   c. la pobreza.
2. Busque en un diccionario el significado de la palabra *crepuscular*. ¿Qué simbolismo cree Ud. que hay en el nombre y apellido de la protagonista?
3. ¿Es cierto que «nos vestimos» con nuestro nombre? ¿De qué manera?
4. ¿Cómo sabemos que Belisa es una mujer independiente y de mucha imaginación?
5. ¿Hay profesiones parecidas a la de Belisa en esta sociedad? ¿Cuáles son?
6. Los cuentos que vendía Belisa eran
   a. pura fantasía.
   b. sobre las cosechas quemadas.
   c. de las noticias de los pueblos que recorría.

Palabras útiles para la comprensión

VERBOS	SUSTANTIVOS
recorrer andar de un lugar a otro	
pregonar anunciar con palabras algo para venderlo	
enterrar poner bajo tierra	
tropezar con encontrarse con	
arrastrarse moverse tocando el suelo con el cuerpo	
apoderarse tomar posesión de algo por la fuerza	
estafar engañar	

[3]**Guerra**... luchas tan comunes en los países hispanoamericanos, sobre todo en el siglo XIX
[4]**más**... referencia a la vida después de la muerte

la grupa parte posterior del caballo

el discurso conjunto de palabras con que un político expresa sus pensamientos para persuadir al público

descartar eliminar

grabarse fijarse profundamente en algo

la vaina (*modismo popular*) cosa

obsequiar regalar

el roce ligero contacto

la arenga discurso exaltado de un político para entusiasmar al público

conmover causar emoción, impresionar

alelar(se) poner(se) tonto, confundido

deshacerse quitarse

Práctica

1. ¿Qué palabras de la lista tienen que ver con la comunicación? Explique su respuesta.
2. ¿Se pueden clasificar las palabras en varias categorías? ¿Por qué sí o por qué no? Si su respuesta es afirmativa, dé las categorías.
3. ¿Puede Ud. hacer un breve resumen anticipado del cuento? (Utilice los términos clave, que aparecen en orden cronológico. Y, ¡no deje de ver los dibujos!) Si su respuesta es negativa, ¿puede Ud. predecir cuáles serán algunos de los acontecimientos principales?

Lectura: Dos palabras

Tenía el nombre de Belisa Crepusculario, pero no por fe de
bautismo o acierto de su madre, sino porque ella misma lo
buscó hasta encontrarlo y se vistió con él. Su oficio era vender palabras.
Recorría el país, desde las regiones más altas y frías hasta las costas
5 calientes, instalándose en las ferias y en los mercados, donde montaba
cuatro palos con un toldo de lienzo, bajo el cual se protegía del sol y de
la lluvia para atender a su clientela. No necesitaba pregonar su mercadería, porque de tanto caminar por aquí y por allá, todos la conocían.
Había quienes la aguardaban de un año para otro, y cuando aparecía por
10 la aldea con su atado bajo el brazo, hacían cola frente a su tenderete.
Vendía a precios justos. Por cinco centavos entregaba versos[1] de memoria, por siete mejoraba la calidad de los sueños, por nueve escribía cartas
de enamorados, por doce inventaba insultos para enemigos irreconciliables. También vendía cuentos, pero no eran cuentos de fantasía, sino
15 largas historias verdaderas que recitaba de corrido, sin saltarse nada.[2] Así
llevaba las nuevas de un pueblo a otro. La gente le pagaba por agregar una
o dos líneas: nació un niño, murió fulano, se casaron nuestros hijos, se
quemaron las cosechas. En cada lugar se juntaba una pequeña multitud a
su alrededor para oírla cuando comenzaba a hablar y así se enteraban de
20 las vidas de otros, de los parientes lejanos, de los pormenores de la
Guerra Civil.[3] A quien le comprara cincuenta centavos, ella le regalaba
una palabra secreta para espantar la melancolía. No era la misma para to-

[1]líneas de un poema; aquí probablemente poesías completas que recita Belisa para sus clientes
[2]largas...Esto recuerda el estilo de los juglares de la Edad Media que recitaban de memoria largas historias
de amor y de aventuras en verso. Así, ante la falta de medios eficaces de comunicación, difundían oralmente
los sucesos importantes.
[3]Guerra...luchas tan comunes en los países hispanoamericanos, sobre todo en el siglo XIX

dos, por supuesto, porque eso habría sido un engaño colectivo. Cada uno recibía la suya con la certeza de que nadie más la empleaba para ese fin en
25 el universo y más allá.[4]

Belisa Crepusculario había nacido en una familia tan mísera, que ni siquiera poseía nombres para llamar a sus hijos. Vino al mundo y creció en la región más inhóspita, donde algunos años las lluvias se convierten en avalanchas de agua que se llevan todo, y en otros no cae ni una
30 gota del cielo, el sol se agranda hasta ocupar el horizonte entero y el mundo se convierte en un desierto. Hasta que cumplió doce años no tuvo otra ocupación ni virtud que sobrevivir al hambre y la fatiga de siglos. Durante una interminable sequía le tocó enterrar a cuatro hermanos menores y cuando comprendió que llegaba su turno, decidió echar a an-
35 dar por las llanuras en dirección al mar, a ver si en el viaje lograba burlar a la muerte. La tierra estaba erosionada, partida en profundas grietas, sembrada de piedras, fósiles de árboles y de arbustos espinudos, esqueletos de animales blanqueados por el calor. De vez en cuando tropezaba con familias que, como ella, iban hacia el sur siguiendo el espejismo del
40 agua. Algunos habían iniciado la marcha llevando sus pertenencias al hombro o en carretillas, pero apenas podían mover sus propios huesos y a poco andar debían abandonar sus cosas. Se arrastraban penosamente, con la piel convertida en cuero de lagarto y los ojos quemados por la reverberación de la luz. Belisa los saludaba con un gesto al pasar, pero no
45 se detenía, porque no podía gastar sus fuerzas en ejercicios de compasión. Muchos cayeron por el camino pero ella era tan tozuda que consiguió atravesar el infierno y arribó por fin a los primeros manantiales, finos hilos de agua, casi invisibles, que alimentaban una vegetación raquítica, y que más adelante se convertían en riachuelos y esteros.

50 Belisa Crepusculario salvó la vida y además descubrió por casualidad la escritura. Al llegar a una aldea en las proximidades de la costa, el viento colocó a sus pies una hoja de periódico. Ella tomó aquel papel amarillo y quebradizo y estuvo largo rato observándolo sin adivinar su uso hasta que la curiosidad pudo más que su timidez. Se acercó a un
55 hombre que lavaba un caballo en el mismo charco turbio donde ella saciara su sed.

[4]**más**. . .referencia a la vida después de la muerte

—¿Qué es esto? —preguntó.

—La página deportiva del periódico —replicó el hombre sin dar muestras de asombro ante su ignorancia.

La respuesta dejó atónita a la muchacha, pero no quiso parecer descarada y se limitó a inquirir el significado de las patitas de mosca[5] dibujadas sobre el papel.

—Son palabras, niña. Allí dice que Fulgencio Barba noqueó[6] al Negro Tiznao en el tercer round.

Ese día Belisa Crepusculario se enteró que las palabras andan sueltas sin dueño y cualquiera con un poco de maña puede apoderárselas para comerciar con ellas. Consideró su situación y concluyó que aparte de prostituirse o emplearse como sirvienta en las cocinas de los ricos, eran pocas las ocupaciones que podía desempeñar. Vender palabras le pareció una alternativa decente. A partir de ese momento ejerció esa profesión y nunca le interesó otra. Al principio ofrecía su mercancía sin sospechar que las palabras podían también escribirse fuera de los periódicos. Cuando lo supo calculó las infinitas proyecciones de su negocio, con sus ahorros le pagó veinte pesos a un cura[7] para que le enseñara a leer y escribir y con los tres que le sobraron se compró un diccionario. Lo revisó desde la A hasta la Z y luego lo lanzó al mar, porque no era su intención estafar a los clientes con palabras envasadas.

Varios años después, en una mañana de agosto, se encontraba Belisa Crepusculario en el centro de una plaza, sentada bajo su toldo vendiendo argumentos de justicia a un viejo que solicitaba su pensión desde hacía diecisiete años. Era día de mercado y había mucho bullicio a su alrededor. Se escucharon de pronto galopes y gritos; ella levantó los ojos de la escritura y vio primero una nube de polvo y enseguida un grupo de jinetes que irrumpió en el lugar. Se trataba de los hombres del Coronel,[8]

---

[5]**patitas...** referencia a la forma de las letras. Belisa es analfabeta (no sabe leer ni escribir); por eso, las letras dibujadas sobre el papel le parecen pequeñas patas (*pies*) de mosca.

[6]noquear=poner fuera de combate. En el boxeo, muchos términos son anglicismos adaptados a la ortografía y pronunciación españolas.

[7]La educación muchas veces estaba en las manos de la Iglesia católica. Era normal que Belisa buscara a un sacerdote católico para que la instruyera.

[8]Aquí se escribe con mayúscula porque se trata de un nombre propio. Véase también Mulato y el Presidente.

85   que venían al mando del Mulato,[9] un gigante conocido en toda la zona
por la rapidez de su cuchillo y la lealtad hacia su jefe. Ambos, el Coronel
y el Mulato, habían pasado sus vidas ocupados en la Guerra Civil y sus
nombres estaban irremisiblemente unidos al estropicio y la calamidad.
Los guerreros entraron al pueblo como un rebaño en estampida, envuel-
90   tos en ruido, bañados de sudor y dejando a su paso un espanto de huracán. Salieron volando las gallinas, dispararon a perderse los perros, co-
rrieron las mujeres con sus hijos y no quedó en el sitio del mercado otra
alma viviente que Belisa Crepuscolario, quien no había visto jamás al
Mulato y por lo mismo le extrañó que se dirigiera a ella.

95   —A ti te busco —le gritó señalándola con su látigo enrollado
y antes que terminara de decirlo, dos hombres cayeron encima de la mujer atropellando el toldo y rompiendo el tintero, la ataron de pies y
manos y la colocaron atravesada como un bulto de marinero sobre la
grupa de la bestia del Mulato. Emprendieron galope en dirección a las
100   colinas.

      Horas más tarde, cuando Belisa Crepuscolario estaba a punto
de morir con el corazón convertido en arena por las sacudidas del caballo, sintió que se detenían y cuatro manos poderosas la depositaban en
tierra. Intentó ponerse de pie y levantar la cabeza con dignidad, pero le
105   fallaron las fuerzas y se desplomó con un suspiro, hundiéndose en un

[9]Hay muchos mestizos (descendientes de africanos y blancos) en el Caribe.

sueño ofuscado. Despertó varias horas después con el murmullo de la noche en el campo, pero no tuvo tiempo de descifrar esos sonidos, porque al abrir los ojos se encontró ante la mirada impaciente del Mulato, arrodillado a su lado.

110 —Por fin despiertas, mujer —dijo alcanzándole su cantimplora para que bebiera un sorbo de aguardiente con pólvora y acabara de recuperar la vida.

Ella quiso saber la causa de tanto maltrato y él le explicó que el Coronel necesitaba sus servicios. Le permitió mojarse la cara y en-

115 seguida la llevó a un extremo del campamento, donde el hombre más temido del país reposaba en una hamaca colgada entre dos árboles. Ella no pudo verle el rostro, porque tenía encima la sombra incierta del follaje y la sombra imborrable de muchos años viviendo como un bandido, pero imaginó que debía ser de expresión perdularia si su gigantesco ayudante

120 se dirigía a él con tanta humildad. Le sorprendió su voz, suave y bien modulada como la de un profesor.

—¿Eres la que vende palabras? —preguntó.

—Para servirte —balbuceó ella oteando en la penumbra para verlo mejor.

125 El Coronel se puso de pie y la luz de la antorcha que llevaba el Mulato le dio de frente. La mujer vio su piel oscura y sus fieros ojos de puma y supo al punto que estaba frente al hombre más solo de este mundo.

—Quiero ser Presidente —dijo él.

130 Estaba cansado de recorrer esa tierra maldita en guerras inútiles y derrotas que ningún subterfugio podía transformar en victorias. Llevaba muchos años durmiendo a la intemperie, picado de mosquitos, alimentándose de iguanas y sopa de culebra, pero esos inconvenientes menores no constituían razón suficiente para cambiar su destino. Lo que

135 en verdad le fastidiaba era el terror en los ojos ajenos. Deseaba entrar a los pueblos bajo arcos de triunfo, entre banderas de colores y flores, que lo aplaudieran y le dieran de regalo huevos frescos y pan recién horneado. Estaba harto de comprobar cómo a su paso huían los hombres, abortaban de susto las mujeres y temblaban las criaturas;[10] por eso había deci-

---

[10]niños

140 dido ser Presidente. El Mulato le sugirió que fueran a la capital y entraran galopando al Palacio[11] para apoderarse del gobierno, tal como tomaron tantas otras cosas sin pedir permiso, pero al Coronel no le interesaba convertirse en otro tirano, de ésos ya habían tenido bastantes por allí y, además, de ese modo no obtendría el afecto de las gentes. Su

145 idea consistía en ser elegido por votación popular en los comicios de diciembre.

—Para eso necesito hablar como un candidato. ¿Puedes venderme las palabras para un discurso? —preguntó el Coronel a Belisa Crepuscularío.

150 Ella había aceptado muchos encargos, pero ninguno como ése; sin embargo no pudo negarse, temiendo que el Mulato le metiera un tiro entre los ojos o, peor aún, que el Coronel se echara a llorar. Por otra parte, sintió el impulso de ayudarlo, porque percibió un palpitante calor en su piel, un deseo poderoso de tocar a ese hombre, de recorrerlo con

155 sus manos, de estrecharlo entre sus brazos.

Toda la noche y buena parte del día siguiente estuvo Belisa Crepuscularío buscando en su repertorio las palabras apropiadas para un discurso presidencial, vigilada de cerca por el Mulato, quien no apartaba los ojos de sus firmes piernas de caminante y sus senos virginales.

160 Descartó las palabras ásperas y secas, las demasiado floridas, las que estaban desteñidas por el abuso, las que ofrecían promesas improbables, las carentes de verdad y las confusas, para quedarse sólo con aquéllas capaces de tocar con certeza el pensamiento de los hombres y la intuición de las mujeres. Haciendo uso de los conocimientos comprados al cura por

165 veinte pesos, escribió el discurso en una hoja de papel y luego hizo señas al Mulato para que desatara la cuerda con la cual la había amarrado por los tobillos a un árbol. La condujeron nuevamente donde el Coronel, y al verlo ella volvió a sentir la misma palpitante ansiedad del primer encuentro. Le pasó el papel y aguardó, mientras él lo miraba sujetándolo con la

170 punta de los dedos.

—¿Qué carajo[12] dice aquí? —preguntó por último.

---

[11]aquí, probablemente el palacio nacional donde tienen sus oficinas el presidente y otras autoridades de la nación

[12]expresión grosera para intensificar la oración interrogativa. *Caray* y *caramba* son equivalentes más aceptables.

—¿No sabes leer?

—Lo que yo sé hacer es la guerra —replicó él.

Ella leyó en alta

175 voz el discurso. Lo leyó tres veces, para que su cliente pudiera grabárselo en la memoria. Cuando terminó vio la emoción en los rostros

180 de los hombres de la tropa que se juntaron para escucharla y notó que los ojos amarillos del Coronel brillaban de entusiasmo, seguro de

185 que con esas palabras el sillón presidencial sería suyo.

—Si después de oírlo tres veces los muchachos siguen con la boca

190 abierta, es que esta vaina sirve, Coronel —aprobó el Mulato.

—¿Cuánto te debo por tu trabajo, mujer? —preguntó el jefe.

—Un peso, Coronel.

—No es caro —dijo él abriendo la bolsa que llevaba colgada del cinturón con los restos del último botín.

195 —Además tienes derecho a una ñapa.[13] Te corresponden dos palabras secretas —dijo Belisa Crepusculario.

—¿Cómo es eso?

Ella procedió a explicarle que por cada cincuenta centavos que pagaba un cliente, le obsequiaba una palabra de uso exclusivo. El jefe se

200 encogió de hombros, pues no tenía ni el menor interés en la oferta, pero no quiso ser descortés con quien lo había servido tan bien. Ella se aproximó sin prisa al taburete de suela donde él estaba sentado y se inclinó para entregarle su regalo. Entonces el hombre sintió el olor de animal montuno que se desprendía de esa mujer, el calor de incendio que irra-

---

[13]algo pequeño que se regala al cliente después de una compra. En México se llama *pilón* porque en las tiendas se acostumbraba regalar un pilón o piloncito de azúcar.

205

210

215

diaban sus caderas, el roce terrible de sus cabellos, el aliento de yerbabuena[14] susurrando en su oreja las dos palabras secretas a las cuales tenía derecho.

—Son tuyas, Coronel —dijo ella al retirarse—. Puedes emplearlas cuanto quieras.

El Mulato acompañó a Belisa hasta el borde del camino, sin dejar de mirarla con ojos suplicantes de perro perdido, pero cuando estiró la mano para tocarla, ella lo detuvo con un chorro de palabras inventadas que tuvieron la virtud de espantarle el deseo, porque creyó que se trataba de alguna maldición irrevocable.

220 En los meses de setiembre, octubre y noviembre el Coronel pronunció su discurso tantas veces, que de no haber sido hecho con palabras refulgentes y durables, el uso lo habría vuelto ceniza. Recorrió el país en todas direcciones, entrando a las ciudades con aire triunfal y deteniéndose también en los pueblos más olvidados, allá donde sólo el ras-
225 tro de basura indicaba la presencia humana, para convencer a los electores que votaran por él. Mientras hablaba sobre una tarima al centro de la plaza, el Mulato y sus hombres repartían caramelos y pintaban su nombre con escarcha dorada en las paredes, pero nadie prestaba atención a esos recursos de mercader, porque estaban deslumbrados por la clari-
230 dad de sus proposiciones y la lucidez poética de sus argumentos, contagiados de su deseo tremendo de corregir los errores de la historia y alegres por primera vez en sus vidas. Al terminar la arenga del Candidato, la tropa lanzaba pistoletazos al aire y encendía petardos, y cuando por fin se retiraban, quedaba atrás una estela de esperanza que perduraba muchos
235 días en el aire, como el recuerdo magnífico de un cometa. Pronto el Coronel se convirtió en el político más popular. Era un fenómeno nunca visto, aquel hombre surgido de la Guerra Civil, lleno de cicatrices y

[14]hierba de menta. Aquí se refiere a un aroma placentero.

hablando como un catedrático, cuyo prestigio se regaba por el territorio nacional conmoviendo el corazón de la patria. La prensa se ocupó de él.
240 Viajaron de lejos los periodistas para entrevistarlo y repetir sus frases, y así creció el número de sus seguidores y de sus enemigos.

—Vamos bien, Coronel —dijo el Mulato al cumplirse doce semanas de éxitos.

Pero el candidato no lo escuchó. Estaba repitiendo sus dos
245 palabras secretas, como hacía cada vez con mayor frecuencia. Las decía cuando lo ablandaba la nostalgia, las murmuraba dormido, las llevaba consigo sobre su caballo, las pensaba antes de pronunciar su célebre discurso y se sorprendía saboreándolas en sus descuidos. Y en toda ocasión en que esas dos palabras venían a su mente, evocaba la presencia de Belisa
250 Crepusculario y se le alborotaban los sentidos con el recuerdo del olor montuno, el calor de incendio, el roce terrible y el aliento de yerbabuena, hasta que empezó a andar como un sonámbulo y sus propios hombres comprendieron que se le terminaría la vida antes de alcanzar el sillón de los presidentes.

255 —¿Qué es lo que te pasa, Coronel? —le preguntó muchas veces el Mulato, hasta que por fin un día el jefe no pudo más y le confesó que la culpa de su ánimo eran esas dos palabras que llevaba clavadas en el vientre.

—Dímelas, a ver si pierden su poder —le pidió su fiel ayu-
260 dante.

—No te las diré, son sólo mías —replicó el Coronel.

Cansado de ver a su jefe deteriorarse como un condenado a muerte, el Mulato se echó el fusil al hombro y partió en busca de Belisa Crepusculario. Siguió sus huellas por toda esa vasta geografía hasta en-
265 contrarla en un pueblo del sur, instalada bajo el toldo de su oficio, contando su rosario de noticias. Se le plantó delante con las piernas abiertas y el arma empuñada.

—Tú te vienes conmigo —ordenó.

Ella lo estaba esperando. Recogió su tintero, plegó el lienzo de
270 su tenderete, se echó el chal sobre los hombros y en silencio trepó al anca del caballo. No cruzaron ni un gesto en todo el camino, porque al Mulato el deseo por ella se le había convertido en rabia y sólo el miedo que le inspiraba su lengua le impedía destrozarla a latigazos. Tampoco estaba

dispuesto a comentarle que el Coronel andaba alelado, y que lo que no
275 habían logrado tantos años de batallas, lo había conseguido un encantamiento susurrado al oído. Tres días después llegaron al campamento y
de inmediato condujo a su prisionera hasta el candidato, delante de toda
la tropa.

—Te traje a esta bruja para que le devuelvas sus palabras,
280 Coronel, y para que ella te devuelva la hombría —dijo apuntando el
cañón de su fusil a la nuca de la mujer.

El Coronel y Belisa Crepusculario se miraron largamente,
midiéndose desde la distancia. Los hombres comprendieron entonces
que ya su jefe no podía deshacerse del hechizo de esas dos palabras ende-
285 moniadas, porque todos pudieron ver los ojos carnívoros del puma
tornarse mansos cuando ella avanzó y le tomó la mano.

Comprensión

Argumento

Indique con un número del 1 al 10 la secuencia de los acontecimientos principales del cuento, según la cronología de la narración.

a. __7__ Te corresponden dos palabras secretas —dijo Belisa Crepusculario.

b. __8__ El Coronel se convirtió en el político más popular de la nación.

c. __3__ Dos hombres cayeron encima de Belisa y la ataron de pies y manos.

d. __9 10__ Los hombres del Coronel comprendieron entonces que ya su jefe estaba hechizado.

e. __10 9__ El Mulato, cansado de ver a su jefe deteriorarse, se fue en busca de Belisa.

f. __4__ Belisa supo que estaba frente al hombre más solo del mundo.

g. __1__ Belisa nació en una familia pobrísima.

h. __5__ El Coronel quería ser elegido por votación popular en diciembre.

i. __2__ Belisa salvó la vida y descubrió las palabras.

j. __6__ Belisa buscaba las palabras apropiadas para un discurso presidencial.

Cuestionario

1. ¿Qué tipo de cuentos vende Belisa?
2. ¿Qué recibe el cliente por cada cincuenta centavos de compra?
3. ¿Qué efecto tiene la sequía sobre la familia de Belisa?
4. ¿Qué decisión toma Belisa después de descubrir la escritura? ¿Por qué?
5. ¿Qué hace Belisa con el diccionario? ¿Por qué?
6. ¿Quiénes llegan un día a la plaza? Describa esta escena.
7. Al ver Belisa al Coronel, ¿qué nota?
8. ¿Qué quiere el Coronel? ¿Por qué?
9. Cuando prepara el discurso del Coronel, ¿qué palabras descarta Belisa? ¿Por qué?
10. ¿Cuántas veces lee Belisa el discurso en voz alta? ¿Por qué?
11. ¿Cuáles son los resultados de la campaña política del Coronel?
12. ¿Qué efecto tienen las dos palabras secretas sobre el Coronel?
13. Cuando el Mulato busca de nuevo a Belisa, ¿dónde la encuentra?

14. ¿Cómo se protege ella del Mulato en el camino?
15. ¿Cómo reacciona el Coronel frente a la última aparición de Belisa?
16. ¿Qué sucede entre Belisa y el Coronel al final del cuento?

Modismos

Conteste las siguientes preguntas, utilizando el modismo indicado.

1. **desde. . .hasta** (línea 4) –montañas altas y frías y costas calientes
   ¿Qué regiones del país recorría Belisa?
2. **enterarse de** (línea 19)
   ¿Por qué se juntaba la gente para oír a Belisa?
3. **tocarle a uno** (línea 33)
   ¿Qué tarea penosa le tocó a Belisa durante la sequía?
4. **poder más que** (línea 54)
   Belisa quería saber el uso del papel que había encontrado, pero era tímida y curiosa a la vez. ¿Qué pasó?
5. **dejar a su paso** (línea 90)
   ¿Qué efecto tuvo la manera de entrar al pueblo de los guerreros?
6. **fallarle a uno las fuerzas** (línea 105)
   ¿Por qué no pudo Belisa levantarse después de su viaje?
7. **fastidiarle a uno** (línea 135)
   ¿Cómo le afectaba al Coronel el temor de la gente?
8. **tratarse de** (línea 218)
   Cuando Belisa detuvo al Mulato con un chorro de palabras, él decidió no tocarla. ¿Por qué?
9. **ocuparse de** (línea 239)
   ¿Qué hizo la prensa cuando el Coronel llegó a ser un político popular?
10. **deshacerse de** (línea 284)
    Cuando Belisa y el Coronel se juntaron al fin, ¿qué comprendieron en ese momento los hombres respecto a su jefe?

Repaso gramatical y recapitulación
¿ᔔᶜᔔᶜᔔᶜᔔᶜᔔᶜᔔᶜᔔᶜᔔᶜᔔᶜᔔᶜᔔᶜᔔᶜᔔᶜᔔᶜᔔᶜ

El pretérito y el imperfecto: Lo esencial

Los dos son tiempos del pasado, pero se usan para dar una perspectiva diferente de los acontecimientos.

El **pretérito** expresa

El **imperfecto** expresa

◆ **acontecimientos completos, concluidos**
Se enfoca el principio, el final o el resultado de una acción.

◆ **acontecimientos incompletos, no concluidos**
La acción está en progreso; no se enfoca ni el principio ni el final.

- El Coronel **dijo** → que **quería** ser Presidente.

- Belisa **susurró** en la oreja del Coronel las palabras a las cuales → tenía derecho.

◆ **cambios bruscos**
de estado mental
de tiempo (clima)

◆ **actividades habituales**
sin precisar ni el momento ni la duración de tiempo

- Vender palabras le **pareció** una alternativa decente.

- Lo que le **fastidiaba era** el terror en los ojos ajenos.

- **Empezó** la sequía.

Por lo general, el imperfecto se emplea para indicar **la hora o la edad.**

- Cuando **empezó** la sequía, → Belisa **tenía** doce años.

- Cuando el Mulato y sus hombres **entraron** en la plaza, › **eran** las dos de la tarde

Pero:
- Hasta que **cumplió** doce años Belisa no tuvo otra ocupación que sobrevivir al hambre. (Se da énfasis al cambio de edad.)

Algunos verbos cambian de significado en el pretérito.

- Ella **quiso** saber la causa de tanto maltrato. (Le preguntó al Mulato.)

- El Coronel **no quiso** ser descortés con Belisa. (Rechazó la idea.)

- Belisa **supo** al punto→ que estaba frente al hombre más solo de este mundo.

  (Se enfoca el hecho de conocer algo en cierto momento del pasado.)

Otros verbos que cambian de igual manera: **conocer, poder, tener, tener que**

Práctica

1. Conjugue los verbos en el pretérito o el imperfecto, según el contexto del cuento.

página 5

El oficio de Belisa _era_[1] vender palabras. Le pagaban por agre-
(ser)
gar una o dos líneas a las noticias que _contó_[2] de otros pueblos:
(ella: contar)
Nació[3] un niño, _se casaron_[4] nuestros hijos, _se quemaron_[5] las
(nacer)   (casarse)   (quemarse)
cosechas. A los buenos clientes Belisa les _regalaba_[6] una palabra
(regalar)
secreta.

página 6

Cuando Belisa _tenía_[7] unos doce años, hubo una sequía en la
(tener)
región donde ella _vivía_[8] con su familia. _Se Murieron_[9] cuatro de
(vivir)   (Morirse)
sus hermanos. Para salvarse la vida, Belisa _decidió_[10] echar a andar
(decidir)
al mar. De esa manera, _descubrió_[11] la escritura. Después de ver un pa-
(descubrir)
pel amarillo, ella lo _tomó_,[12] y estuvo observándolo sin adivinar su
(tomar)
uso. Por fin, _se acercó_[13] a un hombre que _lavaba_[14] un caballo
(ella: acercarse)   (lavar)
cerca de ella.

página 7

Ese día Belisa _consideró_[15] su situación y _concluyó_[16] que vender
(considerar)   (concluir)
palabras era buena profesión para ella. Le _pagó_[17] veinte pesos a
(ella: pagar)
un cura para que le enseñara a leer.

páginas 7–8

Varios años después, _se encontró_ [18] Belisa en el centro de una plaza.
(encontrarse)
Su cliente era un viejo que _solicitaba_ [19] su pensión desde
(solicitar)
hizo [20] diecisiete años. Después de escuchar galopes y gritos, ella
(hacer)
levantó [21] los ojos, y vio un grupo de jinetes que _irrumpían_ [22] en el
(levantar)   (irrumpir)
lugar. Ellos _colocaron_ [23] a Belisa en un caballo, y _partieron_ [24] hacia
(colocar)   (partir)
su campamento.

páginas 8–10

Después de llegar, Belisa _intentó_ [25] ponerse de pie, pero las fuerzas
(intentar)
le _fallaron_ [26]. El Coronel le dijo que _quería_ [27] ser presidente,
(fallar)   (querer)
y por eso _necesitaba?_ [28] un buen discurso. Belisa _estaba_ [29] toda la
(necesitar)   (estar)
noche y buena parte del día siguiente escribiéndolo.

páginas 12–14

Pronto el Coronel _se convirtió_ [30] en el político más popular del país.
(convertirse)
Pero siempre _estuvo_ [31] pensando en las palabras secretas que
(estar)
Belisa le había regalado. El Mulato _fue_ [32] a traer a Belisa, y
(ir)
cuando ella _estaba_ [33] frente al Coronel, los dos _se miraban_ [34] larga-
(estar)   (mirarse)
mente. Luego ella _avanzó_ [35] y le _tomó_ [36] la mano.
(avanzar)   (tomar)

2. El Ejercicio 1 es un resumen del cuento; sin embargo, muchos detalles
se han omitido. Escriba diez oraciones adicionales que incluyen algunos de
los detalles omitidos, intercalándolas en el lugar apropiado.

EJEMPLOS:

«**Era** día de mercado.» (Oración que se puede intercalar en cualquier
lugar entre los números 18 y 21, ya que describe la situación en ese momento cronológico.)
«Dos hombres **ataron** a Belisa de pies y manos.» (Oración que se debe
intercalar entre los números 22 y 23, lugar que le corresponde en la
cronología del cuento.)

Explique por qué ha seleccionado el pretérito o el imperfecto en cada
caso.

Síntesis: Temas de conversación y de composición

1. Las obras de Allende se caracterizan por su contenido sociopolítico. En este cuento los temas más obvios son:

   la pobreza

   la condición de la mujer

   el abuso del poder político

   el poder de la gente que sabe leer

   ¿Cómo se presentan estos temas en el cuento? ¿Qué otros temas pueden identificarse?

2. En este cuento Allende desarrolla el tema de la venta de palabras. En el mundo de hoy, algunos ejemplos de este tema son:

   los libros, los periódicos y las revistas

   la televisión y los anuncios publicitarios

   la columna «Doctora Corazón» *(Dear Abby)*

   los discursos de los políticos

   ¿En qué sentido son semejantes o difieren entre sí estos ejemplos? ¿Cuáles se pueden agregar?

3. Las obras de Allende también se caracterizan por el tema feminista. Comente y analice los siguientes:

   La mujer puede ser superior al hombre.

   El progreso de la mujer depende de sus propias iniciativas.

   El hombre tiene más oportunidades que la mujer.

   La mujer y el hombre cumplen papeles distintos en la sociedad.

4. ¿En su opinión, cuáles son las dos palabras que Belisa le regala al Coronel?

5. ¿Cuáles son las dos palabras que a Ud. le gustaría recibir de Belisa? ¿Cuáles serían apropiadas para su compañero/a de cuarto (esposo/a, novio/a, mejor amigo/a)? Explique su respuesta.

6. Cambie el final del cuento con un párrafo adicional. Justifique el final que Ud. ha escogido.

7. Actividades de recapitulación: interpretación dramática de los dibujos (o de otras escenas del cuento) con unos compañeros de clase.

2

El oro de Tomás Vargas

Preparación

Título

1. El título de este cuento revela sus dos elementos esenciales: el *qué* y el *quién*. ¿Cuáles son?
2. El título sugiere las relaciones entre los dos elementos, o sea, el efecto que tendrá el tesoro en Tomás Vargas, y quizás en otros personajes del cuento. Pero el título también podría ser irónico. Es decir, los planes de Tomás Vargas en cuanto a su tesoro podrían tener resultados imprevistos. En su opinión, ¿qué puede pasar con el oro de Tomás Vargas?

Temas e ideas

Cambie impresiones con un compañero/una compañera usando el siguiente cuestionario.

1. ¿Qué significa la palabra *macho*? Dé algunos ejemplos de la conducta machista en la cultura de este país.
2. ¿A Ud. le gustan los juegos de azar? ¿Dónde se encuentran los mejores casinos de juego en este país?
3. En este país existe el problema de los padres que no quieren mantener a sus hijos. ¿Cuál debe ser la obligación de un padre para con sus hijos? Cuando un padre no quiere dar ayuda económica a sus hijos, ¿debe intervenir el gobierno? Explique su respuesta.
4. Mencione algunas mujeres que han tenido éxito en el mundo de los negocios. ¿Qué sexo predomina en el mundo de los negocios? ¿Por qué?
5. Si Ud. tiene muchas cosas de valor, como dinero y joyas, ¿cuál cree que es el mejor lugar para guardarlas? ¿Se puede confiar en los bancos? Si a Ud. le parece que es preferible esconder su tesoro, ¿lo escondería en casa o en otro lugar secreto? ¿Cuál?

Primer párrafo

Lea el primer párrafo del cuento y conteste las siguientes preguntas.

Antes de que empezara la pelotera descomunal del progreso, quienes tenían algunos ahorros, los enterraban, era la única forma conocida de guardar dinero, pero más tarde la gente les tomó confianza a los bancos. Cuando hicieron la carretera y fue más fácil llegar en autobús a la ciudad, cambiaron sus monedas de oro y de plata por papeles pintados y los metieron en cajas fuertes, como si fueran tesoros. Tomás Vargas se burlaba de ellos a carcajadas, porque nunca creyó en ese sistema. El tiempo le dio la razón y cuando se acabó el gobierno del Benefactor[1] —que duró como treinta años, según dicen— los billetes no valían nada y muchos terminaron pegados de adorno en las paredes, como infame recordatorio del candor de sus dueños. Mientras todos los demás escribían cartas al nuevo Presidente y a los periódicos para quejarse de la estafa colectiva de las nuevas monedas, Tomás Vargas tenía sus morocotas de oro en un entierro seguro, aunque eso no atenuó sus hábitos de avaro y de pordiosero. Era hombre sin decencia, pedía dinero prestado sin intención de devolverlo, y mantenía a los hijos con hambre y a la mujer en harapos, mientras él usaba sombreros de pelo de guama y fumaba cigarros de caballero. Ni siquiera pagaba la cuota de la escuela,[2] sus seis hijos legítimos se educaron gratis porque la Maestra Inés decidió que mientras ella estuviera en su sano juicio y con fuerzas para trabajar, ningún niño del pueblo se quedaría sin saber

---

[1] título referente al General Juan Vicente Gómez, dictador de Venezuela de 1908 a 1935

[2] **cuota**. . . En algunos países de Hispanoamérica, la educación no es completamente gratis. Por lo tanto, es necesario pagar la matrícula.

leer. La edad no le quitó lo pendenciero, bebedor y mujeriego. [*woman-chasing*] Tenía a mucha honra ser el más macho de la región, como pregonaba en la plaza cada vez que la borrachera le hacía perder el entendimiento y anunciar a todo pulmón los nombres de las muchachas que había seducido y de los bastardos que llevaban su sangre. Si fueran a creerle, tuvo como trescientos, porque en cada arrebato daba nombres diferentes. Los policías se lo llevaron varias veces y el Teniente en persona le propinó unos cuantos planazos en las nalgas, para ver si se le regeneraba el carácter, pero eso no dio más resultados que las amonestaciones del cura. En verdad sólo respetaba a Riad Halabí,[3] el dueño del almacén; por eso los vecinos recurrían a él cuando sospechaban que se le había pasado la mano con la disipación y estaba zurrando a su mujer o a sus hijos. En esas ocasiones el árabe abandonaba el mostrador con tanta prisa, que no se acordaba de cerrar la tienda, y se presentaba, sofocado de disgusto justiciero, a poner orden en el rancho[4] de los Vargas. No tenía necesidad de decir mucho, al viejo le bastaba verlo aparecer para tranquilizarse. Riad Halabí era el único capaz de avergonzar a ese bellaco.

1. El tema de la primera parte del párrafo (hasta «...hábitos de avaro y de pordiosero») es
   a. la ingenuidad del pueblo y su confianza en el gobierno.
   b. la astucia de Tomás Vargas y la ingenuidad de los demás.
   c. el progreso tecnológico que llega con el tiempo.
2. Siga leyendo hasta «...daba nombres diferentes». Luego subraye las palabras de la siguiente lista que mejor describan a Tomás Vargas.

honrado	decente	deshonrado	bueno
malo	intelectual	educado	bebedor
manso	mujeriego	macho	trabajador
avaro	generoso	pendenciero	

3. Lea hasta el final del primer párrafo. Luego indique la manera más eficaz de controlar a Tomás Vargas, según el cuento.
   a. la pena de muerte
   b. algunos planazos en las nalgas
   c. las amonestaciones del cura
   d. las palabras de Riad Halabí
   e. quitarle a sus hijos
   f. separarlo de su esposa

[3]**Riad**...nombre siriolibanés que sugiere el origen de este personaje. También es un personaje importante de la novela *Eva Luna*. Es como un padre para Eva, la protagonista, ya que ella vive los años de la adolescencia en la casa de Halabí. Es probable que Isabel Allende haya conocido a un hombre como Halabí durante los años que vivió en el Líbano (de 1956 a 1958).
[4]casa pobre, arruinada

Palabras útiles para la comprensión

VERBOS	SUSTANTIVOS	ADJETIVOS
enterrar poner bajo tierra		
	mujeriego demasiado aficionado a mujeres	
	la amonestación reprensión	
		preñada embarazada, que va a tener un bebé
	la picardía acción baja	
	la rabieta ataque de ira	
	la algazara voces y risas de gente contenta	
	el costurón señal que queda después de una operación	
	la fiereza bravura	
apostar jugar por dinero		
	la revancha venganza	
	el alarido grito de dolor	
	la patada golpe con el pie	
		despachurrado con el cuerpo mutilado
	la vianda comida	

Práctica

1. ¿Qué palabras de la lista sugieren la violencia?
2. ¿Qué términos expresan una emoción muy fuerte?
3. *Mujeriego, picardía, apostar:* Si estos términos se refirieran a Tomás Vargas, ¿qué dirían de él?
4. ¿Puede Ud. hacer un breve resumen anticipado del cuento? (¡Vea los dibujos antes de contestar!) Si su respuesta es negativa, ¿puede Ud. predecir cuáles serán algunos de los acontecimientos principales del cuento?

Lectura: El oro de Tomás Vargas

A ntes de que empezara la pelotera descomunal del progreso, quienes tenían algunos ahorros, los enterraban, era la única forma conocida de guardar dinero, pero más tarde la gente les tomó confianza a los bancos. Cuando hicieron la carretera y fue más fácil llegar en
5 autobús a la ciudad, cambiaron sus monedas de oro y de plata por papeles pintados y los metieron en cajas fuertes, como si fueran tesoros. Tomás Vargas se burlaba de ellos a carcajadas, porque nunca creyó en ese sistema. El tiempo le dio la razón y cuando se acabó el gobierno del Benefactor[1] —que duró como treinta años, según dicen— los billetes no
10 valían nada y muchos terminaron pegados de adorno en las paredes, como infame recordatorio del candor de sus dueños. Mientras todos los demás escribían cartas al nuevo Presidente y a los periódicos para quejarse de la estafa colectiva de las nuevas monedas, Tomás Vargas tenía sus morocotas de oro en un entierro seguro, aunque eso no atenuó sus
15 hábitos de avaro y de pordiosero. Era hombre sin decencia, pedía dinero prestado sin intención de devolverlo, y mantenía a los hijos con hambre y a la mujer en harapos, mientras él usaba sombreros de pelo de guama y fumaba cigarros de caballero. Ni siquiera pagaba la cuota de la escuela,[2] sus seis hijos legítimos se educaron gratis porque la Maestra Inés decidió
20 que mientras ella estuviera en su sano juicio y con fuerzas para trabajar, ningún niño del pueblo se quedaría sin saber leer. La edad no le quitó lo pendenciero, bebedor y mujeriego. Tenía a mucha honra ser el más macho de la región, como pregonaba en la plaza cada vez que la borrachera le hacía perder el entendimiento y anunciar a todo pulmón los nombres

---

[1]título referente al General Juan Vicente Gómez, dictador de Venezuela de 1908 a 1935
[2]**cuota.**..En algunos países de Hispanoamérica, la educación no es completamente gratis. Por lo tanto, es necesario pagar la matrícula.

25 de las muchachas que había seducido y de los bastardos que llevaban su sangre. Si fueran a creerle, tuvo como trescientos, porque en cada arrebato daba nombres diferentes. Los policías se lo llevaron varias veces y el Teniente en persona le propinó unos cuantos planazos en las nalgas, para ver si se le regeneraba el carácter, pero eso no dio más resultados que las

30 amonestaciones del cura. En verdad sólo respetaba a Riad Halabí,[3] el dueño del almacén; por eso los vecinos recurrían a él cuando sospechaban que se le había pasado la mano con la disipación y estaba zurrando a su mujer o a sus hijos. En esas ocasiones el árabe abandonaba el mostrador con tanta prisa, que no se acordaba de cerrar la tienda, y se

35 presentaba, sofocado de disgusto justiciero, a poner orden en el rancho[4] de los Vargas. No tenía necesidad de decir mucho, al viejo le bastaba verlo aparecer para tranquilizarse. Riad Halabí era el único capaz de avergonzar a ese bellaco.

Antonia Sierra, la mujer de Vargas, era veintiséis años menor
40 que él. Al llegar a la cuarentena ya estaba muy gastada, casi no le quedaban dientes sanos en la boca y su aguerrido cuerpo de mulata se había deformado por el trabajo, los partos y los abortos; sin embargo aún conservaba la huella de su pasada arrogancia, una manera de caminar con la cabeza bien erguida y la cintura quebrada, un resabio de antigua belleza,

45 un tremendo orgullo que paraba en seco cualquier intento de tenerle lástima. Apenas le alcanzaban las horas para cumplir su día, porque además de atender a sus hijos y ocuparse del huerto y las gallinas, ganaba unos pesos cocinando el almuerzo de los policías, lavando ropa ajena y limpiando la escuela. A veces andaba con el cuerpo sembrado de magu-

50 llones azules y aunque nadie preguntaba, todo Agua Santa[5] sabía de las palizas propinadas por su marido. Sólo Riad Halabí y la Maestra Inés se atrevían a hacerle regalos discretos, buscando excusas para no ofenderla, algo de ropa, alimentos, cuadernos y vitaminas para sus niños.

---

[3]**Riad**...nombre siriolibanés que sugiere el origen de este personaje importante de la novela *Eva Luna*. Es como un padre para Eva, la protagonista, ya que ella vive los años de la adolescencia en la casa de Halabí. Es probable que Isabel Allende haya conocido a un hombre como Halabí durante los años que vivió en el Líbano (de 1956 a 1958).

[4]casa pobre, arruinada

[5]**Agua**...lugar de varios cuentos de esta antología. La alusión religiosa (católica) es común en los nombres de muchas ciudades y pueblos de Latinoamérica.

Muchas humillaciones tuvo que soportar Antonia Sierra de su
55/ marido, incluso que le impusiera una concubina en su propia casa.

Concha Díaz llegó a Agua Santa a bordo de uno de los camiones de la
Compañía de Petróleos,[6] tan desconsolada y lamentable como un espec-
tro. El chofer se compadeció al verla descalza en el camino, con su atado
a la espalda y su barriga de mujer preñada. Al cruzar la aldea, los
60 camiones se detenían en el almacén, por eso Riad Halabí fue el primero
en enterarse del asunto. La vio aparecer en su puerta y por la forma en
que dejó caer su bulto ante el mostrador se dio cuenta al punto de que no
estaba de paso: esa muchacha venía a quedarse. Era muy joven, morena y
de baja estatura, con una mata compacta de pelo crespo desteñido por el
65 sol, donde parecía no haber entrado un peine en mucho tiempo. Como
siempre hacía con los visitantes, Riad Halabí le ofreció a Concha una
silla y un refresco de piña y se dispuso a escuchar el recuento de sus aventuras o sus desgracias, pero la muchacha hablaba poco, se limitaba a
sonarse la nariz con los dedos, la vista clavada en el suelo, las lágrimas

[6] **Compañía...** Venezuela tiene mucho petróleo. Muchas de estas compañías son extranjeras (de los Estados
Unidos y Holanda, por ejemplo).

70 cayéndole sin apuro por las mejillas y una retahíla de reproches brotándole entre los dientes. Por fin el árabe logró entenderle que quería ver a Tomás Vargas y mandó a buscarlo a la taberna. Lo esperó en la puerta y apenas lo tuvo por delante lo cogió por un brazo y lo encaró con la forastera, sin darle tiempo de reponerse del susto.

75   —La joven dice que el bebé es tuyo —dijo Riad Halabí con ese tono suave que usaba cuando estaba indignado.

      —Eso no se puede probar, turco.[7] Siempre se sabe quién es la madre, pero del padre nunca hay seguridad —replicó el otro confundido, pero con ánimo suficiente para esbozar un guiño de picardía que

80 nadie apreció.

      Esta vez la mujer se echó a llorar con entusiasmo, mascullando que no habría viajado de tan lejos si no supiera quién era el padre. Riad Halabí le dijo a Vargas que si no le daba vergüenza, tenía edad para ser abuelo de la muchacha, y si pensaba que otra vez el pueblo iba a sacar la

85 cara por sus pecados estaba en un error, qué se había imaginado, pero cuando el llanto de la joven fue en aumento, agregó lo que todos sabían que diría.

      —Está bien, niña, cálmate. Puedes quedarte en mi casa por un tiempo, al menos hasta el nacimiento de la criatura.

90   Concha Díaz comenzó a sollozar más fuerte y manifestó que no viviría en ninguna parte, sólo con Tomás Vargas, porque para eso había venido. El aire se detuvo en el almacén, se hizo un silencio muy largo, sólo se oían los ventiladores en el techo y el moquilleo de la mujer, sin que nadie se atreviera a decirle que el viejo era casado y tenía seis

95 chiquillos. Por fin Vargas cogió el bulto de la viajera y la ayudó a ponerse de pie.

      —Muy bien, Conchita, si eso es lo que quieres, no hay más que hablar. Nos vamos para mi casa ahora mismo —dijo.

      Así fue como al volver de su trabajo Antonia Sierra encontró

100 a otra mujer descansando en su hamaca y por primera vez el orgullo no le alcanzó para disimular sus sentimientos. Sus insultos rodaron por la calle principal y el eco llegó hasta la plaza y se metió en todas las casas, anunciando que Concha Díaz era una rata inmunda y que Antonia Sierra le haría la vida imposible hasta devolverla al arroyo de donde nunca de-

[7]Riad Halabí había emigrado a Venezuela del Líbano con un falso pasaporte turco.

105 bió salir, que si creía que sus hijos iban a vivir bajo el mismo techo con una rabipelada, se llevaría una sorpresa, porque ella no era ninguna palurda, y a su marido más le valía andarse con cuidado, porque ella había aguantado mucho sufrimiento y mucha decepción, todo en nombre de sus hijos, pobres inocentes, pero ya estaba bueno, ahora todos iban
110 a ver quién era Antonia Sierra. La rabieta le duró una semana, al cabo de la cual los gritos se tornaron en un continuo murmullo y perdió el último vestigio de su belleza; ya no le quedaba ni la manera de caminar, se arrastraba como una perra apaleada. Los vecinos intentaron explicarle que todo ese lío no era culpa de Concha, sino de Vargas, pero ella no estaba
115 dispuesta a escuchar consejos de templanza o de justicia.

   La vida en el rancho de esa familia nunca había sido agradable, pero con la llegada de la concubina se convirtió en un tormento sin tregua. Antonia pasaba las noches acurrucada en la cama de sus hijos, escupiendo maldiciones, mientras al lado roncaba su marido abrazado a la
120 muchacha. Apenas asomaba el sol Antonia debía levantarse, preparar el café y amasar las arepas,[8] mandar a los chiquillos a la escuela, cuidar el huerto, cocinar para los policías, lavar y planchar. Se ocupaba de todas esas tareas como una autómata, mientras del alma le destilaba un rosario de amarguras. Como se negaba a darle comida a su marido, Concha se
125 encargó de hacerlo cuando la otra salía, para no encontrarse con ella ante el fogón de la cocina. Era tanto el odio de Antonia Sierra, que algunos en el pueblo creyeron que acabaría matando a su rival y fueron a pedirle a Riad Halabí y a la Maestra Inés que intervinieran antes de que fuera tarde.

130   Sin embargo, las cosas no sucedieron de esa manera. Al cabo de dos meses la barriga de Concha parecía una calabaza, se le habían hinchado tanto las piernas que estaban a punto de reventársele las venas, y lloraba continuamente porque se sentía sola y asustada. Tomás Vargas se cansó de tanta lágrima y decidió ir a su casa sólo a dormir. Ya no fue
135 necesario que las mujeres hicieran turnos para cocinar, Concha perdió el último incentivo para vestirse y se quedó echada en la hamaca mirando el techo, sin ánimo ni para colarse un café. Antonia la ignoró todo el primer día, pero en la noche le mandó un plato de sopa y un vaso de

---

[8]pan hecho de maíz, muy común en Colombia y Venezuela

leche caliente con uno de los niños, para que no dijeran que ella dejaba
morirse a nadie de hambre bajo su techo. La rutina se repitió y a los
pocos días Concha se levantó para comer con los demás. Antonia fingía
no verla, pero al menos dejó de lanzar insultos al aire cada vez que la otra
pasaba cerca. Poco a poco la derrotó la lástima. Cuando vio que la
muchacha estaba cada día más delgada, un pobre espantapájaros con
vientre descomunal y unas ojeras profundas, empezó a matar sus gallinas
una por una para darle caldo, y apenas se le acabaron las aves hizo lo que
nunca había hecho hasta entonces, fue a pedirle ayuda a Riad Halabí.

—Seis hijos he tenido y varios nacimientos malogrados, pero
nunca he visto a nadie enfermarse tanto de preñez—explicó ru-
borizada—. Está en los huesos, turco, no alcanza a tragarse la comida y
ya la está vomitando. No es que a mí me importe, no tengo nada que ver
con eso, pero ¿qué le voy a decir a su madre si se me muere? No quiero
que me vengan a pedir cuentas después.

Riad Halabí llevó a la enferma en su camioneta al hospital y
Antonia los acompañó. Volvieron con una bolsa de píldoras de diferentes colores y un vestido nuevo para Concha, porque el suyo ya no le
bajaba de la cintura. La desgracia de la otra mujer forzó a Antonia Sierra
a revivir retazos de su juventud, de su primer embarazo y de las mismas
violencias que ella soportó. Deseaba, a pesar suyo, que el futuro de Concha Díaz no fuera tan funesto como el propio. Ya no le tenía rabia, sino
una callada compasión, y empezó a tratarla como a una hija descarriada,
con una autoridad brusca que apenas lograba ocultar su ternura. La joven
estaba aterrada al ver las perniciosas transformaciones de su cuerpo, esa
deformidad que aumentaba sin control, esa vergüenza de andarse ori-
nando de a poco y de caminar como un ganso, esa repulsión incontrolable y esas ganas de morirse. Algunos días despertaba muy enferma y no
podía salir de la cama, entonces Antonia turnaba a los niños para
cuidarla mientras ella partía a cumplir con su trabajo a las carreras, para
regresar temprano a atenderla; pero en otras ocasiones Concha amanecía
más animosa y cuando Antonia volvía extenuada, se encontraba con la
cena lista y la casa limpia. La muchacha le servía un café y se quedaba de
pie a su lado, esperando que se lo bebiera, con una mirada líquida de animal agradecido.

El niño nació en el hospital de la ciudad, porque no quiso
175 venir al mundo y tuvieron que abrir a Concha Díaz para sacárselo. Antonia se quedó con ella ocho días, durante los cuales la Maestra Inés se
ocupó de sus chiquillos. Las dos mujeres regresaron en la camioneta del
almacén y todo Agua Santa salió a darles la bienvenida. La madre venía
sonriendo, mientras Antonia exhibía al recién nacido con una algazara de
180 abuela, anunciando que sería bautizado Riad Vargas Díaz, en justo homenaje al turco, porque sin su ayuda la madre no hubiera llegado a
tiempo a la maternidad y además fue él quien se hizo cargo de los gastos
cuando el padre hizo oídos sordos y se fingió más borracho que de costumbre para no desenterrar su oro.

185   Antes de dos semanas
Tomás Vargas quiso exigirle a
Concha Díaz que volviera a su
hamaca, a pesar de que la mujer todavía tenía un costurón fresco y un
190 vendaje de guerra en el vientre,
pero Antonia Sierra se le puso delante con los brazos en jarra, deci-
dida por primera vez en su existencia a impedir que el viejo hiciera
195 según su capricho. Su marido ini-
ció el ademán de quitarse el cinturón para darle los correazos habituales, pero ella no lo dejó
terminar el gesto y se le fue encima con tal fiereza, que el hombre retro-
200 cedió, sorprendido. Esa vacilación lo perdió, porque ella supo entonces
quién era el más fuerte. Entretanto Concha Díaz había dejado a su hijo
en un rincón y enarbolaba una pesada vasija de barro, con el propósito
evidente de reventársela en la cabeza. El hombre comprendió su desven-
taja y se fue del rancho lanzando blasfemias. Toda Agua Santa supo lo
205 sucedido porque él mismo se lo contó a las muchachas del prostíbulo,
quienes también dijeron que Vargas ya no funcionaba y que todos sus
alardes de semental eran pura fanfarronería y ningún fundamento.

    A partir de ese incidente las cosas cambiaron. Concha Díaz se
repuso con rapidez y mientras Antonia Sierra salía a trabajar, ella se

210 quedaba a cargo de los niños y las tareas del huerto y de la casa. Tomás Vargas se tragó la desazón y regresó humildemente a su hamaca, donde no tuvo compañía. Aliviaba el despecho maltratando a sus hijos y comentando en la taberna que las mujeres, como las mulas, sólo entienden a palos, pero en la casa no volvió a intentar castigarlas. En las borracheras

215 gritaba a los cuatro vientos las ventajas de la bigamia y el cura tuvo que dedicar varios domingos a rebatirlo desde el púlpito, para que no prendiera la idea y se le fueran al carajo[9] tantos años de predicar la virtud cristiana de la monogamia.

En Agua Santa se podía tolerar que un hombre maltratara a su familia,
220 fuera haragán, bochinchero y no devolviera el dinero prestado, pero las deudas del juego eran sagradas. En las riñas de gallos[10] los billetes se colocaban bien doblados entre los dedos, donde todos pudieran verlos, y en el dominó,[11] los dados o las cartas, se ponían sobre la mesa a la izquierda del jugador. A veces los camioneros de la Compañía de
225 Petróleos se detenían para unas vueltas de póker y aunque ellos no mostraban su dinero, antes de irse pagaban hasta el último céntimo. Los sábados llegaban los guardias del Penal de Santa María a visitar el burdel y a jugar en la taberna su paga de la semana. Ni ellos —que eran mucho más bandidos que los presos a su cargo— se atrevían a jugar si no podían
230 pagar. Nadie violaba esa regla.

Tomás Vargas no apostaba, pero le gustaba mirar a los jugadores; podía pasar horas observando un dominó, era el primero en instalarse en las riñas de gallos y seguía los números de la lotería que anunciaban por la radio, aunque él nunca compraba uno. Estaba defendido de
235 esa tentación por el tamaño de su avaricia. Sin embargo, cuando la férrea complicidad de Antonia Sierra y Concha Díaz le mermó definitivamente el ímpetu viril, se volcó hacia el juego. Al principio apostaba unas propinas míseras y sólo los borrachos más pobres aceptaban sentarse a la mesa con él, pero con los naipes tuvo más suerte que con sus mujeres y
240 pronto le entró el comején del dinero fácil y empezó a descomponerse

[9]**se**... *Ir al carajo* es un modismo común. Aquí significa *perderse, desperdiciarse.*
[10]**riñas**... espectáculo popular en Latinoamérica, principalmente en los países caribeños. Los participantes suelen ser hombres.
[11]Este juego, que se hace con veintiocho fichas rectangulares, es muy popular en toda América Latina.

hasta el meollo mismo de su naturaleza mezquina. Con la esperanza de hacerse rico en un solo golpe de fortuna y recuperar de paso —mediante la ilusoria proyección de ese triunfo— su humillado prestigio de padrote, empezó a aumentar los riesgos. Pronto se medían con él los ju-

245 gadores más bravos y los demás hacían rueda para seguir las alternativas de cada encuentro. Tomás Vargas no ponía los billetes estirados sobre la mesa, como era la tradición, pero pagaba cuando perdía. En su casa la pobreza se agudizó y Concha salió también a trabajar. Los niños quedaron solos y la Maestra Inés tuvo que alimentarlos para que no an-

250 duvieran por el pueblo aprendiendo a mendigar.

Las cosas se complicaron para Tomás Vargas cuando aceptó el desafío del teniente y después de seis horas de juego le ganó doscientos pesos. El oficial confiscó el sueldo de sus subalternos para pagar la de- rrota. Era un moreno bien plantado, con un bigote de morsa y la casaca

255 siempre abierta para que las muchachas pudieran apreciar su torso vellu- do y su colección de cadenas de oro. Nadie lo estimaba en Agua Santa, porque era hombre de carácter impredecible y se atribuía la autoridad de inventar leyes según su capricho y conveniencia. Antes de su llegada, la cárcel era sólo un par de cuartos para pasar la noche después de alguna

260 riña —nunca hubo crímenes de gravedad en Agua Santa y los únicos malhechores eran los presos en su tránsito hacia el Penal de Santa María— pero el teniente se encargó de que nadie pasara por el retén sin llevarse una buena golpiza. Gracias a él la gente le tomó miedo a la ley. Estaba indignado por la pérdida de los doscientos pesos, pero entregó el

265 dinero sin chistar y hasta con cierto desprendimiento elegante, porque ni él, con todo el peso de su poder, se hubiera levantado de la mesa sin pa- gar.

Tomás Vargas pasó dos días alardeando de su triunfo hasta que el teniente le avisó que lo esperaba el sábado para la revancha. Esta

270 vez la apuesta sería de mil pesos, le anunció con un tono tan perentorio, que el otro se acordó de los planazos recibidos en el trasero y no se atre- vió a negarse. La tarde del sábado la taberna estaba repleta de gente. En la apretura y el calor se acabó el aire y hubo que sacar la mesa a la calle para que todos pudieran ser testigos de la jugada. Nunca se había apos-

275 tado tanto dinero en Agua Santa y para asegurar la limpieza del proce- dimiento designaron a Riad Halabí. Éste empezó por exigir que el

público se mantuviera a dos pasos de distancia, para impedir cualquier trampa, y que el teniente y los demás policías dejaran sus armas en el retén.

280   —Antes de comenzar ambos jugadores deben poner su dinero sobre la mesa —dijo el árbitro.

        —Mi palabra basta, turco —replicó el teniente.

        —En ese caso mi palabra basta también —agregó Tomás Vargas.

285   —¿Cómo pagarán si pierden? —quiso saber Riad Halabí.

        —Tengo una casa en la capital, si pierdo Vargas tendrá los títulos mañana mismo.

        —Está bien. ¿Y tú?

        —Yo pago con el oro que tengo enterrado.

290   El juego fue lo más emocionante ocurrido en el pueblo en muchos años. Toda Agua Santa, hasta los ancianos y los niños se juntaron en la calle. Las únicas ausentes fueron Antonia Sierra y Concha Díaz. Ni el teniente ni Tomás Vargas inspiraban simpatía alguna, así es que daba lo mismo quién ganara; la diversión consistía en adivinar las an-

295 gustias de los dos jugadores y de quienes habían apostado a uno u otro. A Tomás Vargas lo beneficiaba el hecho de que hasta entonces había sido afortunado con los naipes, pero el teniente tenía la ventaja de su sangre fría y su prestigio de matón.

300 A las siete de la tarde terminó la partida y, de acuerdo con las normas establecidas, Riad Halabí declaró ganador al teniente. En el triunfo el policía mantuvo la misma calma que demostró la semana anterior en la derrota, ni una sonrisa burlona, ni una palabra desmedida, se quedó simplemente sentado en su silla escarbándose los dientes con la uña del dedo meñique.

305 —Bueno, Vargas, ha llegado la hora de desenterrar tu tesoro —dijo, cuando se calló el vocerío de los mirones.

La piel de Tomás Vargas se había vuelto cenicienta, tenía la camisa empapada de sudor y parecía que el aire no le entraba al cuerpo, se le quedaba atorado en la boca. Dos veces intentó ponerse de pie y le 310 fallaron las rodillas. Riad Halabí tuvo que sostenerlo. Por fin reunió la fuerza para echar a andar en dirección a la carretera, seguido por el teniente, los policías, el árabe, la Maestra Inés y más atrás todo el pueblo en ruidosa procesión. Anduvieron un par de millas y luego Vargas torció a la derecha, metiéndose en el tumulto de la vegetación glotona que rode- 315 aba a Agua Santa. No había sendero, pero él se abrió paso sin grandes vacilaciones entre los árboles gigantescos y los helechos, hasta llegar al borde de un barranco apenas visible, porque la selva era un biombo impenetrable. Allí se detuvo la multitud, mientras él bajaba con el teniente. Hacía un calor húmedo y agobiante, a pesar de que faltaba poco para la 320 puesta del sol. Tomás Vargas hizo señas de que lo dejaran solo, se puso a gatas y arrastrándose desapareció bajo unos filodendros de grandes hojas carnudas. Pasó un minuto largo antes que se escuchara su alarido. El teniente se metió en el follaje, lo cogió por los tobillos y lo sacó a tirones.

—¡Qué pasa!

325 —¡No está, no está!

—¡Cómo que no está!

—¡Lo juro, mi teniente, yo no sé nada, se lo robaron, me robaron el tesoro! —y se echó a llorar como una viuda, tan desesperado que ni cuenta se dio de las patadas que le propinó el teniente.

330 —¡Cabrón![12] ¡Me vas a pagar! ¡Por tu madre que me vas a pagar!

___

[12]persona que hace algo a otro con mala intención. Es un término grosero.

Riad Halabí se lanzó barranco abajo y se lo quitó de las manos antes de que lo convirtiera en mazamorra. Logró convencer al teniente que se calmara, porque a golpes no resolverían el asunto, y luego ayudó al viejo a subir. Tomás Vargas tenía el esqueleto descalabrado por el espanto de lo ocurrido, se ahogaba de sollozos y eran tantos sus titubeos y desmayos que el árabe tuvo que llevarlo casi en brazos todo el camino de vuelta, hasta depositarlo finalmente en su rancho. En la puerta estaban Antonia Sierra y Concha Díaz sentadas en dos sillas de paja, tomando café y mirando caer la noche. No dieron ninguna señal de consternación al enterarse de lo sucedido y continuaron sorbiendo su café, inmutables.

Tomás Vargas estuvo con calentura más de una semana, delirando con morocotas de oro y naipes marcados, pero era de naturaleza firme y en vez de morirse de congoja, como todos suponían, recuperó la salud. Cuando pudo levantarse no se atrevió a salir durante varios días, pero finalmente su amor por la parranda pudo más que su prudencia, tomó su sombrero de pelo de guama y, todavía tembleque y asustado, partió a la taberna. Esa noche no regresó y dos días después alguien trajo la noticia de que estaba despachurrado en el mismo barranco donde había escondido su tesoro. Lo encontraron abierto en canal a machetazos, como una res, tal como todos sabían que acabaría sus días, tarde o temprano.

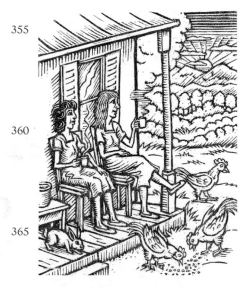

Antonia Sierra y Concha Díaz lo enterraron sin grandes señas de desconsuelo y sin más cortejo que Riad Halabí y la Maestra Inés, que fueron por acompañarlas a ellas y no para rendirle homenaje póstumo a quien habían despreciado en vida. Las dos mujeres siguieron viviendo juntas, dispuestas a ayudarse mutuamente en la crianza de los hijos y en las vicisitudes de cada día. Poco después del sepelio compraron gallinas, conejos y cerdos,

fueron en bus a la ciudad y volvieron con ropa para toda la familia. Ese
año arreglaron el rancho con tablas nuevas, le agregaron dos cuartos, lo
370 pintaron de azul y después instalaron una cocina a gas, donde iniciaron
una industria de comida para vender a domicilio. Cada mediodía partían
con todos los niños a distribuir sus viandas en el retén, la escuela, el
correo y si sobraban porciones las dejaban en el mostrador del almacén,
para que Riad Halabí se las ofreciera a los camioneros. Y así salieron de
375 la miseria y se iniciaron en el camino de la prosperidad.

Comprensión

Argumento

Indique con un número del 1 al 10 la secuencia de los acontecimientos principales del cuento, según la cronología de la narración.

a. _2_ Concha Díaz llegó a Agua Santa desconsolada y embarazada.

b. _~~5~~ ~~10~~_ Cuando Antonia Sierra vio que la muchacha estaba cada día más delgada, le dio caldo de gallina.

c. _10_ Concha Díaz y Antonia Sierra siguieron viviendo juntas y compraron más gallinas, cerdos y conejos.

d. _1_ Tomás Vargas no tenía confianza en los bancos y enterraba su oro.

e. _6_ Antonia Sierra decidió oponerse a Tomás Vargas cuando él trató de exigirle a Concha que volviera a su hamaca.

f. _9_ Esa noche no regresó Tomás Vargas porque estaba despachurrado en el barranco donde escondía su dinero.

g. _4_ Cuando Antonia Sierra volvió de su trabajo, encontró a Concha Díaz descansando en su hamaca.

h. _8_ Tomás Vargas entró a gatas buscando el dinero escondido, pero no lo encontró. *challenge*

i. _7_ Tomás Vargas aceptó el desafío del teniente y los dos jugaron a los naipes.

j. _3_ —La joven dice que el bebé es tuyo —dijo Riad Halabí a Tomás Vargas.

Cuestionario

1. ¿Dónde guarda Tomás Vargas su tesoro? ¿Por qué?
2. ¿Cómo es Tomás Vargas?
3. ¿Cómo es Antonia Sierra?
4. ¿Por qué viene Concha Díaz a Agua Santa?
5. ¿De qué manera piensa Riad Halabí ayudar a Concha al principio? ¿Por qué?
6. Describa la reacción de Antonia cuando Concha entra en su casa.
7. ¿Por qué cambian las relaciones entre las dos mujeres? ¿Cómo son ahora?
8. ¿De qué manera ayuda Riad Halabí a Concha?
9. ¿Qué sucede cuando Tomás Vargas trata de exigirle a Concha que vuelva a su hamaca?
10. ¿Es diferente ahora la rutina de las dos mujeres? Explique.

11. ¿Qué deudas son absolutamente sagradas en Agua Santa?
12. ¿Qué hace el teniente después del primer juego para pagar su deuda a Tomás Vargas?
13. ¿Es diferente el segundo juego? ¿De qué manera?
14. ¿Qué sucede cuando Tomás Vargas trata de desenterrar su tesoro? ¿Cómo reacciona el teniente?
15. ¿De qué manera cambia la vida de Antonia y Concha después de la muerte de Tomás Vargas?

Modismos

Conteste las siguientes preguntas, utilizando el modismo indicado.

1. **darse cuenta** (línea 62)
   ¿Qué pensó Riad Halabí cuando Concha apareció en su almacén?
2. **estar de paso** (línea 63)
   ¿Vino Concha a quedarse en Agua Santa?
3. **disponerse a** + *inf.* (línea 67)
   Cuando Concha se sentó y empezó a tomar un refresco, ¿qué hizo Riad Halabí?
4. **lograr** + *inf.* (línea 71)
   Puesto que Concha hablaba poco, Riad Halabí tuvo que tratar de adivinar lo que quería. ¿Qué pasó por fin?
5. **darle vergüenza a alguien** (línea 89)
   ¿Qué le dijo Riad Halabí a Tomás Vargas por lo que hizo con la joven Concha?
6. **llevarse una sorpresa** (línea 106)
   Según Antonia Sierra, ¿qué le pasaría a su marido si ella reaccionara violentamente por la presencia de Concha Díaz en su casa?
7. **negarse a** + *inf.* (línea 124)
   ¿Por qué empezó Concha a prepararle la comida a Tomás Vargas?
8. **acabársele algo a alguien** (línea 146)
   ¿Ayudaron a Concha los caldos que Antonia le preparaba? ¿Cuál fue el único resultado?
9. **estar en los huesos** (línea 150)
   Puesto que Concha casi no podía comer, ¿cómo describió Antonia su estado?
10. **hacerse cargo** (línea 182)
    Riad Halabí llevó a Concha al hospital. ¿Qué más hizo él por ella?

Repaso gramatical y recapitulación

Ser *y* estar: *Lo esencial*

Los dos verbos expresan la existencia de algo, pero dan una perspectiva diferente de ella.

Ser expresa

◆ **las características esenciales**

- Tomás Vargas **es** un hombre sin decencia.

◆ **el origen, la nacionalidad, la profesión**

- Concha Díaz no **es** de Agua Santa.
- Riad Halabí **es** turco o árabe.
- El teniente **es** policía.

◆ **la posesión**

- Concha dice que el bebé **es** de Tomás Vargas.

◆ **la voz pasiva** (**ser** + *el participio pasado*)

- El tesoro **fue** enterrado por Tomás Vargas.

◆ **la hora**

- **Eran** las siete de la tarde cuando terminó la partida.

Estar expresa

◆ **la condición**

- Concha **está** descalza. No tiene zapatos.

◆ **el lugar o la situación**

- Concha Díaz **está** en el almacén de Riad Halabí.

◆ **el resultado de una acción anterior**

- El tesoro de Tomás Vargas **está** enterrado.

◆ **los tiempos progresivos** (**estar** + *el participio presente*)

- Tomás Vargas **estaba zurrando** a su mujer o a sus hijos.

◆ **modismos o expresiones idiomáticas**

- Riad Halabí sabe que Concha Díaz no **está de paso** en Agua Santa.
- Tomás Vargas no **está de acuerdo** con Concha.
- Puesto que Concha no come, **está en los huesos.**

Práctica

Complete las oraciones con la forma apropiado de **ser** o **estar** en el tiempo presente.

1. Tomás Vargas cree que _____ el hombre más macho de la región.
2. La Maestra Inés todavía _____ en su sano juicio y tiene fuerzas para trabajar.
3. Riad Halabí _____ el único hombre capaz de controlar a Vargas.
4. Vargas declara que _____ padre de unos trescientos hijos.
5. Antonia Sierra _____ muy gastada por tantos años de abuso.
6. Halabí _____ el primero en enterarse de que Concha Díaz viene a quedarse en Agua Santa.
7. La muchacha _____ muy desconsolada porque va a tener un hijo.
8. Riad Halabí dice que Tomás Vargas tiene edad para _____ abuelo del hijo de Concha.
9. Riad Halabí le dice a Concha que _____ bien, que ella puede quedarse en su casa hasta el nacimiento de su hijo.
10. Pero eso no_____ lo que Concha quiere, sino que ir a la casa de Tomás Vargas.
11. Al cabo de unos dos meses, la barriga de Concha _____ tan grande como una calabaza.
12. Apenas empieza a tragarse la comida cuando ya la _____ vomitando.
13. Antonia decide que la vida de Concha va a _____ mejor que la de ella.

El pretérito y el imperfecto: Más práctica

Conjugue los verbos en el pretérito o el imperfecto, según el contexto del cuento. (Revise primero el Repaso gramatical del Capítulo 1.)

1. El niño de Concha nació en el hospital de la ciudad, porque no

   _____ venir al mundo.
          (querer)

2. Antonia Sierra se _____ ocho días con
          (quedar)
   Concha.

3. Antes de dos semanas Tomás Vargas _____
          (querer)
   exigirle a Concha Díaz que volviera a su hamaca.

4. Pero la pobre Concha todavía _____ un ven-
   (tener)
   daje de guerra en el vientre.

5. Cuando Vargas vaciló, Antonia _____ quién
   (saber)
   era el más fuerte.

6. Mientras Antonia Sierra _____ a trabajar,
   (salir)
   Concha se quedaba a cargo de los niños.

7. A veces los camioneros de la Compañía de Petróleos se

   _____ para unas vueltas de póker.
   (detener)

8. Los sábados los guardias del Penal de Santa María

   _____ el burdel.
   (visitar)

9. Las cosas se complicaron para Tomás Vargas cuando

   _____ el desafío del teniente.
   (aceptar)

10. A las siete de la tarde terminó la partida y Riad Halabí

   _____ que el teniente había ganado.
   (declarar)

Síntesis: Temas de conversación y de composición

1. ¿En qué se parecen estas mujeres: Belisa Crepusculario, Concha Díaz, Antonia Sierra y la Maestra Inés?
2. ¿Ha conocido Ud. a alguna maestra como Inés? Comente y explique el papel social que desempeña este tipo de maestra.
3. ¿Cómo sabe el lector que este cuento se desarrolla en un pueblo pequeño? Explique su respuesta.
4. ¿Es posible que la mujer legítima de un hombre llegue a ser amiga de la amante de su marido? ¿De qué manera?
5. ¿Se puede decir que Isabel Allende muestra cierta crueldad al caracterizar a los hombres de este cuento? Explique su respuesta.
6. Hay un proverbio español que dice: «—Madre, ¿qué cosa es casar? —Hija, es hilar, llorar y parir.» ¿Se aplica a este cuento? Explique su respuesta.

7. Otro proverbio afirma: «El hombre en la plaza y la mujer en la casa.» ¿Ejemplifican este proverbio Antonia Sierra y Tomás Vargas? Explique.
8. ¿Sería posible ubicar este cuento latinoamericano en algún lugar de este país? ¿Sería necesario modificarlo primero? ¿Por qué sí o por qué no? Si su respuesta es afirmativa, explique cómo cambiaría el cuento.
9. Actividades de recapitulación: interpretación dramática de los dibujos (o de otras escenas del cuento) con unos compañeros de clase.

3

Tosca

Preparación

Título

1. El título de este cuento se deriva del nombre de una ópera de Giacomo Puccini. En líneas generales, ¿qué impresión tiene Ud. por eso del argumento del cuento? ¿Cree Ud. que se trata de un cuento sentimental o quizás trágico? (Para más información sobre la ópera *Tosca*, vea la nota número 8.)

2. En este cuento se hacen referencias específicas a *Tosca* y a *Madame Butterfly*, dos obras del mismo compositor italiano que evocan una perspectiva trágica del amor. ¿Le da esto una idea más clara del cuento?

3. Los personajes principales de esta antología son mujeres, y uno de los temas principales de la antología es el feminismo. ¿Cómo será la protagonista de este cuento que parece estar basado en una ópera romántica y trágica?

4. Si en este cuento se presenta un triángulo amoroso, ¿quiénes lo formarán? ¿Quién será la víctima? ¿la protagonista? ¿el amante de ella? ¿el marido?

Temas e ideas

Cambie impresiones con un compañero/una compañera usando el siguiente cuestionario.

1. ¿Cuáles son los estereotipos que casi todos tienen de la ópera?
2. ¿Cómo se diferencia un inmigrante de una persona nacida en el país donde se ha establecido ese inmigrante?
3. ¿Conoce Ud. a alguna persona cuya vida sea parecida a una novela?
4. ¿La vida imita al arte o el arte imita a la vida?
5. Entre los términos siguientes, ¿cuál(es) describe(n) mejor a una persona «romántica» o «sentimental»?
   a. práctica   c. soñadora   e. sensible (capaz de sentir)
   b. trabajadora   d. realista

Primer párrafo

Lea el primer párrafo y conteste las preguntas.

Su padre la sentó al piano a los cinco años y a los diez Maurizia Rugieri dio su primer recital en el Club Garibaldi,[1] vestida de organza rosada y botines de charol, ante un público benévolo, compuesto en su mayoría por miembros de la colonia italiana.[2] Al término de la presentación pusieron varios ramos de flores a sus pies y el presidente del club le entregó una placa conmemorativa y una muñeca de loza, adornada con cintas y encajes.

1. ¿Quiénes asisten al recital de Maurizia? ¿Por qué?
2. ¿Qué recibe ella después de su presentación?

Párrafos siguientes

Ahora lea el resto del comienzo del cuento y conteste las preguntas.

[1]Giuseppe Garibaldi (1807–1882), patriota italiano que ayudó a la unificación de su país. En Sudamérica, luchó para defender al Uruguay de la tiranía del dictador Rosas.

[2]colonia... En muchos países sudamericanos hay grupos muy numerosos de inmigrantes italianos. El término *colonia* se utiliza aquí para referirse a ellos en particular. Junto con sus descendientes, mantienen su identidad étnico-cultural a través de organizaciones como el Club Garibaldi, nombre que proviene de Giuseppe Garibaldi.

—Te saludamos, Maurizia Rugieri, como a un genio precoz, un nuevo Mozart. Los grandes escenarios del mundo te esperan —clamó.

La niña aguardó que se callara el aplauso y, por encima del llanto orgulloso de su madre, hizo oír su voz con una altanería inesperada.

—Ésta es la última vez que toco el piano. Lo que yo quiero es ser cantante —anunció y salió de la sala arrastrando a la muñeca por un pie.

Una vez que se repuso del bochorno, su padre la colocó en clases de canto con un severo maestro, quien por cada nota falsa le daba un golpe en las manos, lo cual no logró matar el entusiasmo de la niña por la ópera. Sin embargo, al término de la adolescencia se vio que tenía una voz de pájaro, apenas suficiente para arrullar a un infante en la cuna, de modo que debió cambiar sus pretensiones de soprano por un destino más banal. A los diecinueve años se casó con Ezio Longo, inmigrante de primera generación en el país, arquitecto sin título y constructor de oficio, quien se había propuesto fundar un imperio sobre cemento y acero, y a los treinta y cinco años ya lo tenía casi consolidado.

1. ¿Con quién comparan a Maurizia? ¿Por qué?
2. ¿Qué anuncio sorprendente hace ella?
3. ¿Por qué no puede Maurizia ser una cantante de ópera?
4. El matrimonio de Maurizia con Ezio Longo, ¿significa una desilusión para ella en cuanto a su profesión? Explique.

Palabras útiles para la comprensión

VERBOS	SUSTANTIVOS	ADJETIVOS
	el encaje tejido elaborado para adornar la ropa	
		bonachón amable, simpático
		encinta embarazada, que va a tener un bebé
	la partitura texto y música de una ópera	
	el chisme noticias verdaderas o falsas para desacreditar a alguien que pasan de boca en boca	

el mequetrefe hombre irresponsable, de poco valor

fluvial referente a los ríos

el gringo extranjero (generalmente norteamericano)

el pozo hoyo profundo (aquí, para sacar petróleo)

el bicho insecto

la bata traje cómodo que se usa en casa

estrambótico muy extravagante

el luto ropa de color negro que por tradición se lleva después de la muerte de un familiar

la viudez condición de la persona cuyo esposo/cuya esposa ha muerto

la cuadrilla de obreros conjunto de trabajadores

vacilar dudar

Práctica

1. Uno de los personajes principales de este cuento es un hombre de «carácter bonachón y generoso», de «una apariencia vulgar» (común) pero que tiene «un alma refinada». ¿A cuál de los personajes del triángulo amoroso se referirá esta descripción?
2. ¿Cuál de los personajes es el mequetrefe?
3. ¿En qué ópera de Puccini podría la protagonista llevar una bata extravagante?
4. ¿Qué país sudamericano tiene muchos pozos de petróleo?
5. ¿Cuál de los tres protagonistas del cuento es el viudo/la viuda? Por lo general, ¿lleva ropa de luto la mujer o el hombre?
6. ¿Puede Ud. hacer un breve resumen anticipado del cuento? (Vea los dibujos antes de responder.) Si su respuesta es negativa, trate de predecir cuáles serán los acontecimientos principales del cuento.

Lectura: Tosca

Su padre la sentó al piano a los cinco años y a los diez Maurizia Rugieri dio su primer recital en el Club Garibaldi,[1] vestida de organza rosada y botines de charol, ante un público benévolo, compuesto en su mayoría por miembros de la colonia italiana.[2] Al término de la pre-

5 sentación pusieron varios ramos de flores a sus pies y el presidente del club le entregó una placa conmemorativa y una muñeca de loza, adornada con cintas y encajes.

—Te saludamos, Maurizia Rugieri, como a un genio precoz, un nuevo Mozart. Los grandes escenarios del mundo te esperan

10 —declamó.

La niña aguardó que se callara el aplauso y, por encima del llanto orgulloso de su madre, hizo oír su voz con una altanería inesperada.

—Ésta es la última vez que toco el piano. Lo que yo quiero es

15 ser cantante —anunció y salió de la sala arrastrando a la muñeca por un pie.

Una vez que se repuso del bochorno, su padre la colocó en clases de canto con un severo maestro, quien por cada nota falsa le daba un golpe en las manos, lo cual no logró matar el entusiasmo de la niña

20 por la ópera. Sin embargo, al término de la adolescencia se vio que tenía una voz de pájaro, apenas suficiente para arrullar a un infante en la cuna, de modo que debió cambiar sus pretensiones de soprano por un destino

---

[1]Giuseppe Garibaldi (1807–1882), patriota italiano que ayudó a la unificación de su país. En Sudamérica, luchó para defender al Uruguay de la tiranía del dictador Rosas.

[2]**colonia...** En muchos países sudamericanos hay numerosos inmigrantes italianos. El término *colonia* se utiliza aquí para referirse a ellos en particular. Junto con sus descendientes, mantienen su identidad étnico-cultural a través de organizaciones como el Club Garibaldi, nombre que proviene de Giuseppe Garibaldi.

singing oprah

más banal. A los diecinueve años se casó con Ezio Longo, inmigrante de
primera generación en el país, arquitecto sin título y constructor de ofi-
25 cio, quien se había propuesto fundar un imperio sobre cemento y acero,
y a los treinta y cinco años ya lo tenía casi consolidado.

Ezio Longo se enamoró de Maurizia Rugieri con la misma
determinación empleada en sembrar la capital con sus edificios. Era de
corta estatura, sólidos huesos, un cuello de animal de tiro y un rostro
30 enérgico y algo brutal, de labios gruesos y ojos negros. Su trabajo lo
obligaba a vestirse con ropa rústica y de tanto estar al sol tenía la piel oscura y cruzada de surcos, como cuero curtido. Era de carácter bonachón
y generoso, reía con facilidad y gustaba de la música popular y de la comida abundante y sin ceremonias. Bajo esa apariencia algo vulgar[3] se
35 ocultaban un alma refinada y una delicadeza que no sabía traducir en
gestos o palabras. Al contemplar a Maurizia a veces se le llenaban los
ojos de lágrimas y el pecho de una oprimente ternura, que él disimulaba
de un manotazo, sofocado de vergüenza. Le resultaba imposible expresar
sus sentimientos y creía que cubriéndola de regalos y soportando[4] con
40 estoica paciencia sus extravagantes cambios de humor y sus dolencias
imaginarias, compensaría las fallas de su repertorio de amante. Ella
provocaba en él un deseo perentorio, renovado cada día con el ardor de
los primeros encuentros, la abrazaba exacerbado, tratando de salvar el
abismo entre los dos, pero toda su pasión se estrellaba contra los remil-
45 gos de Maurizia, cuya imaginación permanecía afiebrada por lecturas
románticas y discos de Verdi y Puccini.[5] Ezio se dormía vencido por las
fatigas del día, agobiado por pesadillas de paredes torcidas y escaleras en
espiral, y despertaba al amanecer para sentarse en la cama a observar a su
mujer dormida con tal atención que aprendió a adivinarle los sueños.
50 Hubiera dado la vida por que ella respondiera a sus sentimientos con
igual intensidad. Le construyó una desmesurada mansión sostenida por
columnas, donde la mezcolanza de estilos y la profusión de adornos con-
fundían el sentido de orientación, y donde cuatro sirvientes trabajaban
sin descanso sólo para pulir bronces, sacar brillo a los pisos, limpiar las

---

[3]común
[4]tolerando
[5]**Verdi**... Giuseppe Verdi (1813–1901) y Giacomo Puccini (1858–1924), famosos compositores de
ópera italianos. Puccini compuso *Tosca*, que se presentó por primera vez en 1900.

55 pelotillas de cristal de las lámparas y sacudir los muebles de patas doradas y las falsas alfombras persas importadas de España. La casa tenía un pequeño anfiteatro en el jardín, con altoparlantes y luces de escenario mayor, en el cual Maurizia Rugieri solía cantar para sus invitados. Ezio no habría admitido ni en trance de muerte que era incapaz de apreciar

60 aquellos vacilantes trinos de gorrión, no sólo para no poner en evidencia las lagunas de su cultura,[6] sino sobre todo por respeto a las inclinaciones artísticas de su mujer. Era un hombre optimista y seguro de sí mismo, pero cuando Maurizia anunció llorando que estaba encinta, a él le vino de golpe una incontrolable aprensión, sintió que el corazón se le partía

65 como una sandía, que no había cabida para tanta dicha en este valle de lágrimas. Se le ocurrió que alguna catástrofe fulminante desbarataría su precario paraíso y se dispuso a defenderlo contra cualquier interferencia.

La catástrofe fue un estudiante de medicina con quien Maurizia se tropezó en un tranvía. Para entonces había nacido el niño —una

70 criatura tan vital como su padre, que parecía inmune a todo daño, inclusive al mal de ojo[7] —y la madre ya había recuperado la cintura. El estudiante se sentó junto a Maurizia en el trayecto al centro de la ciudad, un joven delgado y pálido, con perfil de estatua romana. Iba leyendo la partitura de *Tosca*[8] y silbando entre dientes un aria del último acto. Ella sin-

75 tió que todo el sol de mediodía se le eternizaba en las mejillas y un sudor de anticipación le empapaba el corpiño. Sin poder evitarlo tarareó[9] las palabras del infortunado Mario saludando al amanecer, antes de que el pelotón de fusilamiento acabara con sus días. Así, entre dos líneas de la partitura, comenzó el romance. El joven se llamaba Leonardo Gómez y

80 era tan entusiasta del *bel canto* como Maurizia.

Durante los meses siguientes el estudiante obtuvo su título de médico y ella vivió una por una todas las tragedias de la ópera y algunas de la literatura universal: la mataron sucesivamente don José, la tubercu-

---

[6]**lagunas.**. . falta de conocimiento cultural. Generalmente alude a un aspecto del arte o de la literatura.
[7]**mal.**. . enfermedad o daño que, según creencias supersticiosas, es causada por la mirada envidiosa de una persona y que sólo puede ser curada por medio de oraciones o de brujería.
[8]la ópera *Tosca*, del compositor italiano Giacomo Puccini. Mario Cavaradossi y Floria Tosca son los amantes y protagonistas de la ópera. Scarpia es el jefe de policía que manda a fusilar a Mario. Tosca mata a Scarpia cuando él intenta seducirla y después se suicida ella.
[9]El verbo *tararear* es onomatopéyico: es una imitación del sonido producido al cantar entre dientes sustituyendo las palabras por sílabas como *ta* o *ra*.

losis, una tumba egipcia, una daga y veneno,[10] amó cantando en italiano,
85 francés y alemán, fue Aída, Carmen y Lucía di Lammermoor,[11] y en cada
ocasión Leonardo Gómez era el objeto de su pasión inmortal. En la vida
real compartían un amor casto, que ella anhelaba consumar sin atreverse
a tomar la iniciativa, y que él combatía en su corazón por respeto a la
condición de casada de Maurizia. Se vieron en lugares públicos y algunas
90 veces enlazaron sus manos en la zona sombría de algún parque, inter-
cambiaron notas firmadas por Tosca y Mario y naturalmente llamaron
Scarpia a Ezio Longo, quien estaba tan agradecido por el hijo, por su
hermosa mujer y por los bienes otorgados por el cielo, y tan ocupado tra-
bajando para ofrecerle a su familia toda la seguridad posible, que de no
95 haber sido por un vecino que vino a contarle el chisme de que su esposa
paseaba demasiado en tranvía, tal vez nunca se habría enterado de lo que
ocurría a sus espaldas.

Ezio Longo se había preparado para enfrentar la contingencia
de una quiebra en sus negocios, una enfermedad y hasta un accidente de
100 su hijo, como imaginaba en sus pe-
ores momentos de terror supersti-
cioso, pero no se le había ocurrido
que un meliflup estudiante pudiera
arrebatarle a su mujer delante de
105 las narices. Al saberlo estuvo a
punto de soltar una carcajada,
porque de todas las desgracias, ésa
le parecía la más fácil de resolver,
pero después de ese primer im-
110 pulso, una rabia ciega le trastornó
el hígado. Siguió a Maurizia hasta
una discreta pastelería, donde la
sorprendió bebiendo chocolate

con su enamorado. No pidió explicaciones. Cogió a su rival por la ropa,

[10]**don...** referencias a personajes, temas o escenas relacionados con la ópera. Varios protagonistas de óperas
del siglo XIX mueren de tuberculosis. La tumba egipcia se refiere a una escena dramática de la ópera *Aída*, de
Verdi. La daga y el veneno son instrumentos típicos de la muerte en las óperas de la época romántica.
[11]*Aída...* protagonistas de las óperas de los mismos títulos. *Aída* (1871) es una obra de Verdi, *Carmen*
(1875) de Georges Bizet (1838–1875) y *Lucía di Lammermoor* (1835) de Gaetano Donizetti (1797–1848).

115 lo levantó en vilo y lo lanzó contra la pared en medio de un estrépito de
loza rota y chillidos de la clientela. Luego tomó a su mujer por un brazo
y la llevó hasta su coche, uno de los últimos Mercedes Benz importados
al país, antes de que la Segunda Guerra Mundial arruinara las relaciones
comerciales con Alemania. La encerró en casa y puso a dos albañiles de
120 su empresa al cuidado de las puertas. Maurizia pasó dos días llorando en
la cama, sin hablar y sin comer. Entretanto Ezio Longo había tenido
tiempo de meditar y la ira se le había transformado en una frustración
sorda que le trajo a la memoria el abandono de su infancia, la pobreza de
su juventud, la soledad de su existencia y toda esa inagotable hambre de
125 cariño que lo acompañaron hasta que conoció a Maurizia Rugieri y creyó
haber conquistado a una diosa. Al tercer día no aguantó más y entró a la
pieza de su mujer.

—Por nuestro hijo, Maurizia, debes sacarte de la cabeza esas
fantasías. Ya sé que no soy muy romántico, pero si me ayudas, puedo
130 cambiar. Yo no soy hombre para aguantar cuernos[12] y te quiero demasiado para dejarte ir. Si me das la oportunidad, te haré feliz, te lo juro.

Por toda respuesta ella se volvió contra la pared y prolongó su
ayuno dos días más. Su marido regresó.

—Me gustaría saber qué carajo es lo que te falta en este
135 mundo, a ver si puedo dártelo —le dijo, derrotado.

—Me falta Leonardo. Sin él me voy a morir.

—Está bien. Puedes ir con ese mequetrefe si quieres, pero no
volverás a ver a nuestro hijo nunca más.

Ella hizo sus maletas, se vistió de muselina, se puso un som-
140 brero con un velo y llamó a un coche de alquiler. Antes de partir besó al
niño sollozando y le susurró al oído que muy pronto volvería a buscarlo.
Ezio Longo —quien en una semana había perdido seis kilos y la mitad
del cabello— le quitó a la criatura de los brazos.

Maurizia Rugieri llegó a la pensión donde vivía su enamorado
145 y se encontró con que éste se había ido hacía dos días a trabajar como
médico en un campamento petrolero,[13] en una de esas provincias
calientes, cuyo nombre evocaba indios y culebras. Le costó convencerse

[12]referencia al «cornudo», el hombre cuya esposa le es infiel
[13]campamento... El petróleo ha sido la industria principal de Venezuela desde hace varias décadas.

de que él había partido sin despedirse, pero lo atribuyó a la paliza
recibida en la pastelería, concluyó que Leonardo era un poeta y que la
150 brutalidad de su marido debió desconcertarlo. Se instaló en un hotel y en
los días siguientes mandó telegramas a todos los puntos imaginables. Por
fin logró ubicar a Leonardo Gómez para anunciarle que por él había re-
nunciado a su único hijo, desafiado a su marido, a la sociedad y al mismo
Dios y que su decisión de seguirlo en su destino, hasta que la muerte los
155 separara, era absolutamente irrevocable.

El viaje fue una pesada expedición en tren, en camión y en algunas partes por vía fluvial. Maurizia jamás había salido sola fuera de un
radio de treinta cuadras alrededor de su casa, pero ni la grandeza del
paisaje ni las incalculables distancias pudieron atemorizarla. Por el
160 camino perdió un par de maletas y su vestido de muselina quedó convertido en un trapo amarillo de polvo, pero llegó por fin al cruce del río
donde debía esperarla Leonardo. Al bajarse del vehículo vio una piragua
en la orilla y hacia allá corrió con los jirones del velo volando a su espalda y su largo cabello escapando en rizos del sombrero. Pero en vez de
165 su Mario, encontró a un negro con casco de explorador y dos indios
melancólicos con los remos en las manos. Era tarde para retroceder.
Aceptó la explicación de que el doctor Gómez había tenido una emer-
gencia y se subió al bote con el resto de su maltrecho equipaje, rezando
para que aquellos hombres no fueran bandoleros o caníbales. No lo eran,
170 por fortuna, y la llevaron sana y salva por el agua a través de un extenso
territorio abrupto y salvaje, hasta el lugar donde la aguardaba su enamorado. Eran dos villorios,[14] uno de largos dormitorios comunes donde
habitaban los trabajadores; y otro, donde vivían los empleados, que consistía en las oficinas de la compañía, veinticinco casas prefabricadas traí-
175 das en avión desde los Estados Unidos, una absurda cancha de golf y una
pileta de agua verde que cada mañana amanecía llena de enormes sapos,
todo rodeado de un cerco metálico con un portón custodiado por dos
centinelas.[15] Era un campamento de hombres de paso, allí la existencia
giraba en torno a ese lodo oscuro que emergía del fondo de la tierra

---

[14] pueblitos que pertenecen a la compañía
[15] Esta referencia a las empresas de los extranjeros en Latinoamérica se repite en otros cuentos de Allende.
Tales referencias, casi siempre irónicas, satirizan al extranjero que tiene negocios en Latinoamérica, pero
que desconoce la cultura del país y tampoco tiene interés en integrarse a ella.

180 como un inacabable vómito de dragón. En aquellas soledades no había
más mujeres que algunas sufridas compañeras de los trabajadores; los
gringos[16] y los capataces viajaban a la ciudad cada tres meses para visitar
a sus familias. La llegada de la esposa del doctor Gómez, como la llamaron, trastornó la rutina por unos días, hasta que se acostumbraron a
185 verla pasear con sus velos, su sombrilla y sus zapatos de baile, como un
personaje escapado de otro cuento.

Maurizia Rugieri no permitió que la rudeza de esos hombres
o el calor de cada día la vencieran, se propuso vivir su destino con
grandeza y casi lo logró. Convirtió a Leonardo Gómez en el héroe de
190 su propio melodrama, adornándolo con virtudes utópicas y exaltando
hasta la demencia la calidad de su amor, sin detenerse a medir la respuesta de su amante para saber si él la seguía al mismo paso en esa des-
bocada carrera pasional. Si Leonardo Gómez daba muestras de
quedarse muy atrás, ella lo atribuía a su carácter tímido y su mala salud,
195 empeorada por ese clima maldito. En verdad, tan frágil parecía él, que
ella se curó definitivamente de todos sus antiguos malestares para dedicarse a cuidarlo. Lo acompañaba al primitivo hospital y aprendió los
menesteres de enfermera para ayudarlo. Atender víctimas de malaria o
curar horrendas heridas de accidentes en los pozos le parecía mejor que
200 permanecer encerrada en su casa, sentada bajo un ventilador, leyendo
por centésima vez las mismas revistas añejas y novelas románticas. Entre
jeringas y apósitos podía imaginarse a sí misma como una heroína de la
guerra, una de esas valientes mujeres de las películas que veían a veces
en el club del campamento. Se negó con una determinación suicida a
205 percibir el deterioro de la realidad, empeñada en embellecer cada instante con palabras, ante la imposibilidad de hacerlo de otro modo.
Hablaba de Leonardo Gómez —a quien siguió llamando Mario—
como de un santo dedicado al servicio de la humanidad, y se impuso la
tarea de mostrarle al mundo que ambos eran los protagonistas de un
210 amor excepcional, lo cual acabó por desalentar a cualquier empleado de
la Compañía que pudiera haberse sentido inflamado por la única mujer
blanca del lugar. A la barbarie del campamento, Maurizia la llamó *con-*

---

[16]El término *gringo* suele usarse en sentido peyorativo en muchos países latinoamericanos, sobre todo en
México. Aquí es obvio que los «gringos» son los norteamericanos, pero en algunos países de Centro y Sudamérica la palabra *gringo* puede referirse a cualquier extranjero, y no precisamente en sentido peyorativo.

tacto con la naturaleza e ignoró[17] los mosquitos, los bichos venenosos, las iguanas, el infierno del día, el sofoco de la noche y el hecho de que no
215 podía aventurarse sola más allá del portón. Se refería a su soledad, su aburrimiento y su deseo natural de recorrer la ciudad, vestirse a la moda, visitar a sus amigas e ir al teatro, como una ligera *nostalgia.* A lo único que no pudo cambiarle el nombre fue a ese dolor animal que la doblaba en dos al recordar a su hijo, de modo que optó por no men-
220 cionarlo jamás.

   Leonardo Gómez trabajó como médico del campamento du-
rante más de diez años, hasta que las fiebres y el clima acabaron con su salud. Llevaba mucho tiempo dentro del cerco protector de la Compañía Petrolera, no tenía ánimo para iniciarse en un medio más agresivo, y, por
225 otra parte, aún recordaba la furia de Ezio Longo cuando lo reventó con-
tra la pared, así que ni siquiera consideró la eventualidad de volver a la capital. Buscó otro puesto en algún rincón perdido donde pudiera seguir viviendo en paz, y así llegó un día a Agua Santa, con su mujer, sus instrumentos de médico y sus discos de ópera. Era la década de los cin-
230 cuenta y Maurizia Rugieri se bajó del autobús vestida a la moda, con un estrecho traje a lunares y un enorme sombrero de paja negra, que había encargado por catálogo a Nueva York, algo nunca visto por esos lados. De todas maneras, los acogieron con la hospitalidad de los pueblos pequeños y en menos de veinticuatro horas todos conocían la leyenda de
235 amor de los recién llegados. Los llamaron Tosca y Mario, sin tener ni la menor idea de quiénes eran esos personajes, pero Maurizia se encargó de hacérselos saber. Abandonó sus prácticas de enfermera junto a Leonardo, formó un coro litúrgico para la parroquia y ofreció los primeros recitales de canto de la aldea. Mudos de asombro, los habitantes de Agua Santa la
240 vieron transformada en Madame Butterfly[18] sobre un improvisado esce-
nario en la escuela, ataviada con una estrambótica bata de levantarse, unos palillos de tejer en el peinado, dos flores de plástico en las orejas y la cara pintada con yeso blanco, trinando con su voz de pájaro. Nadie en-
tendió ni una palabra del canto, pero cuando se puso de rodillas y sacó
245 un cuchillo de cocina amenazando con enterrárselo en la barriga, el

---

[17] Por lo general, este término es un cognado falso; aquí significa *hacer caso omiso de* o *no hacer caso de.*
[18] **Madame...** heroína japonesa de la ópera de Puccini que se suicida después de saberse traicionada por su marido, el norteamericano Pinkerton

público lanzó un grito de horror y un espectador corrió a disuadirla, le arrebató el arma de las manos y la obligó a ponerse de pie. Enseguida se armó una larga discusión sobre las razones para la trágica determinación de la dama japonesa, y todos estuvieron de acuerdo en que el marino

250 norteamericano que la había abandonado era un desalmado, pero no valía la pena morir por él, puesto que la vida es larga y hay muchos hombres en este mundo. La representación terminó en holgorio cuando se improvisó una banda que interpretó unas cumbias[19] y la gente se puso a bailar. A esa noche memorable siguieron otras similares: canto, muerte,

255 explicación por parte de la soprano del argumento de la ópera, discusión pública y fiesta final.

El doctor Mario y la señora Tosca eran dos miembros selectos de la comunidad, él estaba a cargo de la salud de todos y ella de la vida cultural y de informar sobre los cambios en la moda. Vivían en una casa

260 fresca y agradable, la mitad de la cual estaba ocupada por el consultorio. En el patio tenían una guacamaya azul y amarilla, que volaba sobre sus cabezas cuando salían a pasear por la plaza. Se sabía por dónde andaban el doctor o su mujer, porque el pájaro los acompañaba siempre a dos metros de altura, planeando silenciosamente con sus grandes alas de ani-

265 mal pintarrajeado. En Agua Santa vivieron muchos años, respetados por la gente, que los señalaba como un ejemplo de amor perfecto.

[19] baile muy popular en los países del Caribe

En uno de esos ataques el doctor se perdió por los caminos de la fiebre y ya no pudo regresar. Su muerte conmovió al pueblo. Temieron que su mujer cometiera un acto fatal, como tantos que había represen-
270 tado cantando, así es que se turnaron para acompañarla de día y de noche durante las semanas siguientes. Maurizia Rugieri se vistió de luto de pies a cabeza, pintó de negro todos los muebles de la casa y arrastró su dolor como una sombra tenaz que le marcó el rostro con dos profundos surcos junto a la boca; sin embargo no intentó poner fin a su vida. Tal vez en la
275 intimidad de su cuarto, cuando estaba sola en la cama, sentía un profundo alivio porque ya no tenía que seguir tirando la pesada carreta de sus sueños, ya no era necesario mantener vivo al personaje inventado para representarse a sí misma, ni seguir haciendo malabarismos para disimular las flaquezas de un amante que nunca estuvo a la altura de sus ilusiones.
280 Pero el hábito del teatro estaba demasiado enraizado. Con la misma paciencia infinita con que antes se creó una imagen de heroína romántica, en la viudez construyó la leyenda de su desconsuelo. Se quedó en Agua Santa, siempre vestida de negro, aunque el luto ya no se usaba desde hacía mucho tiempo, y se negó a cantar de nuevo, a pesar de las súplicas
285 de sus amigos, quienes pensaban que la ópera podría darle consuelo. El pueblo estrechó el círculo alrededor de ella, como un fuerte abrazo, para hacerle la vida tolerable y ayudarla en sus recuerdos. Con la complicidad de todos, la imagen del doctor Gómez creció en la imaginación popular. Dos años después hicieron una colecta para fabricar un busto de bronce
290 que colocaron sobre una columna en la plaza, frente a la estatua de piedra del Libertador.[20]

Ese mismo año abrieron la autopista que pasó frente a Agua Santa, alterando para siempre el aspecto y el ánimo del pueblo. Al comienzo la gente se opuso al proyecto, creyendo que sacarían a los po-
295 bres reclusos del Penal de Santa María para ponerlos, engrillados, a cortar árboles y picar piedras, como decían los abuelos que había sido construida la carretera en tiempos de la dictadura del Benefactor,[21] pero pronto llegaron los ingenieros de la ciudad con la noticia de que el trabajo lo realizarían máquinas modernas en vez de los presos. Detrás de

[20]Simón Bolívar (1783–1830), libertador de las actuales repúblicas de Colombia, Venezuela, Ecuador, Perú y Bolivia
[21]referencia al general Juan Vicente Gómez (1859–1935), dictador de Venezuela de 1908 hasta su muerte

300 ellos vinieron los topógrafos y después las cuadrillas de obreros con cascos anaranjados y chalecos que brillaban en la oscuridad. Las máquinas resultaron ser unas moles de hierro del tamaño de un dinosaurio, según cálculos de la maestra de la escuela, en cuyos flancos estaba pintado el nombre de la empresa, Ezio Longo e Hijo. Ese mismo viernes llegaron el
305 padre y el hijo a Agua Santa para revisar las obras y pagar a los trabajadores.

Al ver los letreros y las máquinas de su antiguo marido, Maurizia Rugieri se escondió en su casa con puertas y ventanas cerradas, con la insensata esperanza de mantenerse fuera del alcance de su pasado. Pero
310 durante veintiocho años había soportado el recuerdo del hijo ausente, como un dolor clavado en el centro del cuerpo, y cuando supo que los dueños de la compañía constructora estaban en Agua Santa almorzando en la taberna, no pudo seguir luchando contra su instinto. Se miró en el espejo. Era una mujer de cincuenta y un años, envejecida por el sol del
315 trópico y el esfuerzo de fingir una felicidad quimérica, pero sus rasgos aún mantenían la nobleza del orgullo. Se cepilló el cabello y lo peinó en un moño alto, sin intentar disimular las canas, se colocó su mejor vestido negro y el collar de perlas de su boda, salvado de tantas aventuras, y en un gesto de tímida coquetería, se puso un toque de lápiz negro en los
320 ojos y de carmín en las mejillas y en los labios. Salió de su casa protegiéndose del sol con el paraguas de Leonardo Gómez. El sudor le corría por la espalda, pero ya no temblaba.

A esa hora las persianas[22] de la taberna estaban cerradas para evitar el calor del mediodía, de modo que Maurizia Rugieri necesitó un
325 buen rato para acomodar los ojos a la penumbra y distinguir en una de las mesas del fondo a Ezio Longo y el hombre joven que debía ser su hijo. Su marido había cambiado mucho menos que ella, tal vez porque siempre fue una persona sin edad. El mismo cuello de león, el mismo sólido esqueleto, las mismas facciones torpes y ojos hundidos, pero
330 ahora dulcificados por un abanico de arrugas alegres producidas por el buen humor. Inclinado sobre su plato, masticaba con entusiasmo, escuchando la charla del hijo. Maurizia los observó de lejos. Su hijo debía

---

[22]tablillas movibles en las ventanas para protegerlas del sol y del viento. Muchas casas del Caribe no tienen cristales en las ventanas, sólo persianas.

andar cerca de los treinta años. Aunque tenía los huesos largos y la piel delicada de ella, los gestos eran los de su padre, comía con igual placer,
335 golpeaba la mesa para enfatizar sus palabras, se reía de buena gana, era un hombre vital y enérgico, con un sentido categórico de su propia fortaleza, bien dispuesto para la lucha. Maurizia miró a Ezio Longo con ojos nuevos y vio por primera vez sus macizas virtudes masculinas. Dio un par de pasos al frente, conmovida, con el aire atascado en el pecho,
340 viéndose a sí misma desde otra dimensión, como si estuviera sobre un escenario representando el momento más dramático del largo teatro que había sido su existencia, con los nombres de su marido y su hijo en los labios y la mejor disposición para ser perdonada por tantos años de abandono. En ese par de minutos vio los minuciosos engranajes de la
345 trampa donde se había metido durante tres décadas de alucinaciones. Comprendió que el verdadero héroe de novela era Ezio Longo, y quiso creer que él había seguido deseándola y esperándola durante todos esos años, con el amor persistente y apasionado que Leonardo Gómez nunca pudo darle, porque no estaba en su naturaleza.
350   En ese instante, cuando un solo paso más la habría sacado de la zona de la sombra y puesto en evidencia, el joven se inclinó, aferró la muñeca de su padre y le dijo algo con un guiño simpático.
355 Los dos estallaron en carcajadas, palmoteándose los brazos, desordenándose mutuamente el cabello, con una ternura viril y una firme complicidad de la cual Maurizia
360 Rugieri y el resto del mundo estaban excluidos. Ella vaciló por un momento infinito en la frontera entre la realidad y el sueño, luego retrocedió, salió de la taberna,
365 abrió su paraguas negro y volvió a

su casa con la guacamaya volando sobre su cabeza, como un estrafalario arcángel de calendario.

Comprensión

Argumento

Indique con un número del 1 al 10 la secuencia de los acontecimientos principales del cuento, según la cronología de la narración.

a. __6__ El viaje fue una pesada expedición en tren, en camión y por vía fluvial.

b. __1__ Al ver los letreros y las máquinas de su antiguo marido, Maurizia se escondió en su casa.

c. __4__ Fue Aída, Carmen y Lucía di Lammermoor, y en cada ocasión Leonardo Gómez era el objeto de su pasión inmortal.

d. __2__ Se vio que Maurizia tenía una voz de pájaro, apenas suficiente para arrullar a un infante en la cuna.

e. __7__ Ella atendía a víctimas de malaria o curaba heridas de accidentes en los pozos.

f. __3__ Ezio era un hombre optimista, pero cuando Maurizia anunció que estaba encinta, se puso contentísimo.

g. __8__ Los llamaron Tosca y Mario, sin entender los nombres.

h. __1__ Su padre sentó a Maurizia al piano a los cinco años y a los diez dio su primer recital en el Club Garibaldi.

i. __10__ Maurizia comprendió que el verdadero héroe de novela era Ezio Longo, y quiso creer que él había seguido deseándola durante esos años.

j. __5__ Está bien. Puedes irte con ese mequetrefe si quieres, pero no volverás a ver a nuestro hijo nunca más.

Cuestionario

1. ¿Qué anuncia Maurizia Rugieri después de su primer concierto?
2. Maurizia Rugieri nunca será una gran cantante. ¿Por qué?
3. Cuando Maurizia Rugieri se encuentra con Leonardo Gómez en el tranvía, descubre que tienen algo en común. ¿Qué es? ¿Cómo lo descubre?
4. ¿Qué hace Ezio Longo en la pastelería?
5. ¿Qué condición le pone Ezio Longo a su esposa para dejar que se vaya con Leonardo Gómez?
6. ¿Cómo es el viaje que hace Maurizia Rugieri para reunirse con Leonardo Gómez?
7. ¿Qué es lo que más le duele a Maurizia Rugieri en su nueva vida de campamento?

8. Cuando Leonardo Gómez decide dejar el campamento, ¿por qué no vuelve a la capital?
9. ¿Cómo cambia la rutina de Maurizia Rugieri en Agua Santa?
10. Según los habitantes de Agua Santa, ¿por qué no vale la pena que Madame Butterfly muera por el marino norteamericano?
11. ¿Qué es «original» en las representaciones de ópera de Agua Santa?
12. ¿Con qué propósito llegan Ezio Longo y su hijo a Agua Santa?
13. ¿Cuál es la primera reacción de Maurizia Rugieri a la llegada de su primer marido y su hijo?
14. ¿A quién se parece el hijo?
15. ¿Qué sucede cuando Maurizia Rugieri entra en la taberna?

Modismos

Conteste las siguientes preguntas, utilizando el modismo indicado.

1. **(estar) compuesto por** (línea 3)
   ¿Cómo era el público del primer recital de Maurizia Rugieri?
2. **solía** + *inf.* (línea 58)
   ¿Qué clase de programas musicales presentaba Maurizia en el pequeño anfiteatro del jardín?
3. **ocurrírsele** (línea 66)
   Aunque Ezio estaba muy contento cuando Maurizia anunció que estaba encinta, ¿qué aprensión le vino?
4. **acabar con** (línea 78)
   Describa la trágica muerte de Mario, un personaje de *Tosca*.
5. **transformársele en** (línea 122)
   ¿Qué pasó con la ira de Ezio Longo dos días después del episodio en la pastelería?
6. **costarle** + *inf.* (línea 147)
   ¿Qué le pareció a Maurizia la desaparición de Leonardo?
7. **acostumbrarse a** + *inf.* (línea 184)
   La llegada de Maurizia al campamento de petróleo, ¿trastornó la rutina del lugar?
8. **acabar por** + *inf.* (línea 210)
   ¿Por qué no se enamoraron de Maurizia los empleados del campamento?
9. **optar por** (línea 219)
   ¿Qué decidió hacer Maurizia para no sentir el dolor de recordar a su hijo?

Repaso gramatical y recapitulación

Por y *para:* Lo esencial

Por expresa

◆ **la razón, el motivo o la explicación de una acción**

• Maurizia no puede ser una gran cantante **por** tener una voz de pájaro.

◆ **la duración de tiempo (específica o imprecisa) de una acción**

• Leonardo trabajó en el campamento **por** más de diez años.

◆ **la ruta**

• Ezio y su hijo vienen a Agua Santa **por** la nueva carretera.

◆ **la manera, el medio**

• Maurizia hace algunas partes del viaje **por** vía fluvial.

◆ **el cambio (de algo por dinero)**

• Ezio habrá pagado más de mil dólares **por** las lámparas de pelotillas de cristal.

◆ **la sustitución (de una persona por otra)**

Para expresa

◆ **el propósito o la intención de una acción**

• Tiene una voz **para** arrullar a un infante en la cuna.

◆ **la relación que tienen unas cosas con otros**

• **Para** (ser) italiano, Ezio sabe poco de la ópera.

◆ **la opinión**

• **Para** Maurizia, Leonardo es como un santo dedicado a la humanidad.

◆ **el tiempo límite de una acción**

• **Para** la época del encuentro con Leonardo había nacido el niño.

◆ **el destino o la destinación**

• Maurizia sale **para** el campamento de petróleo.

- Leonardo no puede recoger a Maurizia, y un negro y dos indios van **por** él.

◆ **cantidades**

- **por** ciento (%), **por** kilo, **por** docena

◆ **la repetición**

- Ella vivió una **por** una todas las tragedias de la ópera.

◆ **el agente de la voz pasiva**

- El comienzo del recital de Maurizia fue anunciado **por** su padre.

◆ **la intención o inclinación: estar por**

- Marizia **está por** aceptar el perdón de Ezio y su hijo.

◆ **la determinación: estar para**

- Maurizia **está para** dar un paso más cuando cambia de parecer.

Práctica

Completa las oraciones con **por** o **para.**

1. Ezio Longo construye una mansión sostenida _____ columnas.
2. Cuatro sirvientes trabajan sin descanso _____ pulir bronces.
3. Maurizia Rugieri suele cantar _____ sus invitados.
4. Ezio se ha preparado _____ enfrentar la contingencia de una quiebra en sus negocios
5. Ezio coge a su rival _____ la ropa.
6. Maurizia envía un telegrama a Leonardo _____ anunciarle que ha abandonado a su marido.
7. El negro y los indios la llevaron al campamento _____ el río.
8. Estos hombres no fueron bandoleros, _____ fortuna.
9. La llegada de Maurizia al campamento de petróleo trastornó la rutina de todos _____ unos días.
10. Leonardo Gómez no tiene ánimo _____ volver a la capital.
11. Los habitantes de Agua Santa hacen una colecta _____ fabricar un busto de bronce.
12. La gente se opone al proyecto, creyendo que sacarán a los reclusos del Penal _____ ponerlos a construir la carretera.

Ser y *estar: más práctica*

Complete las oraciones con la forma apropiada de **ser** o **estar,** según el contexto del cuento. (Revise primero el Repaso gramatical del Capítulo 2.)

1. Esta _____ la última vez que toco el piano.
2. Ezio Longo _____ de corta estatura y sólidos huesos.
3. Maurizia anunció llorando que _____ encinta.
4. Ezio Longo _____ muy agradecido por el hijo.
5. Ezio Longo dice que no _____ un hombre para aguantar cuernos.
6. Ezio dice que _____ bien, que Maurizia puede irse con Leonardo.
7. Maurizia dice que su decisión de seguir a Leonardo _____ irrevocable.
8. Los hombres que recogieron a Maurizia no _____ bandoleros o caníbales.
9. Maurizia _____ a cargo de la vida cultural de Agua Santa.
10. Las persianas de la taberna _____ cerradas para evitar el calor del mediodía.

Síntesis: Temas de conversación y de composición

1. ¿Hay dos visiones diferentes del mundo y de la vida que contrastan en el matrimonio de Maurizia Rugieri y Ezio Longo?
2. ¿Es la apariencia de los dos protagonistas masculinos una clave del carácter de Maurizia?
3. ¿Qué concepto tiene Maurizia de su amor y de su vida en el campamento?
4. ¿Cuáles son los motivos de la decisión que toma Maurizia al final?
5. Explique los temas de la realidad y el sueño que se presentan en el cuento.
6. ¿Cuáles son algunos toques humorísticos del cuento?
7. Actividades de recapitulación: interpretación dramática de los dibujos (o de otras escenas del cuento) con unos compañeros de clase.

4

*L*o más olvidado
del olvido

Preparación

Título

El título de este cuento sugiere la imagen de algo que ya no es recordado. También sugiere la de algo que va más allá, algo profundamente enterrado en el pasado. ¿Qué clase de recuerdo podría ser?

1. un amor muy bello de la juventud del protagonista
2. un secreto que el protagonista no quiere recordar
3. un crimen cometido por el protagonista

Temas e ideas

Cambie impresiones con un compañero / una compañera usando el siguiente cuestionario.

1. A veces, en un avión o durante un viaje por otro país, uno encuentra a otra persona con la cual tiene mucho en común. ¿Ha tenido Ud. esa experiencia? Descríbala.
2. ¿Ha visto algunas películas en las que se tortura a los prisioneros? ¿Cuáles? Para hacer confesar a los prisioneros, ¿qué métodos emplearon los interrogadores en las películas?
3. En los interrogatorios, ¿qué métodos suelen ser más eficaces, la tortura física o la mental?
4. ¿Qué síntomas presentan las víctimas años después de haber sido torturadas?
5. El amor está presente en casi todos los cuentos de Allende. ¿Cree Ud. que se pueden combinar los temas del amor y la tortura? ¿De qué manera?

Primer párrafo

Lea el primer párrafo del cuento y conteste las preguntas.

Ella se dejó acariciar, silenciosa, gotas de sudor en la cintura, olor a azúcar tostada en su cuerpo quieto, como si adivinara que un solo sonido podía hurgar en los recuerdos y echarlo todo a perder, haciendo polvo ese instante en que él era una persona como todas, un amante casual que conoció en la mañana, otro hombre sin historia atraído por su pelo de espiga, su piel pecosa o la sonajera profunda de sus brazaletes de gitana, otro que la abordó en la calle y echó a andar con ella sin rumbo preciso, comentando del tiempo o del tráfico y observando a la multitud, con esa confianza un poco forzada de los compatriotas en tierra extraña; un hombre sin tristezas, ni rencores, ni culpas, limpio como el hielo, que deseaba sencillamente pasar el día con ella vagando por librerías y parques, tomando café, celebrando el azar de haberse conocido, hablando de nostalgias antiguas, de cómo era la vida cuando ambos crecían en la misma ciudad, en el mismo barrio, cuando tenía catorce años, te acuerdas, los inviernos de zapatos mojados por la escarcha y de estufas de parafina, los veranos de duraznos, allá en el país prohibido. Tal vez se sentía un poco sola o le pareció que era una oportunidad de hacer el amor sin preguntas y por eso, al final de la tarde, cuando ya no había más pretextos para seguir caminando, ella lo tomó de la mano y lo condujo a su casa. Compartía con otros exiliados un apartamento sórdido, en un edificio amarillo al final de un callejón lleno de tarros de basura. Su cuarto era estrecho, un colchón en el suelo cubierto con una manta a rayas, unas repisas hechas con tablones apoyados en dos hileras de ladrillos, libros, afiches, ropa sobre una silla, una maleta en un rincón. Allí ella se quitó la ropa sin preámbulos con actitud de niña complaciente.

1. Instantes antes de hacer el amor, la mujer presiente el efecto que pueden tener los recuerdos. ¿Cuál es este efecto?
2. ¿Se conocen los protagonistas desde hace mucho tiempo?
3. ¿Qué importancia tiene «la confianza de ser compatriotas en tierra extraña»?
4. ¿Deciden hacer el amor el hombre y la mujer porque se han enamorado apasionadamente? Explique.
5. ¿Cómo es el cuarto de la mujer? ¿Vive sola? Explique.

Palabras útiles para la comprensión

VERBOS	SUSTANTIVOS	ADJETIVOS
acariciar tocar suavemente con los dedos		
compartir usar o tener algo en común		
		desvalido sin ayuda o defensa
	el desconsuelo profunda angustia	
	la pesadumbre preocupación; pena moral, sicológica	
envenenar arruinar (en sentido figurativo)		
	la venda pedazo de tela que impide la visión	
	la cicatriz señal que queda en la piel después de curarse una herida	
escabullirse escaparse, irse		
	el gemido sonido que emite una persona cuando siente mucho dolor o pena	

la correa pedazo largo y angosto de cuero para sujetar algo

arrullar calmar o adormecer delicadamente con palabras o canciones

delatado denunciado

la parrilla objeto con barras de hierro para quemar a la víctima

recóndito muy oculto, íntimo

Práctica

1. ¿Qué términos de la lista tienen que ver con el sufrimiento o la violencia?
2. ¿Qué términos tienen que ver con algún elemento positivo?
3. ¿Qué opina Ud. de las imágenes que sugieren las siguientes palabras? ¿Tienen que ver con el hombre o la mujer?
   a. un prisionero con los ojos vendados
   b. el calmar a alguien, arrullándolo como si fuera un niño
   c. el secreto de haber revelado algo sobre alguien
4. ¿Puede Ud. hacer un breve resumen anticipado del cuento? (Vea los dibujos antes de responder.) Si su respuesta es negativa, trate de predecir cuáles serán los acontecimientos principales del cuento.

Lectura: Lo más olvidado del olvido

E lla se dejó acariciar, silenciosa, gotas de sudor en la cintura, olor a azúcar tostada en su cuerpo quieto, como si adivinara que un solo sonido podía hurgar en los recuerdos y echarlo todo a perder, haciendo polvo ese instante en que él era una persona como to-
5 das, un amante casual que conoció en la mañana, otro hombre sin histo-
ria atraído por su pelo de espiga, su piel pecosa o la sonajera profunda de sus brazaletes de gitana, otro que la abordó en la calle y echó a andar con ella sin rumbo preciso, comentando del tiempo o del tráfico y observando a la multitud, con esa confianza un poco forzada de los compa-
10 triotas en tierra extraña; un hombre sin tristezas, ni rencores, ni culpas, limpio como el hielo, que deseaba sencillamente pasar el día con ella va-
gando por librerías y parques, tomando café, celebrando el azar de haberse conocido, hablando de nostalgias antiguas, de cómo era la vida cuando ambos crecían en la misma ciudad, en el mismo barrio, cuando
15 tenía catorce años, te acuerdas, los inviernos de zapatos mojados por la escarcha y de estufas de parafina, los veranos de duraznos, allá en el país prohibido. Tal vez se sentía un poco sola o le pareció que era una oportunidad de hacer el amor sin preguntas y por eso, al final de la tarde, cuando ya no había más pretextos para seguir caminando, ella lo tomó de
20 la mano y lo condujo a su casa. Compartía con otros exiliados un aparta-
mento sórdido, en un edificio amarillo al final de un callejón lleno de ta-
rros de basura. Su cuarto era estrecho, un colchón en el suelo cubierto con una manta a rayas, unas repisas hechas con tablones apoyados en dos hileras de ladrillos, libros, afiches, ropa sobre una silla, una maleta en un
25 rincón. Allí ella se quitó la ropa sin preámbulos con actitud de niña com-
placiente.

Él trató de amarla. La recorrió con paciencia, resbalando por sus colinas y hondonadas, abordando sin prisa sus rutas, amasándola, suave arcilla sobre las sábanas, hasta que ella se entregó, abierta. Entonces
30 él retrocedió con muda reserva. Ella se volvió para buscarlo, ovillada sobre el vientre del hombre, escondiendo la cara, como empeñada en el pudor, mientras lo palpaba, lo lamía, lo fustigaba. Él quiso abandonarse con los ojos cerrados y la dejó hacer por un rato, hasta que lo derrotó la tristeza o la vergüenza y tuvo que apartarla. Encendieron otro cigarrillo,
35 ya no había complicidad, se había perdido la anticipada urgencia que los unió durante ese día, y sólo quedaban sobre la cama dos criaturas desvalidas, con la memoria ausente, flotando en el vacío terrible de tantas palabras calladas. Al conocerse esa mañana no ambicionaron nada extraordinario, no habían pretendido mucho, sólo algo de compañía y un poco
40 de placer, nada más, pero a la hora del encuentro los venció el desconsuelo. Estamos cansados, sonrió ella, pidiendo disculpas por esa pesadumbre instalada entre los dos. En un último empeño de ganar tiempo, él tomó la cara de la mujer entre sus manos y le besó los párpados. Se tendieron lado a lado, tomados de la mano, y hablaron de sus vidas en ese
45 país donde se encontraban por casualidad, un lugar verde y generoso donde sin embargo siempre serían forasteros. Él pensó en vestirse y decirle adiós, antes de que la tarántula de sus pesadillas les envenenara el aire, pero la vio joven y vulnerable y quiso ser su amigo. Amigo, pensó, no amante, amigo para compartir algunos ratos de sosiego, sin exigencias ni
50 compromisos, amigo para no estar solo y para combatir el miedo. No se decidió a partir ni a soltarle la mano. Un sentimiento cálido y blando, una tremenda compasión por sí mismo y por ella le hizo arder los ojos. Se infló la cortina como una vela y ella se levantó a cerrar la ventana, imaginando que la oscuridad podía ayudarlos a recuperar las ganas de estar
55 tar juntos y el deseo de abrazarse. Pero no fue así, él necesitaba ese retazo de luz de la calle, porque si no se sentía atrapado de nuevo en el abismo de los noventa centímetros sin tiempo de la celda,[1] fermentando en sus propios excrementos, demente. Deja abierta la cortina, quiero mirarte, le mintió, porque no se atrevió a confiarle su terror de la noche, cuando lo

---

[1]**noventa**... El hombre estaba incomunicado, sin tener conciencia del tiempo, en una caja (cuadrada, probablemente) de sólo tres pies. Véase la referencia en las últimas líneas del penúltimo párrafo, «... más allá de la caja sellada donde él se había escondido del Coronel y de su propia traición».

60 agobiaban de nuevo la sed, la venda apretada en la cabeza como una corona de clavos, las visiones de cavernas y el asalto de tantos fantasmas. No podía hablarle de eso, porque una cosa lleva a la otra y se acaba diciendo lo que nunca se ha dicho. Ella volvió a la cama, lo acarició sin entusiasmo, le pasó los dedos por las pequeñas marcas, explorándolas. No 65 te preocupes, no es nada contagioso, son sólo cicatrices, rió él casi en su sollozo. La muchacha percibió su tono angustiado y se detuvo, el gesto suspendido, alerta. En ese momento él debió decirle que ése no era el comienzo de un nuevo amor, ni siquiera de una pasión fugaz, era sólo un instante de tregua, un breve minuto de inocencia, y que dentro de poco, 70 cuando ella se durmiera, él se iría; debió decirle que no habría planes para ellos, ni llamadas furtivas, no vagarían juntos otra vez de la mano por las calles, ni compartirían juegos de amantes, pero no pudo hablar, la voz se le quedó agarrada en el vientre, como una zarpa. Supo que se hundía. Trató de retener la realidad que se le escabullía, anclar su espíritu en 75 cualquier cosa, en la ropa desordenada sobre la silla, en los libros apilados en el suelo, en el afiche de Chile en la pared, en la frescura de esa noche caribeña, en el ruido sordo de la calle; intentó concentrarse en ese cuerpo ofrecido y pensar sólo en el cabello desbordado de la joven, en su olor dulce. Le suplicó sin voz que por favor lo ayudara a salvar esos se- 80 gundos, mientras ella lo observaba desde el rincón más lejano de la cama, sentada como un fakir,[2] sus claros pezones y el ojo de su ombligo mirándolo también, registrando su temblor, el chocar de sus dientes, el gemido. El hombre oyó crecer el silencio en su interior, supo que se le quebraba el alma, como tantas veces le ocurriera antes, y dejó de luchar, soltando el 85 último asidero al presente, echándose a rodar por un despeñadero inacabable. Sintió las correas incrustadas en los tobillos y en las muñecas, la descarga brutal, los tendones rotos, las voces insultando, exigiendo nombres, los gritos inolvidables de Ana supliciada a su lado y de los otros, colgados de los brazos en el patio.

90   ¡Qué pasa, por Dios qué te pasa! Le llegó de lejos la voz de Ana. No, Ana quedó atascada en las ciénagas del Sur. Creyó percibir a una desconocida desnuda, que lo sacudía y lo nombraba, pero no logró desprenderse de las sombras donde se agitaban látigos y banderas.

---

[2] religioso musulmán o hindú capaz de hacer milagros. En este contexto se refiere a la postura de la mujer.

Encogido, intentó controlar las náuseas. Comenzó a llorar por Ana y
95 por los demás. ¿Qué te pasa? Otra vez la muchacha llamándolo desde
alguna parte. ¡Nada, abrázame...! rogó y ella se acercó tímida y lo en-
volvió en sus brazos, lo arrulló como a un niño, lo besó en la frente, le
dijo llora, llora, lo tendió de espaldas sobre la cama y se acostó crucifi-
cada sobre él.

100   Permanecieron mil años así abrazados, hasta que lentamente
se alejaron las alucinaciones y él regresó a la habitación, para descubrirse
vivo a pesar de todo, respirando, latiendo, con el peso de ella sobre su
cuerpo, la cabeza de ella descansando en su pecho, los brazos y las piernas de ella sobre los suyos, dos huérfanos aterrados. Y en ese instante,
105 como si lo supiera todo, ella le dijo que el miedo es más fuerte que el deseo, el amor, el odio, la culpa, la rabia, más fuerte que la lealtad. El miedo
es algo total, concluyó, con las lágrimas rodándole por el cuello. Todo se
detuvo para el hombre, tocado en la herida más oculta. Presintió que ella
no era sólo una muchacha dispuesta a hacer el amor por conmiseración,
110 que ella conocía aquello que se encontraba agazapado más allá del silencio, de la completa soledad, más allá de la caja sellada[3] donde él se había
escondido del Coronel y de su propia traición, más allá del recuerdo de

Ana Díaz y de los otros compañeros delatados, a quienes
115 fueron trayendo uno a uno con los
ojos vendados. ¿Cómo puede saber
ella todo eso?

        La mujer se incorporó.
Su brazo delgado se recortó contra
120 la bruma clara de la ventana, buscando a tientas el interruptor. Encendió la luz y se quitó uno a uno
los brazaletes de metal, que
cayeron sin ruido sobre la cama. El
125 cabello le cubría a medias la cara
cuando le tendió las manos. Tam-

[3]Véase la referencia anterior a la celda de noventa centímetros.

bién a ella blancas cicatrices le cruzaban las muñecas. Durante un interminable momento él las observó inmóvil, hasta comprenderlo todo, amor, y verla atada con las correas sobre la parrilla eléctrica, y entonces pudieron abrazarse y llorar, hambrientos de pactos y de confidencias, de palabras prohibidas, de promesas de mañana, compartiendo por fin, el más recóndito secreto.

Comprensión

Argumento

Indique con un número del 1 al 7 la secuencia de los acontecimientos principales del cuento, según la cronología de la narración.

a. _____ Él vio las blancas cicatrices y comprendió todo, y entonces pudieron abrazarse y llorar.

b. _____ Sólo quedaban sobre la cama dos criaturas desvalidas, con la memoria ausente.

c. _____ Deseaba sencillamente pasar el día con ella vagando por librerías y parques, tomando café, celebrando el azar de haberse conocido.

d. _____ Comenzó a llorar por Ana y por los demás.

e. _____ —Deja abierta la cortina, quiero mirarte, —le mintió.

f. _____ El pensó vestirse y decirle adiós.

g. _____ Ella conocía aquello que se encontraba agazapado más allá del silencio, de la completa soledad, más allá de la caja sellada donde él se había escondido del Coronel y de su propia traición.

Cuestionario

1. ¿Qué tienen en común los amantes casuales?
2. ¿Cómo pasan el día?
3. ¿De qué hablan?
4. ¿Quién decide hacer el amor? ¿Por qué?
5. Describa el cuarto de la mujer.
6. ¿Qué sucede cuando tratan de hacer el amor?
7. ¿Por qué no quiere él que ella cierre la ventana?
8. ¿Qué piensa hacer él cuando ella se duerma?
9. ¿Cómo trata el hombre de retener la realidad?
10. ¿Cómo se sabe cuál es el país de origen de los dos y dónde están ahora?
11. Describa la escena que atormenta al hombre.
12. ¿Cómo consuela la mujer al hombre?
13. ¿Qué es más fuerte que el deseo o la lealtad?
14. ¿Qué tiene la mujer en las muñecas?
15. ¿Cuál es el más recóndito secreto?

Modismos

Conteste las siguientes preguntas, utilizando el modismo indicado.

1. **echar a** + *inf.* (línea 7)
    Después de conocerse en la calle, ¿qué hicieron los dos personajes?
2. **por casualidad** (línea 45)
    ¿Tenían cita para conocerse los dos protagonistas?
3. **decidirse a** + *inf.* (línea 51)
    El hombre pensaba en vestirse y decirle adiós a la mujer. Sin embargo, ¿qué hizo?
4. **atreverse a** + *inf.* (línea 59)
    ¿Por qué no habló el hombre de los recuerdos que lo atormentaban?
5. **acabar** + *gerundio* (línea 62)
    Según el hombre, ¿qué sucede cuando uno empieza a contar los recuerdos dolorosos?
6. **quedar** + *participio pasado* (línea 73)
    ¿Por qué no podía hablar el hombre?
7. **intentar** + *inf.* (línea 94)
    ¿Por qué se encogió el hombre?
8. **cruzarle a alguien** (línea 127)
    Cuando la mujer se quitó los brazaletes, ¿qué observó el hombre?

Repaso gramatical y recapitulación

El modo subjuntivo: Lo esencial

El **modo subjuntivo** se emplea:

◆ después de **ciertas expresiones impersonales**

- **Es probable** → que los protagonistas **sean** de Chile.

- **Es necesario** → que el hombre **vea** la luz de la calle.

◆ para complementar cierta **duda o emoción** que se expresa en la frase independiente

- El hombre **duda** → que **pueda** hablar de sus recuerdos dolorosos.

- A él **le emociona** → que ella también **tenga** cicatrices.

◆ después de **expresiones de sugerencia o deseo**

- Al final de la tarde, la mujer **sugiere** → que **vayan** a su casa.

- Él **quiere** → que ella lo **ayude** a luchar contra sus recuerdos.

◆ después de **mandatos**

- El Coronel **manda** → que los guardias **fusilen** a los prisioneros.

◆ después de **expresiones de prohibición**

- El Coronel **no permite** → que el prisonero **guarde** en secreto la identidad de sus compañeros.

◆ después de ciertas **conjunciones de finalidad (para que, porque, de manera que, de modo que, a fin de que. . .)**

- El Coronel mete al prisionero en la celda →

  para que denuncie a sus compañeros.

  ◆ después de ciertas conjunciones de condición (**con tal [de] que, en caso de que...**)

- El prisionero denuncia a sus compañeros →

  con tal que el Coronel lo **ponga** en libertad.

  ◆ después de ciertas conjunciones temporales (**tan pronto como, hasta que, antes [de] que, cuando...**)

- Ellos piensan tomar un café →

  cuando encuentren un buen restaurante.

- Él piensa que se irá →

  tan pronto como ella **se duerma.**

- Él piensa irse →

  antes de que ella **se despierte.**

- La mujer decide abrazar al hombre →

  hasta que las alucinaciones **se alejen**

  ◆ después de ciertas expresiones de referencia dudosa

- Después de conocerse, los dos exiliados buscan **un restaurante** →

  que **tenga** un ambiente agradable.

Práctica

Conjugue cada verbo en el tiempo más apropiado (o déjelo en el infinitivo).

1. Ella se deja acariciar para que él no _____ que ella está aburrida.
   (pensar)

2. Él desea que ellos _____ el día juntos.
   (pasar)

3. Van a tomar un café para que _____ charlar.
   (poder)

4. Van al cuarto de ella para _____ el amor.
   (hacer)

5. El hombre piensa decirle adiós antes de que sus pesadillas

   _____ el aire.
   (envenenar)

6. No es necesario que él le _____.
   (mentir)
7. Él necesita luz para que no se _____ atrapado.
   (sentir)
8. Él está dispuesto a hacer el amor con tal que no _____ las
   (haber)
   complicaciones de un nuevo amor.
9. Él le suplica que lo _____ a salvarse.
   (ayudar)
10. Ella lo envuelve en sus brazos y le dice que _____.
    (llorar)

Síntesis: Temas de conversación y de composición

1. ¿Cuáles son las diferencias entre una colonia de inmigrantes como la del cuento «Tosca», por ejemplo, y una colonia de exiliados como la de este cuento?
2. ¿Cuál es más importante en este cuento, el amor o la amistad? ¿Por qué?
3. ¿Cuál es la ética de un prisionero político? ¿No delatar a sus compañeros? ¿Hasta qué punto debe resistir la tortura?
4. ¿Son visibles todas las cicatrices que tiene el prisionero? Explique.
5. Actividades de recapitulación: comentario de los dibujos (o de otras escenas del cuento) con unos compañeros de clase.

5

*L*a mujer del juez

Preparación

Título

1. El título sugiere que hay dos personajes principales en este cuento, un juez y su esposa. Considerando el título, ¿cuál de los dos será el protagonista del cuento?
2. A base del título, ¿qué imagen se sugiere del juez? ¿Es un hombre severo? ¿Es un hombre entrado en años? ¿Es mucho mayor que su esposa?
3. ¿Qué impresión tiene Ud. de la esposa del juez? ¿Es una mujer muy distinguida? ¿Es mucho menor que su marido?
4. Es probable que el cuento trate de las relaciones entre la mujer y el juez. Si él es un hombre severo y tiene unos veinte o treinta años más que ella, ¿cómo serán sus relaciones matrimoniales?

Temas e ideas

Cambie impresiones con un compañero/una compañera usando el siguiente cuestionario.

1. Piense en las mujeres de los cuentos de Isabel Allende: Belisa Crepuscularia, Antonia Sierra, Concha Díaz, Maurizia Rugieri, la mujer exiliada. ¿En qué se parecen?
2. ¿Cree Ud. que existen mujeres que parecen débiles, pero que verdaderamente son muy fuertes?
3. Siempre que hay una gran diferencia de edad entre los cónyuges, ¿cómo es ésta en general?
   a. La mujer es joven y el hombre es maduro.
   b. El hombre es joven y la mujer es madura.
   ¿Por qué es así? Explique y comente.
4. Si el hombre mantiene a una concubina, ¿es aceptable que su esposa tenga un amante también? ¿Por qué sí o por qué no?
5. Si el juez tuviera un rival, ¿cómo sería? ¿Por qué?
6. ¿Han llegado a ser considerados como héroes en nuestro país los hombres que viven fuera de la ley? Mencione algunos. ¿Han llegado a ser considerados de igual forma en otros países? ¿Hay personajes literarios que son ejemplos de tales hombres?
7. Si el juez de este cuento es un hombre severo, ¿cómo practicará la justicia?
   a. ¡Ojo por ojo y diente por diente!
   b. Aplica la ley según las circunstancias de cada caso.
   ¿Son esencialmente iguales o diferentes los dos métodos?
8. ¿Cree Ud. en el destino? ¿Controlamos nuestro propio destino o hay otras fuerzas que lo controlan?

Primer párrafo

Lea el primer párrafo del cuento y conteste las siguientes preguntas.

Nicolás Vidal siempre supo que perdería la vida por una mujer. Lo pronosticaron el día de su nacimiento y lo confirmó la dueña del almacén en la única ocasión en que él permitió que le viera la fortuna en la borra del café, pero no imaginó que la causa sería Casilda, la esposa del Juez Hidalgo. La divisó por primera vez el día en que ella llegó al pueblo a casarse. No la encontró atractiva, porque prefería a las hembras desfachatadas[1] y morenas, y esa joven transparente en su traje de viaje con la mirada huidiza y unos dedos finos, inútiles para

---

[1]hembras. . . mujeres frívolas y sin vergüenza. (La palabra *hembra* se usa aquí en sentido peyorativo.)

dar placer a un hombre, le resultaba inconsistente[2] como un puñado de ceniza. Conociendo bien su destino, se cuidaba de las mujeres y a lo largo de su vida huyó de todo contacto sentimental, secando su corazón para el amor y limitándose a encuentros rápidos para burlar la soledad. Tan insignificante y remota le pareció Casilda, que no tomó precauciones con ella y llegado el momento olvidó la predicción que siempre estuvo presente en sus decisiones. Desde el techo del edificio, donde se había agazapado con dos de sus hombres, observó a la señorita de la capital cuando ésta bajó del coche el día de su matrimonio. Llegó acompañada por media docena de sus familiares, tan lívidos y delicados como ella, que asistieron a la ceremonia abanicándose con aire de franca consternación y luego partieron para nunca más regresar.

1. ¿Qué se revela sobre el destino de Nicolás Vidal?
2. ¿Por qué no cree Nicolás que la mujer por la que perdería la vida pueda ser Casilda?
3. ¿Cómo son las relaciones de Nicolás con las mujeres?
4. ¿Dónde está Nicolás cuando observa la llegada de Casilda? ¿Qué significa eso? ¿Sugiere algo sobre Nicolás Vidal? ¿Qué sugiere?
5. ¿Qué hacen los familiares de Casilda después de la boda? ¿Por qué?

Segundo párrafo

Lea el segundo párrafo y conteste las preguntas.

Como todos los habitantes del pueblo, Vidal pensó que la novia no aguantaría el clima y dentro de poco las comadres deberían vestirla para su propio funeral. En el caso improbable de que resistiera el calor y el polvo que se introducía por la piel y se fijaba en el alma, sin duda sucumbiría ante el mal humor y las manías de solterón de su marido. El Juez Hidalgo la doblaba en edad y llevaba tantos años durmiendo solo, que no sabía por dónde comenzar a complacer a una mujer. En toda la provincia temían su temperamento severo y su terquedad para cumplir la ley, aun a costa de la justicia. En el ejercicio de sus funciones ignoraba las razones del buen sentimiento, castigando con igual firmeza el robo de una gallina que el homicidio calificado. Vestía de negro riguroso para que todos conocieran la dignidad de su cargo,[3] y a pesar de la polvareda irreductible de ese pueblo sin ilusiones, llevaba siempre los botines lustrados con cera de abeja. Un hombre así no está hecho para marido, decían las comadres; sin embargo no se cumplieron los funestos presagios de la boda; por el contrario, Casilda sobrevivió a tres partos seguidos y parecía contenta. Los domingos acudía

[2]cognado falso; aquí quiere decir *sin solidez.*
[3]el empleo u oficio del juez y la importancia de su puesto oficial

con su esposo a la misa de doce, imperturbable bajo su mantilla española, intocada por las inclemencias de ese verano perenne, descolorida y silenciosa como una sombra. Nadie le oyó algo más que un saludo tenue, ni le vieron gestos más osados que una inclinación de cabeza o una sonrisa fugaz; parecía volátil, a punto de esfumarse en un descuido. Daba la impresión de no existir, por eso todos se sorprendieron al ver su influencia en el juez, cuyos cambios eran notables.

1. ¿Por qué supone Nicolás que Casilda no va a vivir mucho tiempo?
2. ¿Qué ejemplos se presentan del carácter severo del juez?
3. ¿Cómo empieza Casilda a demostrar que va a sobrevivir, en contra de lo que supone Nicolás?

Palabras útiles para la comprensión

VERBOS	SUSTANTIVOS	ADJETIVOS
pronosticar predecir el futuro		
esfumarse desaparecer		
arrancar sacar con violencia		
	la pandilla banda, grupo de bandidos	
	la trampa medio para atraer y atrapar a alguien	
rescatar salvar a una persona		
	los cojones testículos; en lenguaje coloquial, símbolo de la valentía del hombre	
gemir expresar dolor o pena con sonidos que provocan compasión		
socorrer ayudar a una persona necesitada		
ahorcarse suicidarse echándose un lazo al cuello		
estallar explotar, reventar de golpe		

la guarida cueva de un animal

fornido robusto

desafiar afrontar, enfrentarse, provocar

el deleite placer sensual

Práctica

1. ¿Cree Ud. que la predicción del destino en este cuento se refiere al juez o al jefe de los bandidos?
2. ¿Quién va a demostrar su valentía en este cuento? ¿el juez? ¿el jefe de los bandidos? ¿la mujer del juez?
3. ¿Para quién cree Ud. que se va a preparar una trampa?
4. ¿Por qué no es probable que el ahorcado sea el jefe de la pandilla?
5. ¿Puede Ud. hacer un breve resumen anticipado del cuento? (Vea los dibujos antes de responder.) Si su respuesta es negativa, trate de predecir los acontecimientos principales del cuento.

Lectura: La mujer del juez

Nicolás Vidal siempre supo que perdería la vida por una mujer. Lo pronosticaron el día de su nacimiento y lo confirmó la dueña del almacén en la única ocasión en que él permitió que le viera la fortuna en la borra del café, pero no imaginó que la causa sería Casilda, 5 la esposa del Juez Hidalgo. La divisó por primera vez el día en que ella llegó al pueblo a casarse. No la encontró atractiva, porque prefería a las hembras desfachatadas[1] y morenas, y esa joven transparente en su traje de viaje con la mirada huidiza y unos dedos finos, inútiles para dar placer a un hombre, le resultaba inconsistente[2] como un puñado de ceniza.

[1]**hembras.** . . mujeres frívolas y sin vergüenza. (La palabra *hembra* se usa aquí en sentido peyorativo.)
[2]cognado falso; aquí quiere decir *sin solidez*.

10 Conociendo bien su destino, se cuidaba de las mujeres y a lo largo de su vida huyó de todo contacto sentimental, secando su corazón para el amor y limitándose a encuentros rápidos para burlar la soledad. Tan insignificante y remota le pareció Casilda, que no tomó precauciones con ella y llegado el momento olvidó la predicción que siempre estuvo pre-
15 sente en sus decisiones. Desde el techo del edificio, donde se había agazapado con dos de sus hombres, observó a la señorita de la capital cuando ésta bajó del coche el día de su matrimonio. Llegó acompañada por media docena de sus familiares, tan lívidos y delicados como ella, que asistieron a la ceremonia abanicándose con aire de franca consternación
20 y luego partieron para nunca más regresar.

Como todos los habitantes del pueblo, Vidal pensó que la novia no aguantaría el clima y dentro de poco las comadres deberían vestirla para su propio funeral. En el caso improbable de que resistiera el calor y el polvo que se introducía por la piel y se fijaba en el alma, sin
25 duda sucumbiría ante el mal humor y las manías de solterón de su marido. El Juez Hidalgo la doblaba en edad y llevaba tantos años durmiendo solo, que no sabía por dónde comenzar a complacer a una mujer. En toda la provincia temían su temperamento severo y su terquedad para cumplir la ley, aun a costa de la justicia. En el ejercicio de sus funciones
30 ignoraba las razones del buen sentimiento, castigando con igual firmeza el robo de una gallina que el homicidio calificado. Vestía de negro riguroso para que todos conocieran la dignidad de su cargo,[3] y a pesar de la polvareda irreductible de ese pueblo sin ilusiones, llevaba siempre los botines lustrados con cera de abeja. Un hombre así no está hecho para
35 marido, decían las comadres; sin embargo no se cumplieron los funestos presagios de la boda; por el contrario, Casilda sobrevivió a tres partos seguidos y parecía contenta. Los domingos acudía con su esposo a la misa de doce, imperturbable bajo su mantilla española, intocada por las inclemencias de ese verano perenne, descolorida y silenciosa como una
40 sombra. Nadie le oyó algo más que un saludo tenue, ni le vieron gestos más osados que una inclinación de cabeza o una sonrisa fugaz; parecía volátil, a punto de esfumarse en un descuido. Daba la impresión de no existir, por eso todos se sorprendieron al ver su influencia en el juez, cuyos cambios eran notables.

[3]el empleo u oficio del juez y la importancia de su puesto oficial

45   Si bien Hidalgo continuó siendo el mismo en apariencia, fúnebre y áspero, sus decisiones en la Corte dieron un extraño giro. Ante el estupor público dejó en libertad a un muchacho que robó a su empleador, con el argumento de que durante tres años el patrón le había pagado menos de lo justo y el dinero sustraído era una forma de compen-
50 sación. También se negó a castigar a una esposa adúltera, argumentando que el marido no tenía autoridad moral para exigirle honradez, si él mismo mantenía una concubina. Las lenguas maliciosas del pueblo murmuraban que el Juez Hidalgo se daba vuelta como un guante cuando traspasaba el umbral de su casa, se quitaba los ropajes solemnes, jugaba
55 con sus hijos, se reía y sentaba a Casilda sobre sus rodillas, pero esas murmuraciones nunca fueron confirmadas. De todos modos, atribuyeron a su mujer aquellos actos de benevolencia y su prestigio mejoró pero nada de eso interesaba a Nicolás Vidal, porque se encontraba fuera de la ley y tenía la certeza de que no habría piedad para él cuando pudieran llevarlo
60 engrillado delante del juez. No prestaba oídos a los chismes sobre doña Casilda y las pocas veces en que la vio de lejos, confirmó su primera apreciación de que era sólo un borroso ectoplasma.

        Vidal había nacido treinta años antes en una habitación sin ventanas del único prostíbulo del pueblo, hijo de Juana La Triste y de
65 padre desconocido. No tenía lugar en este mundo y su madre lo sabía, por eso intentó arrancárselo del vientre con yerbas, cabos de vela, lavados de lejía y otros recursos brutales, pero la criatura se empeñó en sobrevivir. Años después Juana La Triste, al ver a ese hijo tan diferente, comprendió que esos drásticos sistemas para abortar no consiguieron eliminarlo, pero
70 en cambio templaron su cuerpo y su alma hasta darle la dureza del hierro. Apenas nació, la comadrona lo levantó para observarlo a la luz de un quinqué y de inmediato notó que tenía cuatro tetillas.

        —Pobrecito, perderá la vida por una mujer —pronosticó guiada por su experiencia en esos asuntos.
75   Esas palabras pesaron como una deformidad en el muchacho. Tal vez su existencia hubiera sido menos mísera con el amor de una mujer. Para compensarlo por los numerosos intentos de matarlo antes de nacer, su madre escogió para él un nombre pleno de belleza y un apellido sólido, elegido al azar;[4] pero ese nombre de príncipe no bastó para con-

---

[4]**nombre**. . . Acuérdese de Belisa Crepusculario, del Capítulo I, cuyo nombre también fue inventado.

80 jurar los signos fatales y antes de los diez años el niño tenía la cara marcada a cuchillo por las peleas y muy poco después vivía como un fugitivo.
A los veinte era jefe de una banda de hombres desesperados. El hábito de
la violencia desarrolló la fuerza de sus músculos, la calle lo hizo despia-
dado y la soledad, a la cual estaba condenado por temor a perderse en el
85 amor, determinó la expresión de sus ojos. Cualquier habitante del pueblo
podía jurar al verlo que era el hijo de Juana La Triste, porque tal como
ella, tenía las pupilas aguadas de lágrimas sin derramar. Cada vez que se
cometía una fechoría en la región, los guardias salían con perros a cazar a
Nicolás Vidal para callar la protesta de los ciudadanos, pero después de
90 unas vueltas por los cerros regresaban con las manos vacías. En verdad
no deseaban encontrarlo, porque no podían luchar con él. La pandilla
consolidó en tal forma su mal nombre, que las aldeas y las haciendas
pagaban un tributo para mantenerla alejada. Con esas donaciones los
hombres podían estar tranquilos, pero Nicolás Vidal los obligaba a man-
95 tenerse siempre a caballo, en medio de una ventolera de muerte y estropicio, para que no perdieran el gusto por la guerra ni se les mermara el
desprestigio. Nadie se atrevía a enfrentarlos. En un par de ocasiones el
Juez Hidalgo pidió al gobierno que enviara tropas del ejército para re-
forzar a sus policías, pero después de algunas excursiones inútiles volvían
100 los soldados a sus cuarteles y los forajidos a sus andanzas.

   Sólo una vez estuvo Nicolás Vidal a punto de caer en las
trampas de la justicia, pero lo salvó
su incapacidad para conmoverse.
Cansado de ver las leyes atrope-
105 lladas, el Juez Hidalgo decidió
pasar por alto sus escrúpulos y
preparar una trampa para el bandolero. Se daba cuenta de que en
defensa de la justicia iba a cometer
110 un acto atroz, pero de dos males
escogió el menor. El único cebo
que se le ocurrió fue Juana La
Triste, porque Vidal no tenía otros
parientes ni se le conocían amores.
115 Sacó a la mujer del local, donde
fregaba pisos y limpiaba letrinas a

falta de clientes dispuestos a pagar por sus míseros servicios, la metió dentro de una jaula fabricada a su medida y la colocó al centro de la Plaza de Armas, sin más consuelo que un jarro con agua.

120   —Cuando se le termine el agua empezará a gritar. Entonces aparecerá su hijo y yo estaré esperándolo con los soldados —dijo el juez.

El rumor de ese castigo, en desuso desde la época de los esclavos cimarrones,[5] llegó a oídos de Nicolás Vidal poco antes de que su madre bebiera el último sorbo del cántaro. Sus hombres lo vieron recibir
125 la noticia en silencio, sin alterar su impasible máscara de solitario ni el ritmo tranquilo con que afilaba su navaja contra una cincha de cuero. Hacía muchos años que no tenía contacto con Juana la Triste y tampoco guardaba ni un solo recuerdo placentero de su niñez, pero ésa no era una cuestión sentimental, sino un asunto de honor. Ningún hombre puede
130 aguantar semejante ofensa, pensaron los bandidos, mientras alistaban sus armas y sus monturas, dispuestos a acudir a la emboscada y dejar en ella la vida si fuera necesario. Pero el jefe no dio muestras de prisa.

A medida que transcurrían las horas, aumentaba la tensión en el grupo. Se miraban unos a otros sudando, sin atreverse a hacer comen-
135 tarios, esperando impacientes, las manos en las cachas de los revólveres, en las crines de los caballos, en las empuñaduras de los lazos. Llegó la noche y el único que durmió en el campamento fue Nicolás Vidal. Al amanecer las opiniones estaban divididas entre los hombres, unos creían que era mucho más desalmado de lo que jamás imaginaron y otros que su
140 jefe planeaba una acción espectacular para rescatar a su madre. Lo único que nadie pensó fue que pudiera faltarle el coraje, porque había dado muestras de tenerlo en exceso. Al mediodía no soportaron más la incertidumbre y fueron a preguntarle qué iba a hacer.

—Nada —dijo.
145   —¿Y tu madre?

—Veremos quién tiene más cojones, el juez o yo —replicó imperturbable Nicolás Vidal.

Al tercer día Juana La Triste ya no clamaba piedad ni rogaba por agua, porque se le había secado la lengua y las palabras morían en su

---

[5]**esclavos.** . . En Venezuela, los esclavos fueron puestos en libertad en 1854. Antes, a los esclavos que se escapaban se les llamaba *cimarrones*.

150 garganta antes de nacer, yacía ovillada en el suelo de su jaula con los ojos
perdidos y los labios hinchados, gimiendo como un animal en los momentos de lucidez y soñando con el infierno el resto del tiempo. Cuatro
guardias armados vigilaban a la prisionera para impedir que los vecinos
le dieran de beber. Sus lamentos ocupaban todo el pueblo, entraban por
155 los postigos cerrados, los introducía el viento a través de las puertas, se
quedaban prendidos en los rincones, los recogían los perros para repetir-
los aullando, contagiaban a los recién nacidos y molían los nervios de
quien los escuchaba. El juez no pudo evitar el desfile de gente por la
plaza compadeciendo a la anciana, ni logró detener la huelga solidaria de
160 las prostitutas, que coincidió con la quincena de los mineros.[6] El sábado
las calles estaban tomadas por los rudos trabajadores[7] de las minas, ansiosos por gastar sus ahorros antes de volver a los socavones, pero el
pueblo no ofrecía ninguna diversión, aparte de la jaula y ese murmullo de
lástima llevado de boca en boca, desde el río hasta la carretera de la costa.
165 El cura encabezó a un grupo de feligreses que se presentaron ante el Juez
Hidalgo a recordarle la caridad cristiana y suplicarle que eximiera a esa
pobre mujer inocente de aquella muerte de mártir, pero el magistrado
pasó el pestillo de su despacho y se negó a oírlos, apostando a que Juana
La Triste aguantaría un día más y su hijo caería en la trampa. Entonces
170 los notables del pueblo decidieron acudir a doña Casilda.

La esposa del juez los recibió en el sombrío salón de su casa y
atendió sus razones callada, con los ojos bajos, como era su estilo. Hacía
tres días que su marido se encontraba ausente, encerrado en su oficina,
aguardando a Nicolás Vidal con una determinación insensata. Sin aso-
175 marse a la ventana, ella sabía todo lo que ocurría en la calle, porque también a las vastas habitaciones de su casa entraba el ruido de ese largo suplicio. Doña Casilda esperó que las visitas se retiraran, vistió a sus hijos
con sus ropas de domingo y salió con ellos rumbo a la plaza. Llevaba una
cesta con provisiones y una jarra con agua fresca para Juana La Triste.
180 Los guardias la vieron aparecer por la esquina y adivinaron sus inten-

[6]**quincena**. . . Los mineros recibían su salario cada dos semanas. *Quincena* significa un período de quince días
o sea dos semanas. Entonces, la huelga de las prostitutas que «coincide con la quincena de los mineros»
tiene más impacto puesto que ocurre el mismo día en que los mineros reciben su sueldo y vienen al pueblo
para gastarlo.
[7]**rudos**. . . obreros que hacen los trabajos más básicos. La palabra *rudo* aquí es un cognado falso; no quiere
decir *descortés*.

ciones, pero tenían órdenes precisas, así es que cruzaron sus rifles delante de ella y cuando quiso avanzar, observada por una muchedumbre expectante, la tomaron por los brazos para impedírselo. Entonces los niños comenzaron a gritar.

185   El Juez Hidalgo estaba en su despacho frente a la plaza. Era el único habitante del barrio que no se había taponeado las orejas con cera, porque permanecía atento a la emboscada, acechando el sonido de los caballos de Nicolás Vidal. Durante tres días con sus noches aguantó el llanto de su víctima y los insultos de los vecinos amotinados ante el edi-
190 ficio, pero cuando distinguió las voces de sus hijos comprendió que había alcanzado el límite de su resistencia. Agotado, salió de la Corte con una barba del miércoles,[8] los ojos afiebrados por la vigilia y el peso de su derrota en la espalda. Atravesó la calle, entró en el cuadrilátero de la plaza y se aproximó a su mujer. Se miraron con tristeza. Era la primera vez en
195 siete años que ella lo enfrentaba y escogió hacerlo delante de todo el pueblo. El Juez Hidalgo tomó la cesta y la jarra de manos de doña Casilda y él mismo abrió la jaula para socorrer a su prisionera.

—Se los dije, tiene menos cojones que yo —rió Nicolás Vidal al enterarse de lo sucedido.

200 Pero sus carcajadas se tornaron amargas al día siguiente, cuando le dieron la noticia de que Juana La Triste se había ahorcado en la lámpara del burdel donde gastó la vida, porque no pudo resistir la vergüenza de que su único hijo la abandonara en una jaula al centro de la Plaza de Armas.[9]

205 —Al juez le llegó su hora —dijo Vidal.

Su plan consistía en entrar al pueblo de noche, atrapar al magistrado por sorpresa, darle una muerte espectacular y colocarlo dentro de la maldita jaula, para que al despertar al otro día todo el mundo pudiera ver sus restos humillados. Pero se enteró de que la familia Hidalgo había
210 partido a un balneario de la costa para pasar el mal gusto de la derrota.

El indicio de que los perseguían para tomar venganza, alcanzó al Juez Hidalgo a mitad de ruta, en una posada donde se habían detenido a descansar. El lugar no ofrecía suficiente protección hasta que acudiera

---

[8]**barba**... sin rasurarse por algunos días. La referencia a miércoles no es específica.
[9]**no**... Juana La Triste se sintió deshonrada por su propio hijo, ya que éste no cumplió con la obligación de salvar a su madre.

215   el destacamento de la guardia, pero llevaba algunas horas de ventaja y su vehículo era más rápido que los caballos. Calculó que podría llegar al otro pueblo y conseguir ayuda. Ordenó a su mujer subir al coche con los niños, apretó a fondo el pedal y se lanzó a la carretera. Debió llegar con un amplio margen de seguridad, pero estaba escrito que Nicolás Vidal se

220   encontraría ese día con la mujer de la cual había huido toda su vida.

     Extenuado por las noches de vela, la hostilidad de los vecinos, el bochorno sufrido y la tensión de esa carrera para salvar a su familia, el corazón del Juez Hidalgo pegó un brinco y estalló sin ruido. El coche sin control salió del camino, dio algunos tumbos y se detuvo por fin en la

225   vera. Doña Casilda tardó un par de minutos en darse cuenta de lo ocurrido. A menudo se había puesto en el caso de quedar viuda, pues su marido era casi un anciano, pero no imaginó que la dejaría a merced de sus enemigos. No se detuvo a pensar en eso, porque comprendió la necesidad de actuar de inmediato para salvar a los niños. Recorrió con la

230   vista el sitio donde se encontraba y estuvo a punto de echarse a llorar de desconsuelo, porque en aquella desnuda extensión calcinada por un sol inmisericorde, no se vislumbraban rastros de vida humana, sólo los cerros agrestes y un cielo blanqueado por la luz. Pero con una segunda mirada distinguió en una ladera la sombra de una gruta y hacia allá echó a

235   correr llevando a dos criaturas en brazos y la tercera prendida a sus faldas.

     Tres veces escaló Casilda cargando uno por uno a sus hijos hasta la cima. Era una cueva natural, como muchas otras en los montes de esa región. Revisó el interior para cerciorarse de que no fuera la gua-

240   rida de un animal, acomodó a los niños al fondo y los besó sin una lágrima.

     —Dentro de algunas horas vendrán los guardias a buscarlos. Hasta entonces no salgan por ningún motivo, aunque me oigan gritar ¿han entendido? —les ordenó.

245   Los pequeños se encogieron aterrados y con una última mirada de adiós la madre descendió del cerro. Llegó hasta el coche, bajó los párpados de su marido,[10] se sacudió la ropa, se acomodó el peinado y se sentó a esperar. No sabía de cuántos hombres se componía la banda de

---

[10] bajó… Cuando una persona muere con los ojos abiertos, un pariente o amigo tiene la obligación de cerrarle los ojos.

Nicolás Vidal, pero rezó para que fueran muchos, así les daría trabajo sa-
250 ciarse de ella, y reunió sus fuerzas preguntándose cuánto tardaría en
morir si se esmeraba en hacerlo poco a poco. Deseó ser opulenta y
fornida para oponerles mayor resistencia y ganar tiempo para sus hijos.

No tuvo que aguardar largo rato. Pronto divisó polvo en el
horizonte, escuchó un galope y apretó los dientes. Desconcertada, vio
255 que se trataba de un solo jinete, que se detuvo a pocos metros de ella con
el arma en la mano. Tenía la cara marcada de cuchillo y así reconoció a
Nicolás Vidal, quien había decidido ir en persecución del Juez Hidalgo
sin sus hombres, porque ése era un asunto privado que debían arreglar
entre los dos. Entonces ella comprendió que debería hacer algo mucho
260 más difícil que morir lentamente.

Al bandido le bastó una mirada para comprender que su enemigo se encontraba a salvo de cualquier castigo, durmiendo su muerte en
paz, pero allí estaba su mujer flotando en la reverberación de la luz. Saltó
del caballo y se le acercó. Ella no bajó los ojos ni se movió y él se detuvo
265 sorprendido, porque por primera vez alguien lo desafiaba sin asomo de
temor. Se midieron en silencio durante algunos segundos eternos, cali-
brando cada uno las fuerzas del otro, estimando su propia tenacidad y
aceptando que estaban ante un adversario formidable. Nicolás Vidal
guardó el revólver y Casilda sonrió.

270   La mujer del juez se ganó cada instante de las horas siguientes. Empleó todos los recursos de seducción registrados desde los albores del conocimiento humano y otros que improvisó inspirada por la necesidad, para brindar a aquel hombre el mayor deleite. No sólo trabajó sobre su cuerpo como diestra artesana, pulsando cada fibra en busca del placer,

275 sino que puso al servicio de su causa el refinamiento de su espíritu. Ambos entendieron que se jugaban la vida y eso daba a su encuentro una terrible intensidad. Nicolás Vidal había huido del amor desde su nacimiento, no conocía la intimidad, la ternura, la risa secreta, la fiesta de los sentidos, el alegre gozo de los amantes. Cada minuto transcurrido

280 acercaba el destacamento de guardias y con ellos el pelotón de fusilamiento, pero también lo acercaba a esa mujer prodigiosa y por eso los entregó con gusto a cambio de los dones que ella le ofrecía. Casilda era pudorosa y tímida y había estado casada con un viejo austero ante quien nunca se mostró desnuda. Durante esa inolvidable tarde ella no perdió de

285 vista que su objetivo era ganar tiempo, pero en algún momento se abandonó, maravillada de su propia sensualidad, y sintió por ese hombre algo parecido a la gratitud. Por eso, cuando oyó el ruido lejano de la tropa le rogó que huyera y se ocultara en los cerros. Pero Nicolás Vidal prefirió envolverla en sus brazos para besarla por última vez, cumpliendo así la

290 profecía que marcó su destino.

Comprensión

¿ﻪﻪ¿ﻪ¿ﻪ¿ﻪﻪ

Argumento

Indique con un número del 1 al 11 la secuencia de los acontecimientos principales del cuento, según la cronología de la narración.

a. ___9___ El corazón del Juez Hidalgo estalló.

b. ___2___ El juez doblaba en edad a Casilda.

c. ___10___ Casilda encontró una caverna.

d. ___11___ Nicolás Vidal prefirió envolver a Casilda en sus brazos, cumpliendo así la profecía que marcó su destino.

e. ___4___ El juez le preparó una trampa al bandolero.

f. ___1___ Nicolás siempre supo que perdería la vida por una mujer.

g. ___5___ Al tercer día Juana La Triste ya no clamaba piedad.

h. ___3___ Si bien Hidalgo continuó siendo el mismo en apariencia, sus decisiones en la Corte dieron un extraño giro.

i. ___7 8___ Juana La Triste se ahorcó en la lámpara del burdel donde gastó la vida.

j. ___8 7___ Nicolás Vidal venía solo porque era un asunto privado que debían arreglar entre los dos.

k. ___6___ El juez abrió la jaula para socorrer a su prisionera.

Cuestionario

1. ¿Por qué no cree Nicolás que Casilda sea la mujer de su destino?
2. ¿Por qué viene Casilda al pueblo?
3. ¿Cómo es el Juez Hidalgo?
4. ¿Cómo se sabe que el juez empieza a cambiar?
5. ¿Qué pronosticó la comadrona cuando nació Nicolás? ¿Por qué?
6. ¿Por qué tiene Nicolás un apellido escogido al azar?
7. ¿Qué pasa cada vez que los guardias tratan de capturar a Nicolás?
8. ¿Qué clase de trampa prepara el juez? ¿A quién se la prepara?
9. ¿Qué creen los hombres de Nicolás cuando oyen las noticias de la trampa? ¿Tienen razón?
10. ¿Qué hacen el cura y un grupo de feligreses?
11. ¿Qué hace Casilda?
12. ¿Por qué se suicida Juana La Triste?
13. ¿Qué hace Casilda después de la muerte de su marido?
14. ¿Por qué quiere Casilda que vengan muchos hombres con Nicolás?
15. ¿Se cumple la profecía de la comadrona? ¿De qué manera?

Modismos

Conteste las siguientes preguntas, utilizando el modismo indicado.

1. **cuidarse de** (línea 10)
   ¿Cómo se relacionaba Nicolás Vidal con las mujeres?
2. **estar hecho para** (línea 34)
   Según las comadres, ¿sería buen marido el juez? Explique.
3. **prestar oídos** (línea 60)
   ¿Cómo reaccionó Nicolás a los rumores sobre la influencia de Casilda sobre el juez?
4. **a medida que** + *verbo* + *sustantivo* (línea 133)
   ¿Qué sucedió en el campamento de Nicolás mientras Juana La Triste estaba enjaulada?
5. **encontrarse con** (línea 220)
   El juez murió por la tensión que experimentó cuando se enteró de que Nicolás lo perseguía. ¿Qué otra explicación hay?
6. **tardar** + *tiempo* + **en** + *inf.* (línea 225)
   ¿Por qué no reaccionó Casilda inmediatamente después del accidente?
7. **estar a punto de** + *inf.* (línea 230)
   ¿Lloró Casilda? Describa lo que hizo.
8. **componerse de** (línea 248)
   Describa los pensamientos de Casilda mientras esperaba la llegada de la banda de Nicolás.

Repaso gramatical y recapitulación

El modo subjuntivo (continuación): Los tiempos pasados del subjuntivo y la secuencia de los tiempos.(Revise primero el Repaso gramatical del Capítulo 4.)

El tiempo del subjuntivo es determinado por las relaciones entre la cláusula principal y la subordinada.

Tiempo: Cláusula principal (Modo indicativo)	**Cláusula subordinada (Modo subjuntivo)**
	◆ **Acción simultánea o futura**
Presente } Futuro } *que* Imperativo }	Presente
• **Es** posible →	que el Juez **tenga** treinta años más que Casilda.
	◆ **Acción pasada**
Presente } Futuro } *que* Imperativo }	Presente perfecto
• **Es** probable →	que él **haya nacido** más de veinte años antes que ella.

Tiempo: cláusula principal (Modo indicativo)	**Cláusula subordinada (Modo subjuntivo)**
	◆ **Acción simultánea o futura**
Imperfecto } Pretérito } *que* Imperativo }	Imperfecto
• Casilda **esperaba** →	que **llegaran** muchos hombres con Nicolás.
	◆ **Acción pasada**
Presente perfecto } Pluscuamperfecto } *que* Condicional }	Pluscuamperfecto
• **A** Casilda le **sorprendió** →	que Nicolás **hubiera venido** solo.

Práctica

Conjugue los verbos en el tiempo apropiado (o déjelos en el infinitivo).

1. Nicolás permitió que la dueña del almacén le _____ la fortuna
    (ver)
    en el café.

2. Nicolás dudaba que Casilda _____ la causa de su muerte.
    (ser)

3. El juez vestía de negro para que todos _____ la dignidad de su
    (conocer)
    cargo.

4. A medida que pasaba el tiempo todos se sorprendían de que el juez

    _____ cambiar tanto.
    (poder)

5. Juana La Triste buscaba un apellido que _____ sólido.
    (ser)

6. El juez mete a Juana en una jaula a fin de que Nicolás _____ a
    (venir)
    rescatarla.

7. Dice el juez que cuando se le _____ el agua, Juana empezará a
    (terminar)
    gritar.

8. Los mineros estaban ansiosos por gastar su dinero antes de que

    _____ a trabajar en las minas.
    (volver)

9. El juez corre a la plaza porque teme que los guardias

    _____ a sus hijos.
    (lastimar)

10. Es probable que el juez _____ un poco antes del accidente.
    (morir)

Síntesis: Temas de conversación y de composición

1. Este cuento fue publicado por primera vez bajo otro título: «Era su destino». ¿Qué título le parece más apropiado, éste o el de esta antología? ¿Por qué?

2. Revise la pregunta número 2 de Temas e ideas. Entre las siguientes mujeres de Isabel Allende, Belisa Crepusculario, Antonia Sierra, Concha Díaz, Maurizia Rugieri, o la mujer exiliada, ¿quién se parece más a Casilda? ¿Por qué?

3. ¿Es Casilda tan débil como suponía Nicolás Vidal? ¿Es esto un ejemplo del tema feminista? ¿De qué manera? Explique.
4. ¿Se puede aceptar la idea del matrimonio de Casilda y el juez? ¿Puede usted citar ejemplos de este tipo de matrimonio en su propia ciudad o pueblo? ¿Cuáles serían los problemas y las ventajas de este matrimonio?
5. ¿Es Nicolás Vidal víctima de su destino o escoge su propia muerte? ¿Cree Ud. en el destino? ¿Por qué sí o por qué no?
6. Actividades de recapitulación: interpretación dramática de los dibujos (o de otras escenas del cuento) con unos compañeros de clase.

6

El huésped de la maestra

Preparación

Título

1. El título sugiere que hay dos personajes principales en este cuento, la maestra y su huésped. ¿Cuál de los dos será el protagonista del cuento? ¿Por qué?
2. ¿Recuerda Ud. otro cuento en el que aparece la Maestra Inés? ¿Cuál es? ¿Qué clase de mujer es ella?
3. El hecho de que la Maestra Inés tenga un huésped ahora, ¿significa que ya no es maestra? Si así fuera, ¿cuál podría ser su nueva profesión u ocupación?
4. El título implica que el cuento va a tratar de las relaciones entre dos personas. ¿Cuáles pueden ser estas relaciones?

Temas e ideas

Cambie impresiones con un compañero/una compañera, usando el siguiente cuestionario.

1. Describa el papel que desempeñan la Maestra Inés y Riad Halabí en Agua Santa (si es necesario, vuelva a leer «El oro de Tomás Vargas».)

2. En un pueblo pequeño, ¿cuál se espera que sea el papel de la maestra/el maestro? ¿Debería dedicarse a los niños sin esperanza de ganar mucho dinero o mucho prestigio? ¿Debería ser distinto su papel en una ciudad grande?

3. El feminismo se ha manifestado en muchos personajes femeninos de los cuentos de esta antología. Comente cómo se manifesta en algunas de las siguientes mujeres: Belisa Crepusculario, Antonia Sierra, Concha Díaz, Maurizia Rugieri, la mujer de «Lo más olvidado del olvido» y Casilda. ¿Es evidente este tema también en la Maestra Inés? Piense en las posibilidades respecto a ella en este cuento.

4. Según Isabel Allende, tarde o temprano, la justicia siempre triunfa. Según su propia experiencia, ¿está o no Ud. de acuerdo con esto? ¿Cree Ud. que se puede justificar la venganza? ¿Cree Ud. que los parientes de una víctima tienen el derecho de vengarse?

5. ¿Cree Ud. que una mujer puede amar a un hombre sumamente feo? ¿Por qué sí o por qué no? ¿Podría citar ejemplos?

6. ¿Cree Ud. que es posible que casi todos los habitantes de un pueblo puedan guardar un secreto en común? ¿En qué circunstancias? ¿Por cuánto tiempo?

Primer pasaje

Lea el primer pasaje del cuento y conteste las preguntas.

La Maestra Inés entró a La Perla de Oriente,[1] que a esa hora estaba sin clientes, se dirigió al mostrador donde Riad Halabí enrollaba una tela de flores multicolores y anunció que acababa de cercenarle el cuello a un huésped de su pensión. El comerciante sacó su pañuelo blanco y se tapó la boca.[2]

—¿Cómo dices, Inés?

—Lo que oíste, turco.[3]

—¿Está muerto?

---

[1] nombre de la tienda de Riad Halabí
[2] **se**...Halabí siempre se tapa la boca cuando habla para ocultar su defecto físico. (Véase la nota 4.)
[3] persona nacida en Turquía. Por generalización se llama a cualquier persona oriunda de uno de los países que pertenecieron a Turquía.

—Por supuesto.

—¿Y ahora qué vas a hacer?

—Eso mismo vengo a preguntarte —dijo ella acomodándose un mechón de cabello.

1. ¿Por qué no había clientes en la tienda de Halabí cuando entró Inés?
2. ¿Le sorprendió a él lo que ella le dijo? ¿Por qué sí o por qué no?
3. Después de estar seguro de lo que Inés había hecho, ¿qué le preguntó Halabí?
4. ¿Por qué vino ella a la tienda?
5. El pasaje que Ud. acaba de leer, ¿contradice o confirma lo que Ud. había supuesto antes? Explique.
6. ¿Qué cree Ud. que hará Halabí en estas circunstancias?

Segundo pasaje

Lea el segundo pasaje del cuento y conteste las preguntas.

—Será mejor que cierre la tienda —suspiró Riad Halabí. Se conocían desde hacía tanto que ninguno podía recordar el número de años, aunque ambos guardaban en la memoria cada detalle de ese primer día en que iniciaron la amistad. Él era entonces uno de esos vendedores viajeros que van por los caminos ofreciendo sus mercaderías, peregrino del comercio, sin brújula ni rumbo fijo, un inmigrante árabe con un falso pasaporte turco, solitario, cansado, con el paladar partido como un conejo,[4] y unas ganas insoportables de sentarse a la sombra; y ella era una mujer todavía joven, de grupa firme y hombros recios, la única maestra de la aldea, madre de un niño de doce años, nacido de un amor fugaz. El hijo era el centro de la vida de la maestra, lo cuidaba con una dedicación inflexible[5] y apenas lograba disimular su tendencia a mimarlo, aplicándole las mismas normas de disciplina que a los otros niños de la escuela, para que nadie pudiera comentar que lo malcriaba y para anular la herencia díscola del padre, formándolo, en cambio, de pensamiento claro y corazón bondadoso. La misma tarde en que Riad Halabí entró en Agua Santa por un extremo, por el otro un grupo de muchachos trajo el cuerpo del hijo de la Maestra Inés en una improvisada angarilla. Se había metido en un terreno ajeno a recoger un mango y el propietario, un afuerino a quien nadie conocía por esos lados, le disparó un tiro de fusil con intención de asustarlo, marcándole la mitad de la frente con un círculo

[4]**paladar.**...Halabí tiene un defecto congénito: tiene el labio superior dividido, a lo que se le llama *labio leporino.*

[5]cognado falso; significa *con firmeza.* La palabra inglesa *inflexible* se expresa con *obstinado* en español.

negro por donde se le escapó la vida. En ese momento el comerciante descubrió su vocación de jefe y sin saber cómo, se encontró en el centro del suceso, consolando a la madre, organizando el funeral como si fuera un miembro de la familia y sujetando a la gente para evitar que despedazara al responsable. Entretanto el asesino comprendió que le sería muy difícil salvar la vida si se quedaba allí y escapó del pueblo dispuesto a no regresar jamás.

1. ¿Acaban de conocerse Halabí e Inés?
2. ¿Qué hacía él antes de vivir en Agua Santa?
3. ¿Es realmente turco?
4. ¿Qué defecto físico tiene él?
5. ¿Quién era el padre del hijo de Inés?
6. ¿Por qué cuidaba ella a su hijo con una dedicación inflexible?
7. ¿Qué acababa de pasar en el pueblo cuando Halabí entró?
8. ¿Por qué se metió el hijo en el terreno del afuerino? ¿Qué pasó?
9. ¿Cómo le ayudó Halabí a Inés después de la muerte de su hijo?

Palabras útiles para la comprensión

VERBOS	SUSTANTIVOS	ADJETIVOS
dirigirse a caminar hacia		
cercenar cortar		
disparar hacer fuego con un arma, pegar un tiro		
despedazar hacer pedazos		
envejecer volverse viejo		
	el consejero persona que da consejos	
	el forastero persona que viene de afuera	
	el cuchicheo acción de hablar en voz baja o al oído de otra persona *(palabra onomatopéyica)*	
	el sopor sueño pesado y persistente	

el hombronazo hombre grande y fuerte

atravesar cruzar, pasar de un lado al lado opuesto

enmarañado con vegetación abundante y enredada

cavar excavar

despedirse decir «adiós»

engrandecido elevado a una dignidad superior

Práctica

1. ¿Qué palabras de la lista tienen que ver con la violencia?
2. Según estas palabras claves, ¿va a haber una muerte o más?
3. ¿Hay alguna indicación del transcurso del tiempo?
4. ¿Qué término(s) tiene(n) que ver con un secreto? ¿De qué manera?
5. ¿Puede Ud. hacer un breve resumen anticipado del cuento? (Véase los dibujos antes de contestar.) Si su respuesta es negativa, ¿puede Ud. predecir cuáles serán algunos de los acontecimientos principales del cuento?

Lectura: El huésped de la maestra

La Maestra Inés entró a La Perla de Oriente,[1] que a esa hora estaba sin clientes, se dirigió al mostrador donde Riad Halabí enrollaba una tela de flores multicolores y anunció que acababa de cercenarle el cuello a un huésped de su pensión. El comerciante sacó su
5 pañuelo blanco y se tapó la boca.[2]

—¿Cómo dices, Inés?

—Lo que oíste, turco.[3]

—¿Está muerto?

—Por supuesto.

10 —¿Y ahora qué vas a hacer?

—Eso mismo vengo a preguntarte —dijo ella acomodándose un mechón de cabello.

—Será mejor que cierre la tienda —suspiró Riad Halabí. Se conocían desde hacía tanto, que ninguno podía recordar el número de
15 años, aunque ambos guardaban en la memoria cada detalle de ese primer día en que iniciaron la amistad. Él era entonces uno de esos vendedores viajeros que van por los caminos ofreciendo sus mercaderías, peregrino del comercio, sin brújula ni rumbo fijo, un inmigrante árabe con un falso pasaporte turco, solitario, cansado, con el paladar partido como un
20 conejo,[4] y unas ganas insoportables de sentarse a la sombra; y ella era una mujer todavía joven, de grupa firme y hombros recios, la única maestra de la aldea, madre de un niño de doce años, nacido de un amor fugaz. El

---

[1]nombre de la tienda de Riad Halabí
[2]**se**...Halabí siempre se tapa la boca cuando habla para ocultar su defecto físico. (Véase la nota 4.)
[3]persona nacida en Turquía. Por generalización se llama a cualquier persona oriunda de uno de los países que pertenecieron a Turquía.
[4]**paladar**...Halabí tiene un defecto congénito: tiene el labio superior dividido, es decir, *labio leporino*.

hijo era el centro de la vida de la maestra, lo cuidaba con una dedicación inflexible[5] y apenas lograba disimular su tendencia a mimarlo, aplicán-
25 dole las mismas normas de disciplina que a los otros niños de la escuela, para que nadie pudiera comentar que lo malcriaba y para anular la heren- cia díscola del padre, formándolo, en cambio, de pensamiento claro y corazón bondadoso. La misma tarde en que Riad Halabí entró en Agua Santa por un extremo, por el otro un grupo de muchachos trajo el cuerpo
30 del hijo de la Maestra Inés en una improvisada angarilla. Se había metido en un terreno ajeno a recoger un mango y el propietario, un afuerino a quien nadie conocía por esos lados, le disparó un tiro de fusil con inten- ción de asustarlo, marcándole la mitad de la frente con un círculo negro por donde se le escapó la vida. En ese momento el comerciante descubrió
35 su vocación de jefe y sin saber cómo, se encontró en el centro del suceso, consolando a la madre, organizando el funeral como si fuera un miembro de la familia y sujetando a la gente para evitar que despedazara al res- ponsable. Entretanto el asesino comprendió que le sería muy difícil sal- var la vida si se quedaba allí y escapó del pueblo dispuesto a no regresar
40 jamás.

A Riad Halabí le tocó a la mañana siguiente encabezar a la multitud que marchó del cementerio hacia el sitio donde había caído el niño. Todos los habitantes de Agua Santa pasaron ese día acarreando mangos, que lanzaron por las ventanas hasta llenar la casa por completo,
45 desde el suelo hasta el techo. En pocas semanas el sol fermentó la fruta, que reventó en un jugo espeso, impregnando las paredes de una sangre dorada, de un pus dulzón, que transformó la vivienda en un fósil de di- mensiones prehistóricas, una enorme bestia en proceso de podredumbre, atormentada por la infinita diligencia de las larvas y los mosquitos de la
50 descomposición.

La muerte del niño, el papel que le tocó jugar en esos días y la acogida que tuvo en Agua Santa determinaron la existencia de Riad Ha- labí. Olvidó su ancestro de nómada y se quedó en la aldea. Allí instaló su almacén, La Perla de Oriente. Se casó, enviudó, volvió a casarse[6] y siguió
55 vendiendo, mientras crecía su prestigio de hombre justo. Por su parte

[5]cognado falso; significa *con firmeza*. La palabra inglesa *inflexible* se traduce con *obstinado* en español.
[6]En la novela *Eva Luna* se habla del primer matrimonio de Halabí.

Inés educó a varias generaciones de criaturas con el mismo cariño tenaz que le hubiera dado a su hijo, hasta que la venció la fatiga, entonces cedió el paso a otras maestras llegadas de la ciudad con nuevos silabarios y ella se retiró. Al dejar las aulas sintió que envejecía de súbito y que el tiempo
60 se aceleraba, los días pasaban demasiado rápido sin que ella pudiera recordar en qué se le habían ido las horas.

—Ando aturdida, turco. Me estoy muriendo sin darme cuenta —comentó.

—Estás tan sana como siempre, Inés. Lo que pasa es que te
65 aburres, no debes estar ociosa —replicó Riad Halabí y le dio la idea de agregar unos cuartos en su casa y convertirla en pensión.

—En este pueblo no hay hotel.

—Tampoco hay turistas —alegó ella.

—Una cama limpia y un desayuno caliente son bendiciones
70 para los viajeros de paso.

Así fue, principalmente para los camioneros de la Compañía de Petróleos, que se quedaban a pasar la noche en la pensión cuando el cansancio y el tedio de la carretera les llenaban el cerebro de alucinaciones.

75 La Maestra Inés era la matrona más respetada de Agua Santa. Había educado a todos los niños del lugar durante varias décadas, lo cual le daba autoridad para intervenir en las vidas de cada uno y tirarles las orejas cuando lo consideraba necesario. Las muchachas le llevaban sus novios para que los aprobara, los esposos la consultaban en sus peleas,
80 era consejera, árbitro y juez en todos los problemas, su autoridad era más sólida que la del cura, la del médico o la de la policía. Nada la detenía en el ejercicio de ese poder. En una ocasión se metió al retén, pasó por delante del teniente sin saludarlo, cogió las llaves que colgaban de un clavo en la pared y sacó de la celda a uno de sus alumnos, preso a causa de una
85 borrachera. El oficial trató de impedírselo, pero ella le dio un empujón y se llevó al muchacho cogido por el cuello. Una vez en la calle le propinó un par de bofetones y le anunció que la próxima vez ella misma le bajaría los pantalones para darle una zurra memorable. El día en que Inés fue a anunciarle que había matado a un cliente, Riad Halabí no tuvo ni la
90 menor duda de que hablaba en serio, porque la conocía demasiado. La tomó del brazo y caminó con ella las dos cuadras que separaban La Perla

de Oriente de la casa de ella. Era una de las mejores construcciones del pueblo, de adobe y madera, con un porche[7] amplio, donde se colgaban hamacas en las siestas más calurosas, baños con agua corriente y venti-
95 ladores en todos los cuartos. A esa hora parecía vacía, sólo descansaba en la sala un huésped bebiendo cerveza con la vista perdida en la televisión.

—¿Dónde está? —susurró el comerciante árabe.

—En una de las piezas de atrás —respondió ella sin bajar la voz.

100   Lo condujo a la hilera de cuartos de alquiler, todos unidos por un largo corredor techado, con trinitarias moradas[8] trepando por las columnas y maceteros de helechos colgando de las vigas, alrededor de un patio donde crecían nísperos y plátanos. Inés abrió la última puerta y Riad Halabí entró a la habitación

105 en sombras. Las persianas estaban corridas y necesitó unos instantes para acomodar los ojos y ver sobre la cama el cuerpo de un anciano de aspecto inofensivo, un forastero
110 decrépito, nadando en el charco de su propia muerte, con los pantalones manchados de excremen-tos,[9] la cabeza colgando de una tira de piel lívida y una terrible ex-
115 presión de desconsuelo, como si estuviera pidiendo disculpas por tanto alboroto y sangre y por el lío tremendo de haberse dejado a-sesinar. Riad Halabí se sentó en la
120 única silla del cuarto, con la vista fija en el suelo, tratando de controlar el sobresalto de su estómago. Inés se quedó de pie, con los brazos cruzados sobre el pecho, calculando que necesitaría dos días para lavar las manchas y por lo menos otros dos para ventilar el olor a mierda y a espanto.

[7]Puede ser palabra cognada y así igual al *porch* del inglés, pero también se refiere a un techo sobre soportes. Parece que el contexto apoya el cognado.

[8]**trinitarias...** tipo de flor que tiene tres colores

[9]**pantalones...** En el momento de la muerte, el cuerpo humano, por aflojamiento, evacúa el excremento.

—¿Cómo lo hiciste? —preguntó por fin Riad Halabí secán-
125 dose el sudor.

—Con el machete de picar cocos. Me vine por detrás y le di
un solo golpe. Ni cuenta se dio, pobre diablo.

—¿Por qué?

—Tenía que hacerlo, así es la vida. Mira qué mala suerte, este
130 viejo no pensaba detenerse en Agua Santa, iba cruzando el pueblo y una
piedra le rompió el vidrio del carro. Vino a pasar unas horas aquí mientras el italiano del garaje le conseguía otro de repuesto. Ha cambiado
mucho, todos hemos envejecido, según parece, pero lo reconocí al punto.
Lo esperé muchos años, segura de que vendría, tarde o temprano. Es el
135 hombre de los mangos.

—Alá nos ampare —murmuró Riad Halabí.

—¿Te parece que debemos llamar al teniente?

—Ni de vaina,[10] cómo se te ocurre.

—Estoy en mi derecho, él mató a mi niño.

140 —No lo entendería, Inés.

—Ojo por ojo, diente por diente, turco. ¿No dice así tu religión?

—La ley no funciona de ese modo, Inés.

—Bueno, entonces podemos acomodarlo un poco y decir que
145 se suicidó.

—No lo toques. ¿Cuántos huéspedes hay en la casa?

—Sólo un camionero. Se irá apenas refresque, tiene que
manejar hasta la capital.

—Bien, no recibas a nadie más. Cierra con llave la puerta de
150 esta pieza y espérame, vuelvo en la noche.

—¿Qué vas a hacer?

—Voy a arreglar esto a mi manera.

Riad Halabí tenía sesenta y cinco años, pero aún conservaba
el mismo vigor de la juventud y el mismo espíritu que lo colocó a la
155 cabeza de la muchedumbre el día que llegó a Agua Santa. Salió de la
casa de la Maestra Inés y se encaminó con paso rápido a la primera de
varias visitas que debió hacer esa tarde. En las horas siguientes un

[10]**Ni**...Ni pensarlo

cuchicheo persistente recorrió al pueblo, cuyos habitantes se sacudieron el sopor de años, excitados por la más fantástica noticia, que fueron
160 repitiendo de casa en casa como un incontenible rumor, una noticia que pujaba por estallar en gritos y a la cual la misma necesidad de mantenerla en un murmullo le confería un valor especial. Antes de la puesta del sol ya se sentía en el aire esa alborozada inquietud que en los años siguientes sería una característica de la aldea, incomprensible para los
165 forasteros de paso, que no podían ver en ese lugar nada extraordinario, sino sólo un villorio insignificante, como tantos otros, al borde de la selva. Desde temprano empezaron a llegar los hombres a la taberna, las mujeres salieron a las aceras con sus sillas de cocina y se instalaron a tomar aire, los jóvenes acudieron en masa a la plaza como si fuera
170 domingo. El Teniente y sus hombres dieron un par de vueltas de rutina y después aceptaron la invitación de las muchachas del burdel, que celebraban un cumpleaños, según dijeron. Al anochecer había más gente en la calle que un día de Todos los Santos,[11] cada uno ocupado en lo suyo con tan aparatosa diligencia, que parecían estar posando para una
175 película, unos jugando dominó, otros bebiendo ron y fumando en las esquinas, algunas parejas paseando de la mano, las madres correteando a sus hijos, las abuelas husmeando por las puertas abiertas. El cura encendió los faroles de la parroquia y echó a volar las campanas llamando a rezar el novenario de San Isidoro Mártir,[12] pero nadie andaba con
180 ánimo para ese tipo de devociones.

A las nueve y media se reunieron en la casa de la Maestra Inés el árabe, el médico del pueblo y cuatro jóvenes que ella había educado desde las primeras letras y eran ya unos hombronazos de regreso del servicio militar. Riad Halabí los condujo hasta el último cuarto, donde en-
185 contraron el cadáver cubierto de insectos, porque se había quedado la ventana abierta y era la hora de los mosquitos. Metieron al infeliz en un saco de lona, lo sacaron en vilo hasta la calle y lo echaron sin mayores ceremonias en la parte de atrás del vehículo de Riad Halabí. Atravesaron todo el pueblo por la calle principal, saludando como era la costumbre a
190 las personas que se les cruzaron por delante. Algunos les devolvieron el

---

[11]**Todos...** el primero de noviembre. Es una celebración religiosa de la Iglesia Católica la víspera del Día de los Difuntos.

[12]**novenario...** rezos durante nueve días en honor de este santo español

saludo con exagerado entusiasmo, mientras otros fingieron no verlos, riéndose con disimulo, como niños sorprendidos en alguna travesura.

La camioneta se dirigió al lugar donde muchos años antes el hijo de la Maestra Inés se inclinó por última vez a coger una fruta. En el
195 resplandor de la luna vieron la propiedad invadida por la hierba maligna del abandono, deteriorada por la decrepitud y los malos recuerdos, una colina enmarañada donde los mangos crecían salvajes, las frutas se caían de las ramas y se pudrían en el suelo, dando nacimiento a otras matas que a su vez engendraban otras y así hasta crear una selva hermética que se
200 había tragado los cercos, el sendero y hasta los despojos de la casa, de la cual sólo quedaba un rastro casi imperceptible de olor a mermelada. Los hombres encendieron sus lámparas de queroseno y echaron a andar bosque adentro, abriéndose paso a machetazos. Cuando consideraron que ya habían avanzado bastante, uno de ellos señaló el suelo y allí, a los
205 pies de un gigantesco árbol abrumado de fruta, cavaron un hoyo profundo, donde depositaron el saco de lona. Antes de cubrirlo de tierra, Riad Halabí dijo una breve oración musulmana, porque no conocía otras. Regresaron al pueblo a medianoche y vieron que todavía nadie se había retirado, las luces continuaban encendidas en todas las ventanas y
210 por las calles transitaba la gente.

Entretanto la Maestra Inés había lavado con agua y jabón las paredes y los muebles del cuarto, había quemado la ropa de cama, ventilado la casa y esperaba a sus amigos con la cena preparada y una

215 jarra de ron con jugo de piña.[13] La comida transcurrió con alegría comentando las últimas riñas de gallos, bárbaro deporte, según la maestra, pero menos bárbaro que

220 las corridas de toros, donde un matador colombiano acababa de perder el hígado, alegaron los hombres. Riad Halabí fue el último en despedirse. Esa noche, por

225 primera vez en su vida, se sentía viejo. En la puerta, la Maestra Inés le tomó las manos y las retuvo un instante entre las suyas.

—Gracias, turco —le dijo.

230 —¿Por qué me llamaste a mí, Inés?

—Porque tú eres la persona que más quiero en este mundo y porque tú debiste ser el padre de mi hijo.

Al día siguiente los habitantes de Agua Santa volvieron a sus quehaceres de siempre engrandecidos por una complicidad magnífica,

235 por un secreto de buenos vecinos, que habrían de guardar con el mayor celo, pasándoselo unos a otros por muchos años como una leyenda de justicia, hasta que la muerte de la Maestra Inés nos liberó a todos y puedo yo ahora contarlo.

---

[13]**ron**... bebida alcohólica muy popular en toda la región del Caribe que se elabora de la caña de azúcar

Comprensión

ชิชิชิชิชิชิชิชิ

Argumento

Indique con un número del 1 al 10 la secuencia de los acontecimientos principales del cuento, según la cronología de la narración.

a. _____ Todos los habitantes de Agua Santa lanzaron mangos por las ventanas hasta llenar la casa por completo.

b. _____ La Maestra Inés esperaba a sus amigos con la cena preparada y una jarra de ron con jugo de piña.

c. _____ Un afuerino le disparó un tiro de fusil al hijo de la Maestra Inés y se le escapó la vida.

d. _____ Al anochecer había más gente en la calle que un día de Todos los Santos.

e. _____ Al día siguiente los habitantes de Agua Santa volvieron a sus quehaceres de siempre engrandecidos por una complicidad.

f. _____ Riad Halabí olvidó su ancestro de nómada y se quedó en la aldea donde instaló su almacén.

g. _____ Riad Halabí dijo una breve oración musulmana, porque no conocía otra.

h. _____ Un forastero decrépito estaba nadando en el charco de su propia muerte.

i. _____ El teniente y sus hombres dieron un par de vueltas de rutina y después aceptaron la invitación de las mujeres del burdel para celebrar un cumpleaños.

j. _____ Metieron al infeliz en un saco de lona y lo echaron sin más ceremonias en la parte de atrás del vehículo.

Cuestionario

1. ¿Cómo murió el hijo de la Maestra Inés?
2. ¿Qué hizo la gente de Agua Santa para vengarse?
3. Narre brevemente la historia de la vida de Riad Halabí.
4. ¿Qué hizo Inés para quitarse el aburrimiento después de jubilarse como maestra?
5. ¿Por qué tiene Inés tanta influencia en el pueblo? Dé un ejemplo.
6. ¿Por qué volvió el forastero a Agua Santa y por qué se quedó en la casa de la Maestra Inés?
7. ¿Cómo lo mató Inés?
8. Cuando Inés y Halabí hablaban sobre lo que debían hacer, ella hizo una sugerencia muy irónica. Cuente lo que dijo.

9. Describa lo que sucedió cuando Halabí y sus hombres pasaron por el centro del pueblo con el muerto.
10. ¿Por qué no lo vieron el teniente y los policías?
11. ¿Por qué lo enterraron al pie del gigantesco árbol?
12. ¿Qué hizo Halabí antes de cubrir el cadáver de tierra?
13. Describa lo que sucedió cuando los hombres llegaron a la casa de Inés.
14. ¿Cómo se despidió Inés de Halabí?
15. ¿Por cuánto tiempo fue necesario que la gente de Agua Santa guardara el secreto de la Maestra Inés?

Modismos

Conteste las siguientes preguntas, utilizando el modismo indicado.

1. **dirigirse a** (línea 2)
   ¿Qué hizo la Maestra Inés después de entrar en La Perla de Oriente?
2. **cuidar con** (línea 23)
   ¿Cómo trataba la Maestra Inés a su hijo?
3. **volver a** + *inf.* (línea 54)
   ¿Qué hizo Halabí después de la muerte de su primera esposa?
4. **meterse a** + *sustantivo* (línea 82)
   ¿Qué hizo la Maestra Inés en cierta ocasión para ejercer su autoridad?
5. **tarde o temprano** (línea 134)
   ¿De qué estaba segura la Maestra Inés?
6. **andar con** + *sustantivo* (línea 179)
   Nadie quiso asistir al novenario de San Isidoro Mártir. ¿Por qué?
7. **acabar de** + *inf.* (línea 221)
   ¿Qué dijeron algunos hombres sobre la corrida de toros?
8. **haber de** + *inf.* (línea 235)
   Describa lo que hicieron los vecinos de Agua Santa con el secreto de la Maestra Inés.

Repaso gramatical y recapitulación

El modo subjuntivo: Más práctica

Conjugue los verbos en el tiempo más apropiado, según el contexto. (Revise primero el Repaso gramatical de los capítulos 4 y 5.)

1. La Maestra Inés no creía que Riad Halabí _____ a ayudarla.
   (negarse)

2. Al principio, Riad Halabí dudaba que la Maestra Inés _____ a un hombre.
   (matar)

3. Inés le aplicaba las mismas normas de disciplina a su hijo que a los otros niños para que nadie _____ comentar que lo malcriaba.
   (poder)

4. El afuerino le disparó un tiro al niño para que _____.
   (asustarse)

5. Halabí organizó el funeral del niño como si _____ un miembro de la familia.
   (ser)

6. Los habitantes llenaron la casa de mangos a fin de que la fruta _____.
   (fermentar)

7. Inés educó a varias generaciones de niños, hasta que la _____ la fatiga.
   (vencer)

8. La Maestra Inés no permitió que nadie la _____ en el ejercicio de su autoridad.
   (detener)

9. El muerto tenía una expresión de desconsuelo, como si _____ pidiendo disculpas por tanto alboroto.
   (estar)

10. Inés dijo que el único huésped de la pensión se iría apenas _____.
    (refrescar)

11. Halabí le dijo que _____ la puerta con llave.
    (cerrar)

12. Era probable que los habitantes del pueblo _____ la noticia antes de la puesta del sol.
    (saber)

13. Halabí y sus hombres pasaron por el centro del pueblo con el cadáver del muerto sin que el teniente y sus policías

    _____.
    (enterarse)

14. Halabí y sus hombres se alegraron de que Inés les _____
    (preparar)
    una cena.

15. Los habitantes de Agua Santa no podían revelar el secreto hasta que la Maestra Inés _____.
    (morir)

Síntesis: Temas de conversación y de composición

1. Comente la influencia que tiene la naturaleza en los acontecimientos de este cuento. ¿Cómo sabemos que estamos en un clima tropical? ¿Qué cambios sería necesario hacer si el cuento se ubicara en las montañas de este país?

2. ¿Trata el cuento de la justicia o de la venganza? En el estado o región donde Ud. vive, ¿qué le habría pasado a una mujer como la Maestra Inés? ¿Sería encarcelada o puesta en libertad? ¿Por qué?

3. ¿Cómo compara Ud. a la Maestra Inés con su maestro favorito/maestra favorita? ¿Qué clase de maestra sería Inés? Explique.

4. Comente el feminismo en el cuento y compare a la Maestra Inés con algunas de las siguientes mujeres: Belisa Crepuscularlo, Antonia Sierra, Concha Díaz, Maurizia Rugieri, la mujer de «Lo más olvidado del olvido» y Casilda.

5. Comente las semejanzas y diferencias entre Riad Halabí y otros personajes masculinos de los cuentos de esta antología. ¿Es sólo uno más de los personajes masculinos de Isabel Allende? ¿De qué manera?

6. Actividades de recapitulación: interpretación dramática de los dibujos (o de otras escenas del cuento) con unos compañeros de clase.

7

$\mathcal{U}$n discreto milagro

Preparación

Título

1. El sustantivo del título del cuento indica que va a tratar de un milagro. Según los cuentos de esta antología, ¿es probable que en este cuento se trate de un milagro religioso tradicional o se podría dar una interpretación irónica al término *milagro*?

2. El adjetivo *discreto* es un cognado falso; significa *oportuno*. ¿Apoya esto la idea de un milagro tradicional o da un matiz irónico al cuento? Explique.

3. El título también sugiere que hay un beneficiario del milagro. Piense en las posibilidades. ¿Será una mujer fuerte e independiente como la Maestra Inés o un hombre malo como Tomás Vargas? ¿Podría ser un personaje completamente diferente?

Temas e ideas

Cambie impresiones con un compañero/una compañera usando el siguiente cuestionario.

1. ¿Cree Ud. en los milagros? ¿Hay cosas y casos extraordinarios que ocurren en la vida que no tienen ninguna explicación científica?
2. Si Ud. sufriera de una enfermedad grave o sin remedio, ¿buscaría otros tratamientos fuera de la medicina tradicional? ¿Por qué sí o por qué no?
3. ¿Qué costumbres debe preservar un inmigrante en su nuevo país? ¿Debe mantener su idioma y enseñarlo a sus hijos? ¿Cómo debe adaptarse el inmigrante, en general? ¿Puede Ud. citar ejemplos de inmigrantes que se han adaptado de diferentes maneras a la vida y costumbres de este país? ¿A qué se debe la diferencia?
4. ¿Cómo es posible que haya tanta diferencia entre los hermanos que se han criado y crecido juntos? Comente y explique la que existe entre Ud. y sus hermanos.
5. ¿Cuál debe ser el papel de un religioso en la sociedad? ¿Debe dedicarse sólo a predicar sobre la salvación del alma o debe también tratar de aliviar la pobreza y el sufrimiento en este mundo?
6. ¿Cuáles son las semejanzas y diferencias entre la Iglesia Católica tradicional y la Iglesia Católica popular? ¿Puede Ud. comentar esto con relación a la situación de la América Latina?

Primer párrafo

Lea el primer párrafo del cuento y conteste las preguntas.

La familia Boulton provenía de un comerciante de Liverpool, que emigró a mediados del siglo diecinueve con su tremenda ambición como única fortuna, y se hizo rico con una flotilla de barcos de carga en el país más austral y lejano del mundo. Los Boulton eran miembros prominentes de la colonia británica[1] y como tantos ingleses fuera de su isla, preservaron sus tradiciones y su lengua con una tenacidad absurda, hasta que la mezcla con sangre criolla[2] les tumbó la arrogancia y les cambió los nombres anglosajones por otros más castizos.

1. ¿De qué país emigraron los antepasados de la familia Boulton?
2. ¿Tienen mucho tiempo de vivir en el nuevo país los Boulton?
3. ¿Cómo se hicieron ricos?
4. ¿Cambiaron pronto sus tradiciones y su lengua por las del nuevo país?
5. ¿Qué les hizo cambiar, por fin? ¿Por qué?

---

[1]**colonia**... Se refiere a las personas de ascendencia inglesa que viven en Latinoamérica.
[2]propio de Hispanoamérica

Segundo párrafo

Lea el segundo párrafo del cuento y conteste las preguntas.

Gilberto, Filomena y Miguel nacieron en el apogeo de la fortuna[3] de los Boulton, pero a lo largo de sus vidas vieron declinar el tráfico marítimo y esfumarse una parte sustancial de sus ingresos. Aunque dejaron de ser ricos, pudieron mantener su estilo de vida. Era difícil encontrar tres personas de aspecto y carácter más diferentes que estos tres hermanos. En la vejez se acentuaron los rasgos de cada cual, pero a pesar de sus aparentes disparidades, sus almas coincidían en lo fundamental.

1. ¿Cómo ha cambiado la situación financiera de los Boulton? ¿Qué motivó ese cambio?
2. Describa a los tres hermanos.
3. ¿Qué efecto tiene el transcurso del tiempo en ellos?
4. ¿En qué se parecen?

Palabras útiles para la comprensión

VERBOS	SUSTANTIVOS	ADJETIVOS
		castizo puro, auténtico
	la veleidad capricho	
	el basurero lugar donde se tira la basura	
	el desaparecido una persona que por razones políticas ya no se encuentra, ya sea porque ha sido asesinada o secuestrada	
amparar proteger o ayudar		
	el guardaespaldas persona que acompaña a otra para protegerle de una posible agresión	
	la nebulosa nube (en sentido figurativo)	

[3]cognado falso; aquí significa *la suerte*, aunque también tiene que ver con las finanzas de la familia.

la ceguera la condición de no poder ver

el fariseo hipócrita (en sentido figurativo)

el milagro suceso que ocurre contra las leyes naturales, por intervención del poder divino

la gruta cueva natural o artificial en donde se honra a un santo

la beata mujer que merece ser venerada; estado previo al de santo o santa

el peregrino persona que por motivos religiosos visita un lugar sagrado

el vendaje trapo limpio que se aplica sobre una herida del cuerpo

la parranda una fiesta ruidosa

Práctica

1. ¿Qué palabras de la lista tienen que ver con lo milagroso o lo religioso? ¿De qué manera?
2. ¿Qué palabras tienen que ver con la violencia? ¿Qué clase de violencia se sugiere?
3. ¿Qué implica el último término de la lista, *parranda*, en relación con el final del cuento?
4. ¿Puede Ud. hacer un breve resumen anticipado del cuento? (Véase los dibujos antes de contestar.) Si su respuesta es negativa, ¿puede Ud. predecir cuáles serán algunos de los acontecimientos principales del cuento?

Lectura: Un discreto milagro

L
a familia Boulton provenía de un comerciante de Liverpool,
que emigró a mediados del siglo diecinueve con su tremenda
ambición como única fortuna, y se hizo rico con una flotilla de barcos de
carga en el país más austral y lejano del mundo. Los Boulton eran miem-
5 bros prominentes de la colonia británica[1] y como tantos ingleses fuera de
su isla, preservaron sus tradiciones y su lengua con una tenacidad absurda, hasta que la mezcla con sangre criolla[2] les tumbó la arrogancia y
les cambió los nombres anglosajones por otros más castizos.

Gilberto, Filomena y Miguel nacieron en el apogeo de la for-
10 tuna[3] de los Boulton, pero a lo largo de sus vidas vieron declinar el tráfico marítimo y esfumarse una parte sustancial de sus ingresos. Aunque
dejaron de ser ricos, pudieron mantener su estilo de vida. Era difícil encontrar tres personas de aspecto y carácter más diferentes que estos tres
hermanos. En la vejez se acentuaron los rasgos de cada cual, pero a pesar
15 de sus aparentes disparidades, sus almas coincidían en lo fundamental.

Gilberto era un poeta de setenta y tantos años, de facciones
delicadas y porte de bailarín, cuya existencia había transcurrido ajena a
las necesidades materiales, entre libros de arte y antigüedades. Era el
único de sus hermanos que se educó en Inglaterra, experiencia que lo
20 marcó profundamente. Le quedó para siempre el vicio del té. Nunca se
casó, en parte porque no encontró a tiempo a la joven pálida que tantas
veces surgía en sus versos de juventud, y cuando renunció a esa ilusión ya
era demasiado tarde, porque sus hábitos de solterón estaban muy
arraigados. Se burlaba de sus ojos azules, su pelo amarillo y su ancestro,

---

[1]**colonia**...Se refiere a las personas de ascendencia inglesa que viven en Latinoamérica.
[2]propio de Hispanoamérica
[3]cognado falso; aquí significa *la suerte*, aunque también tiene que ver con las finanzas de la familia.

25 diciendo que casi todos los Boulton eran unos comerciantes vulgares,[4] quienes de tanto fingirse aristócratas habían terminado convencidos de que lo eran. Sin embargo, usaba chaquetas de tweed con parches de cuero en los codos, jugaba bridge, leía el *Times*[5] con tres semanas de atraso y cultivaba la ironía y la flema atribuidas a los intelectuales británicos.

30   Filomena, rotunda y simple[6] como una campesina, era viuda y abuela de varios nietos. Estaba dotada de una gran tolerancia, que le permitía aceptar tanto las veleidades anglófilas de Gilberto, como el hecho de que Miguel anduviera con huecos en los zapatos y el cuello de la camisa en hilachas. Nunca le faltaba ánimo para atender los achaques de

35 Gilberto o escucharlo recitar sus extraños versos, ni para colaborar en los innumerables proyectos de Miguel. Tejía incansablemente chalecos para su hermano menor, que éste se ponía un par de veces y luego regalaba a otro más necesitado. Los palillos eran una prolongación de sus manos, se movían con un ritmo travieso, un tic-tac continuo que anunciaba su pre-

40 sencia y la acompañaba siempre, como el aroma de su colonia de jazmín.
       Miguel Boulton era sacerdote. A diferencia de sus hermanos, él resultó moreno, de baja estatura, casi enteramente cubierto por un vello negro que le habría dado un aspecto bestial si su rostro no hubiera sido tan bondadoso. Abandonó las ventajas de la residencia familiar a los diecisiete

45 años y sólo regresaba a ella para participar en los almuerzos dominicales con sus parientes, o para que Filomena lo cuidara en las raras ocasiones en que se enfermaba de gravedad. No sentía ni la menor nostalgia por las comodidades de su juventud y a pesar de sus arrebatos de mal humor, se consideraba un hombre afortunado y estaba contento con su existencia. Vivía

50 junto al Basurero Municipal, en una población miserable[7] de los extramuros de la capital, donde las calles no tenían pavimento, aceras, ni árboles. Su rancho[8] estaba construido con tablas y planchas de cinc. A veces en verano surgían del suelo fumarolas fétidas de los gases que se filtraban bajo tierra desde los depósitos de basura. Su mobiliario consistía en un ca-

55 mastro, una mesa, dos sillas y repisas para libros, y las paredes lucían

[4]cognado falso; aquí significa *comunes, ordinarios* y no *groseros.*
[5]*London Times*, periódico principal de Inglaterra en la época del cuento, equivalente al *New York Times* de los Estados Unidos
[6]cognado falso en este contexto; significa *sin pretensiones*, y no tiene nada que ver con la inteligencia.
[7]cognado falso; significa *muy pobre.*
[8]cognado falso; regionalismo que se usa para referirse a una vivienda pobre

afiches revolucionarios, cruces de latón fabricadas por los presos políticos, modestas tapicerías bordadas por las madres de los desaparecidos[9] y banderines de su equipo de fútbol favorito. Junto al crucifijo, donde cada mañana comulgaba a solas y cada noche le agradecía a Dios la suerte de es-
60 tar aún vivo, colgaba una bandera roja.[10] El Padre Miguel era uno de esos seres marcados por la terrible pasión de la justicia.[11] En su larga vida había acumulado tanto sufrimiento ajeno, que era incapaz de pensar en el dolor propio, lo cual, sumado a la certeza de actuar en nombre de Dios, lo hacía temerario. Cada vez que los militares allanaban su casa y se lo llevaban
65 acusándolo de subversivo, debían amordazarlo, porque ni a palos lograban evitar que los agobiara de insultos intercalados de citas de los evangelios. Había sido detenido tan a menudo, hecho tantas huelgas de hambre en solidaridad con los presos, y amparado a tantos perseguidos, que de acuerdo a la ley de probabilidades debió haber muerto varias veces. Su fotografía,
70 sentado ante un local de la policía política con un letrero anunciando que allí torturaban gente, fue difundida por todo el mundo. No había castigo capaz de amilanarlo, pero no se atrevieron a hacerlo desaparecer,[12] como a tantos otros, porque ya era demasiado conocido. En las noches, cuando se instalaba ante su pequeño altar doméstico a conversar con Dios, dudaba
75 azorado si sus únicos impulsos serían el amor al prójimo y el ansia de justicia, o si en sus acciones no habría también una soberbia satánica. Ese hombre, capaz de adormecer a un niño con boleros y de pasar noches en vela cuidando enfermos, no confiaba en la gentileza de su propio corazón. Había luchado toda su vida contra la cólera, que le espesaba la sangre y lo
80 hacía estallar en arranques incontenibles. En secreto se preguntaba qué sería de él si las circunstancias no le ofrecieran tan buenos pretextos para desahogarse. Filomena vivía pendiente de él, pero Gilberto opinaba que si nada demasiado grave le había ocurrido en casi setenta años de equilibrarse en la cuerda floja, no había razón para preocuparse, puesto que el ángel de
85 la guarda de su hermano había demostrado ser muy eficiente.

[9]término que surgió durante la época de los regímenes militares de Argentina y Chile para referirse a las personas secuestradas, torturadas o asesinadas por la dictadura militar a causa de sus convicciones políticas
[10]**bandera**... por lo general emblema de los partidos socialistas
[11]El Padre Miguel, a través de su actitud y modo de vivir, encarna muchas ideas de la teología de la liberación, movimiento religioso activista de las últimas décadas que trata de combinar la fe católica con el marxismo para mejorar las condiciones de las masas.
[12]La palabra *desaparecer* aquí es cognado falso; *hacerlo desaparecer* quiere decir *matarlo*. (Véase la nota 9.)

—Los ángeles no existen. Son errores semánticos —replicaba Miguel.

—No seas hereje, hombre.

—Eran simples mensajeros hasta que Santo Tomás de Aquino
inventó toda esa patraña.[13]

—¿Me vas a decir que la pluma del Arcángel San Gabriel,[14] que se venera en Roma, proviene de la cola de un buitre? —se reía Gilberto.

—Si no crees en los ángeles no crees en nada. ¿Por qué sigues de cura? Debieras cambiar de oficio —terciaba Filomena.

—Ya se perdieron varios siglos discutiendo cuántas criaturas de ésas caben en la punta de un alfiler. ¿Qué más da? ¡No gasten energía en ángeles, sino en ayudar a la gente!

Miguel había perdido la vista paulatinamente y ya estaba casi ciego. Del ojo derecho no veía nada y del izquierdo bastante poco; no podía leer y le resultaba muy difícil salir de su vecindario, porque se perdía en las calles. Cada vez dependía más de Filomena para movilizarse. Ella lo acompañaba o le mandaba el automóvil con el chofer, Sebastián Canuto, alias «El Cuchillo», un ex convicto a quien Miguel había sacado de la cárcel y regenerado, y que trabajaba con la familia desde hacía dos décadas. Con la turbulencia política de los últimos años, «El Cuchillo» se convirtió en el discreto guardaespaldas del cura. Cuando corría el rumor de una marcha de protesta, Filomena le daba el día libre y él partía a la población de Miguel, provisto de una cachiporra y un par de manoplas escondidas en los bolsillos. Se apostaba en la calle a esperar que el sacerdote saliera y luego lo seguía a cierta distancia, listo para defenderlo a golpes o para arrastrarlo a lugar seguro si la situación lo exigía. La nebulosa en que vivía Miguel le impedía darse mucha cuenta de estas maniobras de salvataje, que lo habrían enfurecido, porque consideraría injusto disponer de tal protección mientras el resto de los manifestantes soportaba los golpes, los chorros de agua y los gases.

Al acercarse la fecha en que Miguel cumplía setenta años su ojo izquierdo sufrió un derrame y en pocos minutos se quedó en la más completa oscuridad. Se encontraba en la iglesia en una reunión nocturna

---

[13]**Santo...** En el siglo XIII este santo trató de armonizar la fe católica y la razón en su obra *Summa Theologica*.

[14]**Arcángel...** uno de los tres arcángeles mencionados en la Biblia. Los otros dos son Rafael y Miguel.

con los pobladores, hablando sobre la necesidad de organizarse para en-
120 frentar al Basurero Municipal, porque ya no se podía seguir viviendo entre tanta mosca y tanto olor de podredumbre. Muchos vecinos estaban
en el bando opuesto de la religión católica; en verdad para ellos no había
pruebas de la existencia de Dios; por el contrario, los padecimientos de
sus vidas eran una demostración irrefutable de que el universo era una
125 pura pelotera, pero también ellos consideraban el local de la parroquia
como el centro natural de la población. La cruz que Miguel llevaba colgando al pecho les parecía sólo un inconveniente menor, una especie de
extravagancia de viejo. El sacerdote estaba paseando mientras hablaba,
como era su costumbre, cuando sintió que las sienes y el corazón se le
130 disparaban al galope y todo el cuerpo se le humedecía en un sudor pegajoso. Lo atribuyó al calor de la discusión, se pasó la manga por la frente
y por un momento cerró los párpados. Al abrirlos creyó estar hundido
en un torbellino al fondo del mar, sólo percibía oleajes profundos, manchas, negro sobre negro. Estiró un brazo en busca de apoyo.
135   —Se cortó la luz —dijo, pensando en otro sabotaje.

Sus amigos lo rodearon asustados. El Padre Boulton era un
compañero formidable, que había vivido entre ellos desde que podían
recordar. Hasta entonces lo creyeron invencible, un hombronazo[15] fuerte

[15]**-azo**... sufijo aumentativo que se usa para denotar lo extremado

y musculoso, con un vozarrón de sargento y unas manos de albañil que se
140 juntaban en la plegaria, pero que en verdad parecían hechas para la pelea.
De pronto comprendieron cuán gastado estaba, lo vieron encogido y pequeño, un niño lleno de arrugas. Un coro de mujeres improvisó los
primeros remedios, lo obligaron a tenderse en el suelo, le pusieron paños
mojados en la cabeza, le dieron a beber vino caliente, le hicieron masajes
145 en los pies; pero nada surtió efecto, por el contrario, con tanto manoseo
el enfermo estaba perdiendo la respiración. Por fin Miguel logró quitarse
a la gente de encima y ponerse de pie, dispuesto a enfrentar esa nueva
desgracia[16] cara a cara.

—Estoy fregado —dijo sin perder la calma—. Por favor
150 llamen a mi hermana y díganle que estoy en un apuro, pero no le den
detalles para que no se preocupe.

A la hora apareció Sebastián Canuto, huraño y silencioso
como siempre, anunciando que la señora Filomena no podía perderse el
capítulo de la telenovela[17] y que aquí le mandaba algo de plata y un
155 canasto con provisiones para su gente.

—Esta vez no se trata de eso, Cuchillo, parece que me he
quedado ciego.

El hombre lo subió al automóvil y sin hacer preguntas se lo
llevó a través de toda la ciudad hasta la mansión de los Boulton, que se
160 alzaba plena de elegancia en medio de un parque algo abandonado, pero
todavía señorial. Convocó a todos los habitantes de la casa a bocinazos,
ayudó a bajar al enfermo y lo transportó casi en andas, conmovido al
verlo tan liviano y tan dócil. Su tosca cara de perdulario estaba mojada de
lágrimas cuando les dio la noticia a Gilberto y a Filomena.

165 —Por la pelandusca[18] que me parió, don Miguelito se ha
quedado sin ojos. Esto es lo único que nos faltaba —lloró el chofer sin
poder contenerse.

—No digas groserías delante del poeta —dijo el sacerdote.

—Ponlo en la cama, Cuchillo —ordenó Filomena—. Esto no
170 es grave, debe ser algún resfrío. ¡Eso te pasa por andar sin chaleco!

[16]cognado falso; no significa aquí *deshonra* sino *adversidad*.
[17]novela presentada por capítulos en la televisión
[18]prostituta

　　　—Se ha detenido el tiempo/ noche y día es siempre invierno/ y hay un puro silencio/ de antenas por lo negro…*—comenzó a improvisar Gilberto.

　　　—Dile a la cocinera que prepare un caldo de pollo—lo hizo
175　callar su hermana.

El médico de la familia determinó que no se trataba de un resfrío y recomendó que a Miguel lo viera un oftalmólogo. Al día siguiente, después de una apasionada exposición sobre la salud, don de Dios y derecho del pueblo, que el infame sistema imperante había convertido en privilegio de
180　una casta, el enfermo aceptó ir donde un especialista. Sebastián Canuto condujo a los tres hermanos al Hospital del Área Sur, único sitio aprobado por Miguel, porque allí se atendían los más pobres entre los pobres. Esa súbita ceguera había puesto al cura de pésimo talante, no podía comprender el designio divino que lo convertía en un inválido justamente cuando
185　sus servicios más se necesitaban. De la resignación cristiana ni se acordó. Desde el comienzo se negó a aceptar que lo guiaran o lo sostuvieran; prefería avanzar a tropezones, aun a riesgo de partirse un hueso, no tanto por orgullo como para acostumbrarse lo antes posible a esa nueva limitación. Filomena le dio secretas instrucciones al chofer para que
190　desviara el rumbo y los llevara a la Clínica Alemana, pero su hermano, que conocía demasiado bien el olor de la miseria,[19] entró en sospechas apenas cruzaron el umbral del edificio y las confirmó cuando escuchó música en el ascensor. Debieron sacarlo de allí a toda prisa, antes que se desencadenara una trifulca. En el hospital esperaron durante cuatro horas, tiempo
195　que Miguel aprovechó para indagar las desgracias de los demás pacientes de la sala, Filomena para iniciar otro chaleco y Gilberto para componer el poema sobre las antenas por lo negro que había surgido en su corazón el día anterior.

　　　—El ojo derecho no tiene remedio y para devolver algo de
200　visión al izquierdo habría que operarlo de nuevo —dijo el médico que por fin los atendió—. Ya ha tenido tres operaciones y los tejidos están muy debilitados, esto requiere técnicas e instrumentos especiales. Creo que el único lugar donde pueden intentarlo es en el Hospital Militar. . .

*Se… «Aunque es de noche», del poeta chileno Carlos Boulton
[19]cognado falso; aquí no significa *sufrimiento* sino *pobreza extremada*.

—¡Jamás! lo interrumpió Miguel. ¡No pondré nunca mis pies
205 en ese antro de desalmados!

Sobresaltado, el médico le hizo un guiño de disculpa a la enfermera, quien se lo devolvió con una sonrisa cómplice.

—No seas mañoso, Miguel. Será sólo por un par de días, no
creo que eso sea una traición a tus principios. ¡Nadie se va al infierno por
210 eso! —apuntó Filomena, pero su hermano replicó que prefería quedarse
ciego para el resto de sus días, que darles a los militares el gusto de devolverle la vista. En la puerta el médico lo retuvo un instante por el
brazo.

—Mire, Padre...¿ha oído hablar de la clínica del Opus Dei?[20]
215 Allí también tienen recursos muy modernos.

—¿Opus Dei? —exclamó el cura—. ¿Dijo Opus Dei?

Filomena trató de conducirlo fuera del consultorio, pero él se
trancó en el umbral para informar al doctor que a esa gente tampoco iría
a pedirles un favor.

220 —Pero cómo... ¿no son católicos?

—Son unos fariseos[21] reaccionarios.

—Disculpe —balbuceó el médico.

Una vez en el coche Miguel le zampó a sus hermanos y al
chofer que el Opus Dei era una organización fatídica, más ocupada en
225 tranquilizar la conciencia de las clases altas que en alimentar a los que se
mueren de hambre, y que más fácilmente entra un camello por el ojo de
una aguja que un rico al Reino de los cielos, o algo por el estilo. Agregó
que lo sucedido era una prueba más de lo mal que estaban las cosas en el
país, donde sólo los privilegiados podían curarse con dignidad y los
230 demás se debían conformar con yerbas de misericordia y cataplasmas de
humillación. Por último pidió que lo llevaran directo a su casa porque
debía regar los geranios y preparar el sermón del domingo.

—Estoy de acuerdo —comentó Gilberto, deprimido por las
horas de espera y por la visión de tanta desgracia y tanta fealdad en el
235 hospital. No estaba acostumbrado a esas diligencias.

—¿De acuerdo con qué? —preguntó Filomena.

---

[20]**Opus**... en Latín *obra de Dios*; movimiento católico conservador que surgió en España y que tiene por fin
la promoción del catolicismo tradicional y el nacionalismo contra la inmoralidad y el liberalismo de la
época moderna

[21]miembro de una secta religiosa que aparece en el Nuevo Testamento, cuyo nombre significa aquí *hipócrita*

—Que no podemos ir al Hospital Militar, sería una barrabasada.[22] Pero podríamos darle una oportunidad al Opus Dei ¿no les parece?

240   —¡Pero de qué estás hablando! —replicó su hermano—. Ya te dije lo que pienso de ellos.

—¡Cualquiera diría que no podemos pagar! —alegó Filomena, a punto de perder la paciencia.

—No se pierde nada con preguntar —sugirió Gilberto 245 pasándose su pañuelo perfumado por el cuello.

—Esa gente está tan ocupada moviendo fortunas en los bancos y bordando casullas de cura con hilos de oro, que no les queda ánimo para ver las necesidades ajenas. El cielo no se gana con genuflexiones, sino con. . .

250   —Pero usted no es pobre, don Miguelito —interrumpió Sebastián Canuto aferrado al volante.

—No me insultes, Cuchillo. Soy tan pobre como tú. Da media vuelta y llévanos a la clínica esa, para probarle al poeta que, como siempre, anda en la luna.

255   Fueron recibidos por una señora amable, que los hizo llenar un formulario y les ofreció café. Quince minutos después pasaban los tres al consultorio.

—Antes que nada doctor, quiero saber si usted también es del Opus Dei o si sólo trabaja aquí —dijo el sacerdote.

260   —Pertenezco a la Obra —sonrió blandamente el médico.

—¿Cuánto cuesta la consulta? —el tono del cura no disimulaba el sarcasmo.

—¿Tiene problemas financieros, Padre?

—Dígame cuánto.

265   —Nada, si no puede pagar. Las donaciones son voluntarias.

Por un breve instante el Padre Boulton perdió el aplomo, pero el desconcierto no le duró mucho.

—Esto no parece una obra de beneficencia.

—Es una clínica privada.

270   —Ajá…aquí vienen sólo los que pueden hacer donaciones.

---

[22]acción diabólica, imprudente, que puede tener malas consecuencias

—Mire, Padre, si no le gusta le sugiero que se vaya —replicó el doctor—. Pero no se irá sin que yo lo examine. Si quiere me trae a todos sus protegidos, que aquí se los atenderemos lo mejor posible, para eso pagan los que tienen. Y ahora no se mueva y abra bien los ojos.

275   Después de una meticulosa revisión[23] el médico confirmó el diagnóstico previo, pero no se mostró optimista.

        —Aquí contamos con un equipo excelente, pero se trata de una operación muy delicada. No puedo engañarlo, Padre, sólo un milagro puede devolverle la vista —concluyó.

280   Miguel estaba tan apabullado que apenas lo escuchó, pero Filomena se aferró a esa esperanza.

        —¿Un milagro, dijo?

        —Bueno, es una manera de hablar, señora. La verdad es que nadie puede garantizarle que volverá a ver.

285   —Si lo que usted quiere es un milagro, yo sé dónde conseguirlo —dijo Filomena colocando el tejido en su bolsa—. Muchas gracias, doctor. Vaya preparando todo para la operación, pronto estaremos de vuelta.

        De nuevo en el coche, con Miguel mudo por primera vez en
290 mucho tiempo y Gilberto extenuado por los sobresaltos del día, Filomena le ordenó a Sebastián Canuto que enfilara hacia la montaña. El hombre le lanzó una mirada de reojo y sonrió entusiasmado. Había conducido otras veces a su patrona por esos rumbos y nunca lo hacía de buen grado, porque el camino era una serpiente retorcida, pero esta vez
295 lo animaba la idea de ayudar al hombre que más apreciaba en este mundo.

        —¿Dónde vamos ahora? —murmuró Gilberto echando mano de su educación británica para no desplomarse de cansancio.

        —Es mejor que te duermas, el viaje es largo. Vamos a la gruta
300 de Juana de los Lirios[24] —le explicó su hermana.

        —¡Debes estar loca! —exclamó el cura sorprendido.

        —Es santa.

        —Esos son puros disparates. La Iglesia no se ha pronunciado sobre ella.

---

[23]cognado falso; no significa *corrección* sino *examen*.
[24]**gruta**… cueva en que se honra a esta presunta santa

305   —El Vaticano se demora como cien años en reconocer un santo.[25] No podemos esperar tanto —concluyó Filomena.

       —Si Miguel no cree en ángeles, menos creerá en beatas criollas, sobre todo si esa Juana proviene de una familia de terratenientes —suspiró Gilberto.

310   —Eso no tiene nada que ver, ella vivió en la pobreza. No le metas ideas en la cabeza a Miguel —dijo Filomena.

       —Si no fuera porque su familia está dispuesta a gastar una fortuna para tener un santo propio, nadie sabría de su existencia —interrumpió el cura.

315   —Es más milagrosa que cualquiera de tus santos extranjeros.

       —En todo caso, me parece mucha petulancia esto de pedir un trato especial. Mal que mal, yo no soy nadie y no tengo derecho a movilizar al cielo con demandas personales —refunfuñó el ciego.

       El prestigio de Juana había comenzado después de su muerte 320 a una edad prematura, porque los campesinos de la región, impresionados por su vida piadosa y sus obras de caridad, le rezaban pidiendo favores. Pronto se corrió la voz de que la difunta era capaz de realizar prodigios, y el asunto fue subiendo de tono hasta culminar en el Milagro del Explorador, como lo llamaron. El hombre estuvo perdido en la 325 cordillera durante dos semanas, y cuando ya los equipos de rescate habían abandonado la búsqueda y estaban a punto de declararlo muerto, apareció agotado y hambriento, pero intacto. En sus declaraciones a la prensa contó que en un sueño había visto la imagen de una muchacha vestida de largo con un ramo de flores en los brazos. Al despertar sintió 330 un fuerte aroma de lirios y supo sin lugar a dudas que se trataba de un mensaje celestial. Siguiendo el penetrante perfume de las flores logró salir de aquel laberinto de desfiladeros y abismos y llegar por fin a las cercanías de un camino. Al comparar su visión con un retrato de Juana, atestiguó que eran idénticas. La familia de la joven se encargó de divulgar 335 la historia, de construir una gruta en el sitio donde apareció el explorador y de movilizar todos los recursos a su alcance para llevar el caso al Vaticano. Hasta ese momento, sin embargo, no había respuesta del ju-

---

[25]**se**. . . Se refiere al tiempo necesario para que el Vaticano acepte los milagros atribuidos a un mortal y lo declare un santo.

rado cardenalicio.[26] La Santa Sede no creía en resoluciones precipitadas, llevaba muchos siglos de parsimonioso ejercicio del poder y esperaba
340 disponer de muchos más en el futuro, de modo que no se daba prisa para nada y mucho menos para las beatificaciones.[27] Recibía numerosos testimonios provenientes del continente sudamericano, donde cada tanto aparecían profetas, santones, predicadores, estilitas, mártires, vírgenes, anacoretas y otros originales personajes a quienes la gente veneraba, pero
345 no era cosa de entusiasmarse con cada uno. Se requería una gran cautela en estos asuntos, porque cualquier traspié podía conducir al ridículo, sobre todo en estos tiempos de pragmatismo, cuando la incredulidad prevalecía sobre la fe. Sin embargo, los devotos de Juana no aguardaron el veredicto de Roma para darle trato de santa. Se vendían estampitas y
350 medallas con su retrato y todos los días se publicaban avisos en los periódicos agradeciéndole algún favor concedido. En la gruta plantaron tantos lirios que el olor aturdía a los peregrinos y volvía estériles a los animales domésticos de los alrededores. Las lámparas de aceite, los cirios y las antorchas llenaron el aire de una humareda contumaz y el eco de los
355 cánticos y las oraciones rebotaba entre los cerros confundiendo a los cóndores[28] en vuelo. En poco tiempo el lugar se llenó de placas recordatorias, toda clase de aparatos ortopédicos y réplicas de órganos humanos en miniatura,[29] que los creyentes dejaban como prueba de alguna curación sobrenatural. Mediante una colecta pública se juntó dinero para
360 pavimentar la ruta y en un par de años había un camino lleno de curvas, pero transitable, que unía la capital con la capilla.

Los hermanos Boulton llegaron a su destino al anochecer. Sebastián Canuto ayudó a los tres ancianos a recorrer el sendero que conducía hasta la gruta. A pesar de la hora tardía, no faltaban devotos, unos
365 se arrastraban de rodillas sobre las piedras, sostenidos por algún pariente solícito, otros rezaban en alta voz o encendían velas ante una estatua de yeso de la beata. Filomena y «El Cuchillo» se hincaron a formular su petición, Gilberto se sentó en un banco a pensar en las vueltas que da la

[26]**jurado**... tribunal de cardenales que se encarga de investigar cuestiones religiosas como las solicitudes de beatificación y canonización
[27]acción por la cual el Papa declara que alguien puede recibir la veneración pública
[28]aves de gran tamaño que habitan los Andes
[29]**placas**... Después de la visita a un sitio como éste, se dejan recuerdos como muestras de gratitud por el milagro obtenido.

vida y Miguel se quedó de pie mascullando que si se trataba de solicitar
370 milagros por qué no pedían mejor que cayera el tirano y volviera la
democracia de una vez por todas.

Pocos días después los médicos de la clínica del Opus Dei le
operaron el ojo izquierdo sin costo alguno, después de advertir a los hermanos que no debían hacerse demasiadas ilusiones. El sacerdote les rogó
375 a Filomena y Gilberto que no hicieran ni el menor comentario sobre
Juana de los Lirios, bastante tenía con la humillación de ser socorrido
por sus rivales ideológicos. Apenas lo dieron de alta, Filomena se lo llevó
a su casa, haciendo caso omiso de sus protestas. Miguel lucía un enorme
parche cubriéndole media cara y estaba debilitado por todo ese asunto,
380 pero su vocación de modestia permanecía intacta. Declaró que no deseaba ser atendido por manos mercenarias, de modo que debieron des-
pedir a la enfermera contratada para la ocasión. Filomena y el fiel Sebastián Canuto se encargaron de cuidarlo, tarea nada liviana, porque el
enfermo estaba de pésimo humor, no soportaba la cama y no quería
385 comer.

La presencia del sacerdote alteró en su esencia las rutinas de la
casa. Las radios de oposición y la Voz de Moscú por onda corta atrona-
ban a todas horas y había un desfile perpetuo de compungidos
pobladores del barrio de Miguel, que llegaban a visitar al enfermo. Su

390 habitación se llenó de humildes regalos: dibujos de los niños de la escuela, galletas, matas de yerbas y de flores criadas en latas de conserva,
una gallina para la sopa y hasta un cachorro de dos meses, que se orinaba
sobre las alfombras persas y roía las patas de los muebles, y que alguien le
llevó con la idea de adiestrarlo como perro de ciego. Sin embargo, la con-
395 valecencia fue rápida y cincuenta horas después de la operación Filomena
llamó al médico para comunicarle que su hermano veía bastante bien.

     —¡Pero no le dije que no se tocara el vendaje! —exclamó el
doctor.

     —El parche todavía lo tiene. Ahora ve por el otro ojo —ex-
400 plicó la senora.

     —¿Cuál otro ojo?

     —El del lado, pues doctor, el que tenía muerto.

     —No puede ser. Voy para allá. ¡No lo muevan por ningún
motivo! —ordenó el cirujano.

405   En la casona de los Boulton encontró a su paciente muy animoso, comiendo papas fritas y mirando la telenovela con el perro en las
rodillas. Incrédulo, comprobó que el sacerdote veía sin dificultad por el
ojo que había estado ciego desde hacía ocho años, y al quitarle el vendaje
fue evidente que también veía por el ojo operado.

410 El Padre Miguel celebró sus setenta años en la parroquia de su barrio. Su
hermana Filomena y sus amigas formaron una caravana de coches atibo-
rrados de tortas, pasteles, bocaditos, canastos con fruta y jarras de
chocolate,[30] encabezada por «El Cuchillo», quien llevaba litros de vino y
de aguardiente[31] disimulados en botellas de horchata. El cura dibujó en
415 grandes papeles la historia de su azarosa vida y los puso en las paredes de
la iglesia. En ellos contaba con un dejo de ironía los altibajos de su vocación, desde el instante en que el llamado de Dios lo golpeó como un
mazazo en la nuca a los quince años, y su lucha contra los pecados capi-
tales, primero los de la gula y la lujuria, y más tarde el de la ira, hasta sus
420 aventuras recientes en los cuarteles de la policía, a una edad en que otros
vejetes se columpian en una mecedora contando estrellas. Había colgado

[30]El chocolate es una bebida muy popular en Latinoamérica.
[31]bebida alcohólica obtenida por destilación del jugo de la caña de azúcar, muy popular en Latinoamérica.
Su nombre indica su fuerza: *agua que arde*.

un retrato de Juana, coronado por una guirnalda de flores, junto a las infaltables banderas rojas. La reunión comenzó con una misa animada por cuatro guitarras, a la cual asistieron todos los vecinos. Pusieron altopar-
425 lantes para que la multitud desbordada en la calle pudiera seguir la ceremonia. Después de la bendición algunas personas se adelantaron para dar testimonio de un nuevo caso de abuso de la autoridad, hasta que Filomena avanzó a grandes trancos para anunciar que ya estaba bueno de lamentaciones y que era hora de divertirse. Salieron todos al patio, al-
430 guien puso la música y empezó de inmediato el baile y la comilona. Las señoras del barrio alto sirvieron las viandas, mientras «El Cuchillo» encendía fuegos de artificio y el cura bailaba un charlestón, rodeado por todos sus feligreses y amigos, para demostrar que no sólo podía ver como un águila, sino que además no había quien lo igualara en una
435 parranda.

—Estas fiestas populares no tienen nada de poesía —observó Gilberto después del tercer vaso de falsa horchata, pero sus respingos de lord inglés no lograron disimular que se estaba divirtiendo.

—¡A ver curita, cuéntanos el milagro! —gritó alguien, y el
440 resto del público se unió en la petición.

El sacerdote hizo callar la música, se acomodó el desorden de la ropa, de un manotazo se aplastó los pocos pelos que le coronaban la cabeza y con la voz quebrada por el agradecimiento se refirió a Juana de los Lirios, sin cuya intervención todos los artificios de la ciencia y de la
445 técnica habrían resultado infructuosos.

—Si al menos fuera una beata proletaria sería más fácil tenerle confianza —apuntó un atrevido y una carcajada general coreó el comentario.

—¡No me jodan con el milagro, miren que se me enoja la
450 santa y me quedo otra vez ciego de perinola! —rugió el Padre Miguel indignado—. ¡Y ahora pónganse todos en fila, porque me van a firmar una carta para el Papa!

Y así, en medio de risotadas y tragos de vino, todos los pobladores firmaron la solicitud de beatificación de Juana de los Lirios.

Comprensión

Argumento

Indique con un número del 1 al 10 la secuencia de los acontecimientos principales del cuento, según la cronología de la narración.

a. _____ El médico de la familia determinó que no se trataba de un resfrío y recomendó que a Miguel lo viera un oftalmólogo.

b. _____ En medio de risotadas y tragos de vino, todos los pobladores firmaron la solicitud de beatificación de Juana de los Lirios.

c. _____ La familia Boulton provenía de un comerciante de Liverpool que emigró a mediados del siglo diecinueve.

d. _____ El médico comprobó que el sacerdote veía sin dificultad por el ojo que había estado ciego y fue evidente que también veía por el ojo operado.

e. _____ El ojo derecho no tenía remedio y para devolver algo de visión al izquierdo habría que operarlo de nuevo.

f. _____ El Padre Miguel era uno de estos seres marcados por la terrible pasión de la justicia.

g. _____ «El Cuchillo» encendía fuegos de artificio y el cura bailaba un charlestón.

h. _____ Sebastián Canuto ayudó a los tres ancianos a recorrer el sendero que conducía hasta la gruta.

i. _____ Al acercarse la fecha en que Miguel cumplía setenta años su ojo izquierdo sufrió un derrame y se quedó en la más completa oscuridad.

j. _____ Pocos días después los médicos del Opus Dei le operaron el ojo izquierdo sin costo alguno.

Cuestionario

1. ¿De dónde eran los antepasados de los Boulton?
2. ¿Qué pasó con la riqueza que tenían?
3. ¿Cómo era Gilberto?
4. ¿Cómo era Filomena? ¿Qué hacía casi todo el tiempo?
5. ¿En qué sentido era diferente de sus hermanos el Padre Miguel?
6. Describa el rancho del padre y el mobiliario que contenía.
7. ¿Qué clase de sacerdote era Miguel?
8. ¿Por qué no creía en los ángeles?
9. ¿Qué problema tenía?

10. ¿Quién era «El Cuchillo»? ¿Qué trabajo hacía en la casa de los Boulton?
11. ¿Qué hacía el Padre Miguel cuando sufrió el derrame?
12. Según Filomena, ¿a qué se debía la ceguera de su hermano?
13. ¿Adónde llevaron primero al Padre Miguel?
14. ¿Por qué no quiso que lo operaran en el Hospital Militar?
15. Según el médico del Opus Dei, ¿qué podía devolverle la vista?
16. Haga una breve biografía de Juana de los Lirios.
17. Cuente la historia del Milagro del Explorador.
18. Describa la gruta de Juana de los Lirios.
19. ¿Qué milagro se le concedió a Filomena?
20. ¿Qué hizo el Padre Miguel al final de la celebración de sus setenta años en la parroquia de su barrio?

Modismos

Conteste las siguientes preguntas, utilizando el modismo indicado.

1. **hacerse** + *adjetivo* (línea 3)
   ¿Qué hizo la familia Boulton con la flotilla de barcos?
2. **dejar de** + *inf.* (línea 12)
   ¿Qué pasó cuando declinó el tráfico marítimo?
3. **vivir** + *adjetivo* (línea 82)
   ¿Qué efecto tenían sobre Filomena las actividades políticas de Miguel?
4. **seguir de** + *sustantivo* (línea 93)
   Cuando Gilberto descubrió que Miguel no creía en los ángeles, ¿qué le preguntó?
5. **resultarle** + *adjetivo* + *inf.* (línea 100)
   ¿Cómo afectó a Miguel la ceguera?
6. **disponer de** + *sustantivo* (línea 114)
   Según Miguel, ¿qué sería injusto?
7. **avanzar a** + *sustantivo* (línea 187)
   ¿Qué pasó cuando Miguel no quiso aceptar que nadie lo guiara?
8. **estar dispuesto a** + *inf.* (línea 312)
   Según Miguel, ¿por qué era tan conocida Juana de los Lirios?
9. **correr la voz** (línea 322)
   ¿Qué pasó después de la muerte de Juana?
10. **darse prisa** (línea 340)
    ¿Cómo actuaba la Santa Sede en el proceso de las beatificaciones?

Repaso gramatical y recapitulación

Cláusulas con si: *Lo esencial*

Para expresar situaciones, suposiciones o improbabilidades y la explicación
o acción que resulta de ellas, se emplea una cláusula con **si** o **como si,** u
otra frase que puede seguir o preceder. El tiempo de los verbos se puede
determinar según el siguiente esquema.

La situación →	El resultado (o la explicación)
◆ **Indicativo** (varias posibilidades) →	**Indicativo (varias posibilidades)**
• Si Gilberto **tiene** tiempo, →	**tomará** una taza de té.
• Si **toma** una taza de té →	**es** porque Filomena se la sirvió.
• Si Miguel se **ha vuelto** ciego, →	**es** porque no andaba con chaleco.
La suposición →	**El resultado**
◆ **Imperfecto del subjuntivo** →	**Condicional**
• Si Gilberto **tuviera** tiempo, →	**tomaría** una taza de té.
◆ **Pluscuamperfecto del subjuntivo** →	**Pasado del condicional**
• Si Gilberto **hubiera tenido** tiempo,→	**habría tomado** una taza de té.
La improbabilidad →	**La explicación**
◆ **Imperfecto del subjuntivo** →	**Indicativo**
	Gilberto se **porta** ↶
• como si **fuera** un intelectual británico.	
◆ **Pluscuamperfecto del subjuntivo** →	**Imperfecto o pretérito**
	Filomena **actuó** ↶
• como si Juana de los Lirios **hubiera sido** una beata.	

Práctica

Conjugue los verbos en el tiempo más apropiado.

1. Si el tráfico marítimo no _____, los Boulton serían ricos.
   (declinar)

2. Filomena vivía pendiente de Miguel, como si _____ su madre.
   (ser)

3. Si Miguel _____ junto al Basurero Municipal, era porque sim-
   (vivir)
   patizaba con los pobres y oprimidos.

4. Si Miguel no _____ tan conocido, la policía lo habría hecho
   (ser)
   desaparecer.

5. Si Miguel se hubiera dado cuenta de la protección de «El Cuchillo»,

   _____.
   (enfurecerse)

6. Filomena piensa que si Miguel toma un caldo de pollo, _____
   (mejorarse)
   en seguida.

7. También piensa que si _____ chaleco, no se habría quedado
   (llevarse)
   ciego.

8. Si ellos _____ a Miguel al Hospital Militar, sería una
   (llevar)
   barrabasada.

9. Si Miguel no tuviera dinero, no _____ que pagar nada.
   (tener)

10. Si Filomena _____ un milagro, tendrán que ir a la gruta de
    (querer)
    Juana de los Lirios.

11. Si no fuera por la fortuna de la familia de Juana de los Lirios, nadie

    _____ de la existencia de ella.
    (saber)

12. Si no hubiera sido por el Milagro del Explorador, los campesinos

    _____ de Juana de los Lirios.
    (olvidarse)

13. Si Juana de los Lirios pudiera hacer milagros, Miguel _____
    (pedir)
    mejor que cayera el tirano.

14. Si Miguel _____, sería por el ojo operado.
    (ver)

15. Si no _____ tanta gente para celebrar el aniversario del padre
    (juntarse)
    Miguel, no habría habido tantas firmas en la solicitud de beatifi-
    cación.

Síntesis: Temas de conversación
y de composición

1. ¿Es contradictorio que un personaje femenino tradicional como Filomena sea una contribución al tema feminista?
2. ¿Pueden haber tantas diferencias entre tres hermanos como las que se ven en este cuento? ¿Puede Ud. citar ejemplos parecidos?
3. Comente el papel de los inmigrantes en Latinoamérica. ¿Puede la colonia británica de Chile sentirse ofendida después de leer este cuento? ¿Cuál parece ser la intención de Isabel Allende?
4. Comente las contradicciones en la vida del Padre Miguel. ¿Cuál debe ser el papel de un religioso tanto en Latinoamérica como en este país?
5. Describa el catolicismo del Padre Miguel, de Filomena, de Gilberto y de los devotos de Juana de los Lirios.
6. ¿Cuáles son las semejanzas y diferencias entre este cuento y los otros de esta antología? ¿Es más fuerte la temática de éste o menos fuerte?
7. Actividades de recapitulación: interpretación dramática de los dibujos (o de otras escenas del cuento) con unos compañeros de clase.

8

*C*artas de amor traicionado

Preparación

Título

1. El título sugiere que este cuento trata de un amor que se mantiene por correspondencia y cuyo final es un engaño. ¿Qué clase de traición podría ser?
2. ¿Cuántos personajes principales habrá en el cuento, según el título? Explique.
3. Cuando se trata de un engaño en el amor, casi siempre suele haber un triángulo amoroso. ¿Insinúa esto el título de este cuento?
4. ¿Hay otro cuento de esta antología en el que los protagonistas inter- cambian cartas de amor? ¿Cuál es? ¿Hay en ese cuento algún en- gaño en las cartas o en la relación amorosa?

Temas e ideas

Cambie impresiones con un compañero / una compañera, usando el siguiente cuestionario.

1. ¿Podría Ud. enamorarse de alguien por correspondencia? Si la única comunicación entre dos personas es por carta o por teléfono, ¿es posible que una persona se forme una imagen completamente distinta de la que, en realidad, tiene la otra persona?
2. ¿Qué importancia tiene la apariencia física en el amor?
3. ¿Hay matrimonios en los cuales los esposos se odian pero no se divorcian? En los países donde no se permite el divorcio, ¿qué pueden hacer los esposos que no se llevan bien?
4. Según lo que Ud. ha observado en otros cuentos de esta antología, ¿cómo reaccionan los personajes femeninos de Allende al ser víctimas del engaño en el amor? ¿Cómo reaccionó Antonia Sierra? ¿Cómo reaccionarían Belisa Crepusculario, Maurizia Rugieri y la Maestra Inés?
5. Si es cierto que hay trabajos que «sólo los hombres pueden desempeñar», ¿se debe esto a motivos lógicos o a la tradición? En los últimos años, ¿ha habido cambios en estas tradiciones?
6. ¿Son las faenas agrícolas un tipo de trabajo exclusivo de los hombres?

Primer párrafo

Lea el primer párrafo del cuento y conteste las preguntas

La madre de Analía Torres murió de una fiebre delirante cuando ella nació y su padre no soportó la tristeza y dos semanas más tarde se dio un tiro de pistola en el pecho. Agonizó varios días con el nombre de su mujer en los labios. Su hermano Eugenio administró las tierras de la familia y dispuso del destino de la pequeña huérfana según su criterio. Hasta los seis años Analía creció aferrada a las faldas de un ama india en los cuartos de servicio de la casa de su tutor[1] y después, apenas tuvo edad para ir a la escuela, la mandaron a la capital, interna en el Colegio de las Hermanas del Sagrado Corazón, donde pasó los doce años siguientes. Era buena alumna y amaba la disciplina, la austeridad del edificio de piedra, la capilla con su corte de santos y su aroma de cera y de lirios, los corredores desnudos, los patios sombríos. Lo que menos le atraía era el bullicio de las pupilas y el acre olor de las salas de clases. Cada vez que lograba burlar la vigilancia de las monjas, se escondía en el desván, entre estatuas decapitadas y muebles rotos, para contarse cuentos a sí misma. En esos momentos robados se sumergía en el silencio con la sensación de abandonarse a un pecado.

[1] persona encargada del cuidado de un menor de edad

1. ¿Cómo murió la madre de Analía?
2. ¿Por qué se suicidó su padre?
3. ¿Dónde vivió Analía después de la muerte de sus padres?
4. ¿Quién la cuidó?
5. ¿Qué es lo que le gustaba del colegio?
6. ¿Qué es lo que no le gustaba?
7. ¿Para qué, a veces, se escondía de las monjas?

Segundo párrafo

Lea el segundo párrafo del cuento y conteste las preguntas.

Cada seis meses recibía una breve nota de su tío Eugenio recomendándole que se portara bien y honrara la memoria de sus padres, quienes habían sido dos buenos cristianos en vida y estarían orgullosos de que su única hija dedicara su existencia a los más altos preceptos de la virtud, es decir, entrara de novicia al convento. Pero Analía le hizo saber desde la primera insinuación que no estaba dispuesta a ello y mantuvo su postura con firmeza simplemente para contradecirlo, porque en el fondo le gustaba la vida religiosa. Escondida tras el hábito, en la soledad última de la renuncia a cualquier placer, tal vez podría encontrar paz perdurable, pensaba; sin embargo, su instinto le advertía contra los consejos de su tutor. Sospechaba que sus acciones estaban motivadas por la codicia de las tierras, más que por la lealtad familiar. Nada proveniente de él le parecía digno de confianza, en algún resquicio se encontraba la trampa.

1. ¿Cómo son las cartas del tío Eugenio?
2. ¿Qué le sugirió él a Analía?
3. ¿Cómo respondió ella? ¿Por qué?
4. ¿Qué sospechas tiene ella de su tío?

Palabras útiles para la comprensión

VERBOS	SUSTANTIVOS	ADJETIVOS
	el tiro disparo de un arma de fuego	
portarse bien conducirse con decencia en el trato social		
	la codicia deseo de poseer muchas riquezas	

el pretendiente novio, hombre que aspira a casarse con una mujer

contrahecho mal formado

bobalicón de poco entendimiento

epistolar relativo a las cartas

el odio aversión

el féretro ataúd, caja en que se entierra un muerto

la viuda mujer cuyo esposo ha muerto

el capataz persona que vigila a los trabajadores

el aula (but *f.*) salón de clase

la muleta palo para ayudar a una persona a caminar

la caligrafía arte de escribir a mano

Práctica

1. ¿Qué palabras de la lista tienen que ver con las cartas? ¿Por qué?
2. ¿Que palabras se relacionan con el amor? Explique.
3. ¿Qué palabras se relacionan con la traición? ¿De qué manera?
4. ¿Puede Ud. hacer un breve resumen anticipado del cuento? (Vea los dibujos antes de contestar.) Si su respuesta es negativa, ¿puede Ud. predecir cuáles serán algunos de los acontecimientos principales del cuento?

Lectura: Cartas de amor traicionado

L a madre de Analía Torres murió de una fiebre delirante cuando ella nació y su padre no soportó la tristeza y dos semanas más tarde se dio un tiro de pistola en el pecho. Agonizó varios días con el nombre de su mujer en los labios. Su hermano Eugenio administró las tierras de la familia y dispuso del destino de la pequeña huérfana según su criterio. Hasta los seis años Analía creció aferrada a las faldas de un ama india en los cuartos de servicio de la casa de su tutor[1] y después, apenas tuvo edad para ir a la escuela, la mandaron a la capital, interna en el Colegio de las Hermanas del Sagrado Corazón, donde pasó los doce años siguientes. Era buena alumna y amaba la disciplina, la austeridad del edificio de piedra, la capilla con su corte de santos y su aroma de cera y de lirios, los corredores desnudos, los patios sombríos. Lo que menos le atraía era el bullicio de las pupilas y el acre olor de las salas de clases. Cada vez que lograba burlar la vigilancia de las monjas, se escondía en el desván, entre estatuas decapitadas y muebles rotos, para contarse cuentos a sí misma. En esos momentos robados se sumergía en el silencio con la sensación de abandonarse a un pecado.

Cada seis meses recibía una breve nota de su tío Eugenio recomendándole que se portara bien y honrara la memoria de sus padres, quienes habían sido dos buenos cristianos en vida y estarían orgullosos de que su única hija dedicara su existencia a los más altos preceptos de la virtud, es decir, entrara de novicia al convento. Pero Analía le hizo saber desde la primera insinuación que no estaba dispuesta a ello y mantuvo su postura con firmeza simplemente para contradecirlo, porque en el fondo le gustaba la vida religiosa. Escondida tras el hábito, en la soledad última

---

[1]persona encargada del cuidado de un menor de edad

de la renuncia a cualquier placer, tal vez podría encontrar paz perdurable, pensaba; sin embargo, su instinto le advertía contra los consejos de su tutor. Sospechaba que sus acciones estaban motivadas por la codicia de las tierras, más que por la lealtad familiar. Nada proveniente de él le parecía
30 digno de confianza, en algún resquicio se encontraba la trampa.

Cuando Analía cumplió dieciséis años, su tío fue a visitarla al colegio por primera vez. La Madre Superiora llamó a la muchacha a su oficina y tuvo que presentarlos, porque ambos habían cambiado mucho desde la época[2] del ama india en los patios traseros y no se reconocieron.
35 —Veo que las hermanitas han cuidado bien de ti, Analía — comentó el tío revolviendo su taza de chocolate—. Te ves sana y hasta bonita. En mi última carta te notifiqué que a partir de la fecha de este cumpleaños recibirás una suma mensual para tus gastos, tal como lo estipuló en su testamento mi hermano, que en paz descanse.
40 —¿Cuánto?

—Cien pesos.

—¿Es todo lo que dejaron mis padres?

—No, claro que no. Ya sabes que la hacienda te pertenece, pero la agricultura no es tarea para una mujer, sobre todo en estos tiempos de
45 huelgas y revoluciones. Por el momento te haré llegar una mensualidad que aumentaré cada año, hasta tu mayoría de edad. Luego veremos.

—¿Veremos qué, tío?

—Veremos lo que más te conviene.

—¿Cuáles son mis alternativas?
50 —Siempre necesitarás a un hombre que administre el campo, niña. Yo lo he hecho todos estos años y no ha sido tarea fácil, pero es mi obligación, se lo prometí a mi hermano en su última hora y estoy dispuesto a seguir haciéndolo por ti.

—No deberá hacerlo por mucho tiempo más, tío. Cuando me
55 case me haré cargo de mis tierras.

—¿Cuando se case, dijo la chiquilla?[3] Dígame, Madre ¿es que tiene algún pretendiente?

[2]cognado falso; aquí significa cualquier período de tiempo, no uno de sucesos importantes como *epoch* en inglés.
[3]¿**Cuando**...? El tío Eugenio se ha enojado por lo que acaba de decir Analía. Repite sus palabras con sarcasmo, que se aprecia más en la última palabra, *chiquilla*. Aquí el sufijo *-illa* es peyorativo.

—¡Cómo se le ocurre, señor Torres! Cuidamos mucho a las niñas. Es sólo una manera de hablar. ¡Qué cosas dice esta muchacha!

60　　　Analía Torres se puso de pie, se estiró los pliegues del uniforme, hizo una breve reverencia más bien burlona y salió. La Madre Superiora le sirvió más chocolate al caballero, comentando que la única explicación para ese comportamiento descortés era el escaso contacto que la joven había tenido con sus familiares.

65　　　—Ella es la única alumna que nunca sale de vacaciones y a quien jamás le han mandado un regalo de Navidad —dijo la monja en tono seco.

—Yo no soy hombre de mimos, pero le aseguro que estimo mucho a mi sobrina y he cuidado sus intereses como un padre. Pero tiene 70　usted razón, Analía necesita más cariño, las mujeres son sentimentales.

Antes de treinta días el tío se presentó de nuevo en el colegio, pero en esta oportunidad no pidió ver a su sobrina, se limitó a notificarle a la Madre Superiora que su propio hijo deseaba mantener correspondencia con Analía y a rogarle que le hiciera llegar las cartas a ver si la ca-

75　maradería con su primo reforzaba los lazos de la familia.

Las cartas comenzaron a llegar regularmente. Sencillo papel blanco y tinta negra, una escritura de trazos grandes y precisos. Algunas hablaban de la vida 80　en el campo, de las estaciones y los animales, otras de poetas ya muertos y de los pensamientos que escribieron. A veces el sobre incluía un libro o un dibujo hecho con los 85　mismos trazos firmes de la caligrafía. Analía se propuso no leerlas, fiel a la idea de que

90　cualquier cosa relacionada con su tío escondía algún peligro, pero en el aburrimiento del colegio las cartas representaban su única posibilidad de volar. Se escondía en el desván, no ya a inventar cuentos improbables, sino a releer con avidez las notas enviadas por su primo hasta conocer de

memoria la inclinación de las letras y la textura del papel. Al principio no
95 las contestaba, pero al poco tiempo no pudo dejar de hacerlo. El contenido de las cartas se fue haciendo cada vez más sutil para burlar la censura de la Madre Superiora, que abría toda la correspondencia. Creció la
intimidad entre los dos y pronto lograron ponerse de acuerdo en un
código secreto con el cual empezaron a hablar de amor.

100   Analía Torres no recordaba haber visto jamás a ese primo que
se firmaba Luis, porque cuando ella vivía en casa de su tío el muchacho
estaba interno en un colegio en la capital. Estaba segura de que debía ser
un hombre feo, tal vez enfermo o contrahecho, porque le parecía imposible que a una sensibilidad tan profunda y una inteligencia tan precisa se
105 sumara un aspecto atrayente. Trataba de dibujar en su mente una imagen
del primo: rechoncho como su padre, con la cara picada de viruelas, cojo
y medio calvo; pero mientras más defectos le agregaba más se inclinaba a
amarlo. El brillo del espíritu era lo único importante, lo único que resistiría el paso del tiempo sin deteriorarse e iría creciendo con los años, la
110 belleza de esos héroes utópicos de los cuentos no tenía valor alguno y
hasta podía convertirse en motivo de frivolidad, concluía la muchacha,
aunque no podía evitar una sombra de inquietud en su razonamiento. Se
preguntaba cuánta deformidad sería capaz de tolerar.

        La correspondencia entre Analía y Luis Torres duró dos años,
115 al cabo de los cuales la muchacha tenía una caja de sombrero llena de so-
bres y el alma definitivamente entregada. Si cruzó por su mente la idea de
que aquella relación podría ser un plan de su tío para que los bienes que
ella había heredado de su padre pasaran a manos de Luis, la descartó de
inmediato, avergonzada de su propia mezquindad. El día en que cumplió
120 dieciocho años la Madre Superiora la llamó al refectorio porque había
una visita esperándola. Analía Torres adivinó quién era y estuvo a punto
de correr a esconderse en el desván de los santos olvidados, aterrada ante
la eventualidad de enfrentar por fin al hombre que había imaginado por
tanto tiempo. Cuando entró en la sala y estuvo frente a él necesitó varios
125 minutos para vencer la desilusión.

        Luis Torres no era el enano retorcido que ella había construi-
do en sueños y había aprendido a amar. Era un hombre bien plantado,
con un rostro simpático de rasgos regulares, la boca todavía infantil, una
barba oscura y bien cuidada, ojos claros de pestañas largas, pero vacíos de

130 expresión. Se parecía un poco a los santos de la capilla, demasiado bonito y un poco bobalicón. Analía se repuso del impacto y decidió que si había aceptado en su corazón a un jorobado, con mayor razón podía querer a este joven elegante que la besaba en una mejilla dejándole un rastro de lavanda en la nariz.

135 Desde el primer día de casada Analía detestó a Luis Torres. Cuando la aplastó entre las sábanas bordadas de una cama demasiado blanda, supo que se había enamorado de un fantasma y que nunca podría trasladar esa pasión imaginaria a la realidad de su matrimonio. Combatió sus sentimientos con determinación, primero descartándolos como un vicio y 140 luego, cuando fue imposible seguir ignorándolos, tratando de llegar al fondo de su propia alma para arrancárselos de raíz. Luis era gentil y hasta divertido a veces, no la molestaba con exigencias desproporcionadas ni trató de modificar su tendencia a la soledad y al silencio. Ella misma admitía que con un poco de buena voluntad de su parte podría encontrar 145 en esa relación cierta felicidad, al menos tanta como hubiera obtenido tras un hábito de monja. No tenía motivos precisos para esa extraña repulsión por el hombre que había amado por dos años sin conocer. Tampoco lograba poner en palabras sus emociones, pero si hubiera podido hacerlo, no habría tenido a nadie con quien comentarlo. Se sentía burlada 150 al no poder conciliar la imagen del pretendiente epistolar con la de ese marido de carne y hueso. Luis nunca mencionaba las cartas y cuando ella tocaba el tema, él le cerraba la boca con un beso rápido y alguna observación ligera sobre ese romanticismo tan poco adecuado a la vida matrimonial, en la cual la confianza, el respeto, los intereses comunes y el fu-155 turo de la familia importaban mucho más que una correspondencia de adolescentes. No había entre los dos verdadera intimidad. Durante el día cada uno se desempeñaba en sus quehaceres y por las noches se encontraban entre las almohadas de plumas, donde Analía —acostumbrada a su camastro del colegio— creía sofocarse. A veces se abrazaban de prisa, 160 ella inmóvil y tensa, él con la actitud de quien cumple una exigencia del cuerpo porque no puede evitarlo. Luis se dormía de inmediato, ella se quedaba con los ojos abiertos en la oscuridad y una protesta atravesada en la garganta. Analía intentó diversos medios para vencer el rechazo que él le inspiraba, desde el recurso de fijar en la memoria cada detalle de su

165 marido con el propósito de amarlo por pura determinación, hasta el de vaciar la mente de todo pensamiento y trasladarse a una dimensión donde él no pudiera alcanzarla. Rezaba para que fuera sólo una repugnancia transitoria, pero pasaron los meses y en vez del alivio esperado, creció la animosidad hasta convertirse en odio. Una noche se sorprendió

170 soñando con un hombre horrible que la acariciaba con los dedos manchados de tinta negra.

Los esposos Torres vivían en la propiedad adquirida por el padre de Analía cuando ésa era todavía una región medio salvaje,

175 tierra de soldados y bandidos. Ahora se encontraba junto a la carretera y a poca distancia de un pueblo próspero, donde cada año se celebraban ferias agrícolas y ga-

180 naderas. Legalmente Luis era el administrador del fundo, pero en realidad era el tío Eugenio quien cumplía esa función, porque a Luis le aburrían los asuntos del campo.

185 Después del almuerzo, cuando padre e hijo se instalaban en la biblioteca a beber coñac y jugar dominó, Analía oía a su tío decidir sobre las inversiones, los animales, las siembras y las cosechas. En las raras ocasiones en que ella se atrevía a in-

190 tervenir para dar una opinión, los dos hombres la escuchaban con aparente atención, asegurándole que tendrían en cuenta sus sugerencias, pero luego actuaban a su amaño. A veces Analía salía a galopar por los potreros hasta los límites de la montaña deseando haber sido hombre.

El nacimiento de un hijo no mejoró en nada los sentimientos

195 de Analía por su marido. Durante los meses de la gestación se acentuó su carácter retraído, pero Luis no se impacientó, atribuyéndolo a su estado. De todos modos, él tenía otros asuntos en los cuales pensar. Después de dar a luz, ella se instaló en otra habitación, amoblada solamente con una cama angosta y dura. Cuando el hijo cumplió un año y todavía la madre

200 cerraba con llave la puerta de su aposento y evitaba toda ocasión de estar a

solas con él, Luis decidió que ya era tiempo de exigir un trato más consi-
derado y le advirtió a su mujer que más le valía cambiar de actitud, antes
que rompiera la puerta a tiros. Ella nunca lo había visto tan violento. Obe-
deció sin comentarios. En los siete años siguientes la tensión entre ambos
205   aumentó de tal manera, que terminaron por convertirse en enemigos sola-
pados, pero eran personas de buenos modales y delante de los demás se
trataban con una exagerada cortesía. Sólo el niño sospechaba el tamaño de
la hostilidad entre sus padres y despertaba a medianoche llorando, con la
cama mojada. Analía se cubrió con una coraza de silencio y poco a poco
210   pareció irse secando por dentro. Luis, en cambio, se volvió más expansivo
y frívolo, se abandonó a sus múltiples apetitos, bebía demasiado y solía
perderse por varios días en inconfesables travesuras. Después, cuando dejó
de disimular sus actos de disipación, Analía encontró buenos pretextos
para alejarse aun más de él. Luis perdió todo interés en las faenas del
215   campo y su mujer lo reemplazó, contenta de esa nueva posición. Los
domingos el tío Eugenio se quedaba en el comedor discutiendo las decisiones con ella, mientras Luis se hundía en una larga siesta, de la cual re-
sucitaba al anochecer, empapado de sudor y con el estómago revuelto,
pero siempre dispuesto a irse otra vez de jarana con sus amigos.
220   Analía le enseñó a su hijo los rudimentos de la escritura y la
aritmética y trató de iniciarlo en el gusto por los libros. Cuando el niño
cumplió siete años Luis decidió que ya era tiempo de darle una educación más formal, lejos de los mimos de la madre, y quiso mandarlo a
un colegio en la capital, a ver si se hacía hombre de prisa, pero Analía se
225   le puso por delante con tal ferocidad, que tuvo que aceptar una solución
menos drástica. Se lo llevó a la escuela del pueblo, donde permanecía interno de lunes a viernes, pero los sábados por la mañana iba el coche a
buscarlo para que volviera a casa hasta el domingo. La primera semana
Analía observó a su hijo llena de ansiedad, buscando motivos para rete-
230   nerlo a su lado, pero no pudo encontrarlos. La criatura parecía contenta,
hablaba de su maestro y de sus compañeros con genuino entusiasmo,
como si hubiera nacido entre ellos. Dejó de orinarse en la cama. Tres
meses después llegó con su boleta de notas y una breve carta del profesor
felicitándolo por su buen rendimiento. Analía la leyó temblando y sonrió
235   por primera vez en mucho tiempo. Abrazó a su hijo conmovida, inte-
rrogándolo sobre cada detalle, cómo eran los dormitorios, qué le daban

de comer, si hacía frío por las noches, cuántos amigos tenía, cómo era su maestro. Pareció mucho más tranquila y no volvió a hablar de sacarlo de la escuela. En los meses siguientes el muchacho trajo siempre buenas ca-
240 lificaciones, que Analía coleccionaba como tesoros y retribuía con frascos de mermelada y canastos de frutas para toda la clase. Trataba de no pensar en que esa solución apenas alcanzaba para la educación primaria, que dentro de pocos años sería inevitable mandar al niño a un colegio en la ciudad y ella sólo podría verlo durante las vacaciones.

245   En una noche de pelotera en el pueblo, Luis Torres, que había bebido demasiado, se dispuso a hacer piruetas en un caballo ajeno para demostrar su habilidad de jinete ante un grupo de compinches de taberna. El animal lo lanzó al suelo y de una patada le reventó los testículos. Nueve días después Torres murió aullando de dolor en una clínica de
250 la capital, donde lo llevaron en la esperanza de salvarlo de la infección. A su lado estaba su mujer, llorando de culpa por el amor que nunca pudo darle y de alivio porque ya no tendría que seguir rezando para que se muriera. Antes de volver al campo con el cuerpo en un féretro para enterrarlo en su propia tierra, Analía se compró un vestido blanco y lo
255 metió al fondo de su maleta. Al pueblo llegó de luto, con la cara cubierta por un velo de viuda para que nadie le viera la expresión de los ojos, y del mismo modo se pre-
260 sentó en el funeral, de la mano de su hijo, también con traje negro. Al término de la ceremonia, el tío Eugenio, que se mantenía muy saludable a pesar de sus setenta años
265 bien gastados, le propuso a su nuera que le cediera las tierras y se fuera a vivir de sus rentas[4] a la ciudad, donde el niño terminaría su educación y ella podría olvidar las
270 penas del pasado.

_____

[4]cognado falso; se refiere al dinero que obtiene Analía de sus tierras, por la venta de lo que ellas producen.

—Porque no se me escapa, Analía, que mi pobre Luis y tú nunca fueron felices —dijo.

—Tiene razón, tío. Luis me engañó desde el principio.

—Por Dios, hija, él siempre fue muy discreto y respetuoso
275 contigo. Luis fue un buen marido. Todos los hombres tienen pequeñas aventuras, pero eso no tiene la menor importancia.

—No me refiero a eso, sino a un engaño irremediable.

—No quiero saber de qué se trata. En todo caso, pienso que en la capital el niño y tú estarán mucho mejor. Nada les faltará. Yo me
280 haré cargo de la propiedad, estoy viejo pero no acabado y todavía puedo voltear un toro.

—Me quedaré aquí. Mi hijo se quedará también, porque tiene que ayudarme en el campo. En los últimos años he trabajado más en los potreros que en la casa. La única diferencia será que ahora tomaré mis
285 decisiones sin consultar con nadie. Por fin esta tierra es sólo mía. Adiós, tío Eugenio.

En las primeras semanas Analía organizó su nueva vida. Empezó por quemar las sábanas que había compartido con su marido y trasladar su cama angosta a la habitación principal; enseguida estudió a
290 fondo los libros de administración de la propiedad y apenas tuvo una idea precisa de sus bienes, buscó un capataz que ejecutara sus órdenes sin hacer preguntas. Cuando sintió que tenía todas las riendas bajo control, buscó su vestido blanco en la maleta, lo planchó con esmero, se lo puso y así ataviada se fue en su coche a la escuela del pueblo, llevando bajo el
295 brazo una vieja caja de sombreros.

Analía Torres esperó en el patio que la campana de las cinco[5] anunciara el fin de la última clase de la tarde y el tropel de los niños saliera al recreo. Entre ellos venía su hijo en alegre carrera, quien al verla se detuvo en seco, porque era la primera vez que su madre aparecía en el colegio.

300 —Muéstrame tu aula, quiero conocer a tu maestro —dijo ella.

En la puerta Analía le indicó al muchacho que se fuera, porque ése era un asunto privado, y entró sola. Era una sala grande y de techos altos, con mapas y dibujos de biología en las paredes. Había el
305 mismo olor a encierro y a sudor de niños que había marcado su propia

[5]**campana**… En una época ya pasada, la hora se anunciaba con las campanadas de la iglesia principal.

infancia, pero en esta oportunidad no le molestó, por el contrario, lo aspiró con gusto. Los pupitres se veían desordenados por el día de uso, había algunos papeles en el suelo y tinteros abiertos. Alcanzó a ver una columna de números en la pizarra. Al fondo, en un escritorio sobre una
310 plataforma, se encontraba el maestro. El hombre levantó la cara sorprendido y no se puso de pie, porque sus muletas estaban en un rincón, demasiado lejos para alcanzarlas sin arrastrar la silla. Analía cruzó el pasillo entre dos hileras de pupitres y se detuvo frente a él.

      —Soy la madre de Torres —dijo porque no se le ocurrió algo
315 mejor.

      —Buenas tardes, señora. Aprovecho para agradecerle los dulces y las frutas que nos ha enviado...

      —Dejemos eso, no vine para cortesías. Vine a pedirle cuentas —dijo Analía colocando la caja de sombreros sobre la mesa.
320   —¿Qué es esto?

      Ella abrió la caja y sacó las cartas de amor que había guardado todo ese tiempo. Por un largo instante él paseó la vista sobre aquel cerro de sobres.

      —Usted me debe once años de mi vida —dijo Analía.
325   —¿Cómo supo que yo las escribí? —balbuceó él cuando logró sacar la voz que se le había atascado en alguna parte.

—El mismo día de mi matrimonio descubrí que mi marido no podía haberlas escrito y cuando mi hijo trajo a la casa sus primeras notas, reconocí la caligrafía. Y ahora que lo estoy mirando no me cabe ni
330 la menor duda, porque yo a usted lo he visto en sueños desde que tengo dieciséis años. ¿Por qué lo hizo?

—Luis Torres era mi amigo y cuando me pidió que le escribiera una carta para su prima no me pareció que hubiera algo de malo. Así fue con la segunda y la tercera; después, cuando usted me contestó,
335 ya no pude retroceder. Esos dos años fueron los mejores de mi vida, los únicos en que he esperado algo. Esperaba el correo.

—Ajá.

—¿Puede perdonarme?

—De usted depende —dijo Analía pasándole las muletas.
340 El maestro se colocó la chaqueta y se levantó. Los dos salieron al bullicio del patio, donde todavía no se había puesto el sol.

Comprensión

Argumento

Indique con un número del 1 al 10 la secuencia de los principales acontecimientos del cuento, según la cronología de la narración.

a. _____ «Usted me debe once años de mi vida», dijo Analía.

b. _____ Según Analía, el brillo del espíritu era lo único importante, lo
único que resistiría el paso del tiempo sin deteriorarse.

c. _____ Desde el primer día de casada Analía detestó a Luis Torres.

d. _____ Analía se compró un vestido blanco y lo metió al fondo de su
maleta.

e. _____ Tres meses después llegó el hijo con su boleta de notas y una
breve carta del profesor.

f. _____ Cuando Analía cumplió dieciséis años, su tío fue a visitarla.

g. _____ Luis Torres no era el enano retorcido que Analía había construido en sueños.

h. _____ «Ahora tomaré mis decisiones sin consultar con nadie», dijo
Analía.

i. _____ Los domingos el tío Eugenio se quedaba en el comedor discutiendo las decisiones con ella.

j. _____ A su lado estaba su mujer, llorando de culpa por el amor que
nunca pudo darle y de alivio porque ya no tendría que seguir
rezando para que se muriera.

Cuestionario

1. ¿Por qué se suicidó el padre de Analía?
2. ¿Qué le decía el tío Eugenio a Analía en las cartas que le escribía a
ella?
3. ¿Qué quería el tío que Analía hiciera con su vida? ¿Por qué?
4. Según el tío, ¿por qué no podía Analía administrar la hacienda?
5. ¿Qué suponía Analía sobre la apariencia de su primo? ¿Por qué?
6. ¿Por qué se desilusionó Analía al ver por primera vez a Luis?
7. ¿Por qué se sintió burlada Analía y empezó a detestar a su marido?
8. ¿Qué solían hacer Luis y su padre después del almuerzo?
9. ¿Cómo cambiaron Luis y Analía en los siete años después del
nacimiento de su hijo?

10. ¿Cómo reaccionó Analía al ver la nota del maestro? ¿Por qué?
11. Luis Torres sufrió *nueve* días antes de morir. ¿Qué simbolismo hay en ese número?
12. ¿Qué se compró Analía antes de volver al pueblo para el entierro?
13. ¿Qué nuevo papel empezó a desempeñar Analía en la hacienda después de la muerte de su esposo?
14. ¿Por qué se sorprendió el hijo al ver a su mamá en la escuela?
15. Según Analía, ¿qué le debía el maestro? ¿Por qué?

Modismos

Conteste las siguientes preguntas, utilizando el modismo indicado.

1. **a partir de** + *tiempo* (línea 37)
   ¿Qué le dijo el tío a Analía sobre el testamento de su padre?
2. **ponerse de acuerdo** (línea 98)
   ¿Qué hicieron los dos enamorados para burlar la censura de la Madre Superiora?
3. **reponerse de** (línea 131)
   ¿Se desilusionó para Siempre Analía después de ver por primera vez a Luis?
4. **oír** + **a** + *persona* + *inf.* (línea 188)
   ¿Cómo se enteraba Analía de las decisiones que tomaban su esposo y su tío los domingos, después del almuerzo?
5. **terminar por** + *inf.* (línea 205)
   ¿Cómo llegaron a ser las relaciones entre Analía y Luis?
6. **llorar de** + *sustantivo* (línea 251)
   ¿Cuáles eran las reacciones contradictorias de Analía ante la muerte de su esposo?
7. **antes de** + *inf.* (línea 253)
   ¿Cuándo compró Analía el vestido blanco?

Síntesis: Temas de conversación y de composición

1. ¿Cuál es el tema principal de este cuento, el amor o el feminismo?
2. ¿Cómo se manifiesta este doble nivel temático? ¿Revela la autora alguna opinión sobre este fenómeno social? ¿De qué manera?
3. En este cuento, ¿qué mensaje hay sobre el matrimonio y las relaciones entre la mujer y el hombre?
4. Comente el simbolismo del cuento.
5. ¿Cuáles son las semejanzas y diferencias entre este cuento y los otros de esta antología? ¿Es la temática de este cuento más intensa que la de los otros cuentos?
6. Actividades de recapitulación: interpretación dramática de los dibujos (o de otras escenas del cuento) con unos compañeros de clase.

9

El palacio imaginado

Preparación

Título

1. Todos los cuentos de esta antología están ubicados en Latino-américa; la mayoría tiene como escenario a Venezuela. Teniendo esto en cuenta, ¿qué clase de palacio podría ser el de este cuento?
2. ¿Quiénes viven en un palacio? ¿Qué personajes serán los de este cuento?
3. Lógicamente, ¿cuál sería el lugar más apropiado para levantar un palacio, la ciudad o el campo? Si un palacio se construyera en la selva de Venezuela, ¿qué pasaría si éste quedara abandonado por algún tiempo?
4. ¿Quiénes vivirían en un palacio *imaginado,* construido en la selva de Venezuela? ¿Quiénes vivían en la selva antes de la llegada de los conquistadores españoles?

Temas e ideas

Cambie impresiones con un compañero/una compañera usando el siguiente cuestionario.

1. Algunos indígenas de las selvas de Sudamérica han conservado hasta ahora su manera de vivir, pero ¿cómo será su vida en el futuro? ¿Cuáles son los peligros que amenazan a su sociedad? Si quieren mantener su forma de vida, ¿qué tendrán que hacer?
2. ¿Cuáles son las ventajas y las desventajas de que un país tenga el mismo presidente por muchos años? ¿Cuántos años puede ejercer sus funciones el presidente de este país? ¿Siempre ha sido así?
3. ¿Puede Ud. citar ejemplos de países que han sido gobernados por dictadores absolutos por muchos años? ¿Es cosa igual si el mismo partido político mantiene el poder por mucho tiempo?
4. ¿Qué papel desempeña la amante de un dictador? ¿Puede aparecer en público con él?
5. Entre los siguientes personajes femeninos de los cuentos de esta antología, ¿cuál(es) podría(n) ser la amante de un dictador, Belisa Crepusculario, Antonia Sierra, Casilda (la mujer del juez), Maurizia Rugieri o Analía Torres? Explique su respuesta en cada caso.

Primer párrafo

Lea el primer párrafo del cuento y conteste las preguntas.

Cinco siglos atrás, cuando los bravos forajidos de España,[1] con sus caballos agotados y las armaduras calientes como brasas por el sol de América, pisaron las tierras de Quinaroa,[2] ya los indios llevaban varios miles de años naciendo y muriendo en el mismo lugar. Los conquistadores anunciaron con heraldos y banderas el descubrimiento de ese nuevo territorio, lo declararon propiedad de un emperador remoto, plantaron la primera cruz y lo bautizaron San Jerónimo, nombre impronunciable en la lengua de los nativos. Los indios observaron esas arrogantes ceremonias un poco sorprendidos, pero ya les habían llegado noticias sobre aquellos barbudos guerreros que recorrían el mundo con su sonajera de hierros y de pólvora, habían oído que a su paso sembraban lamentos y que ningún pueblo conocido había sido capaz de hacerles frente, todos los ejércitos sucumbían ante ese puñado de centauros. Ellos eran una tribu antigua, tan pobre que ni el más emplumado monarca se molestaba en exigirles impuestos, y tan mansos que tampoco los reclutaban para la guerra. Habían existido en

[1]los... los conquistadores españoles
[2]región de Venezuela donde vivían los quinaró, según el cuento

paz desde los albores del tiempo y no estaban dispuestos a cambiar sus hábitos a causa de unos rudos extranjeros. Pronto, sin embargo, percibieron el tamaño del enemigo y comprendieron la inutilidad de ignorarlos, porque su presencia resultaba agobiante, como una gran piedra cargada a la espalda. En los años siguientes, los indios que no murieron en la esclavitud o bajo los diversos suplicios destinados a implantar otros dioses, o víctimas de enfermedades desconocidas, se dispersaron selva adentro y poco a poco perdieron hasta el nombre de su pueblo. Siempre ocultos,³ como sombras entre el follaje, se mantuvieron por siglos hablando en susurros y movilizándose de noche. Llegaron a ser tan diestros en el arte del disimulo, que no los registró la historia y hoy día no hay pruebas de su paso por la vida. Los libros no los mencionan, pero los campesinos de la región dicen que los han escuchado en el bosque y cada vez que empieza a crecerle la barriga a una joven soltera y no pueden señalar al seductor, le atribuyen el niño al espíritu de un indio concupiscente. La gente del lugar se enorgullece de llevar algunas gotas de sangre de aquellos seres invisibles, en medio del torrente mezclado de pirata inglés, de soldado español, de esclavo africano, de aventurero en busca de El Dorado⁴ y después de cuanto inmigrante atinó a llegar por esos lados con su alforja al hombro y la cabeza llena de ilusiones.

1. ¿Cuánto tiempo llevaban los indios en esa región cuando los españoles llegaron a Quinaroa?
2. ¿Qué nombre le dieron los españoles a ese territorio?
3. ¿Qué habían oído decir los indios a los españoles?
4. ¿Cómo era la tribu de Quinaroa?
5. ¿Cómo reaccionaron los indios ante la llegada de los españoles?
6. ¿Por qué no mencionan los libros a estos indios?
7. ¿Qué tierra mítica buscaban algunos aventureros españoles?

Palabras útiles para la comprensión

VERBOS	SUSTANTIVOS	ADJETIVOS
	el suplicio tortura	
	el bosque lugar con muchos árboles	
	la modorra sueño pesado	

³cognado falso; aquí significa *escondidos* o *invisibles*.
⁴**El...** país imaginario de fabulosas riquezas que buscaban los conquistadores españoles

desalmado cruel

ataviado vestido

embrujado objeto de prácticas supersticiosas de brujería

incorpóreo sin cuerpo

la sensibilidad inclinación hacia la compasión

el porte aspecto de una persona, apariencia

acosar perseguir

conmover afectar emocionalmente

la derrota fracaso

esfumarse desaparecer

podrirse corromperse, consumirse

el espejismo ilusión óptica

Práctica

1. ¿Qué palabras de la lista tienen que ver con lo misterioso o lo mágico?
2. ¿Qué palabras pueden sugerir la explotación de los indios?
3. ¿Qué palabras tienen que ver con el carácter de un dictador?
4. ¿Qué palabras tienen que ver con la amante de un dictador?
5. ¿Puede Ud. hacer un breve resumen anticipado del cuento? (Vea los dibujos antes de contestar.) Si su respuesta es negativa, ¿puede Ud. predecir cuáles serán algunos de los acontecimientos principales del cuento?

Lectura: El palacio imaginado

C inco siglos atrás, cuando los bravos forajidos de España,[1] con sus caballos agotados y las armaduras calientes como brasas por el sol de América, pisaron las tierras de Quinaroa,[2] ya los indios llevaban varios miles de años naciendo y muriendo en el mismo lugar. Los
5   conquistadores anunciaron con heraldos y banderas el descubrimiento de ese nuevo territorio, lo declararon propiedad de un emperador remoto, plantaron la primera cruz y lo bautizaron San Jerónimo, nombre impronunciable en la lengua de los nativos. Los indios observaron esas arrogantes ceremonias un poco sorprendidos, pero ya les habían llegado noti-
10   cias sobre aquellos barbudos guerreros que recorrían el mundo con su sonajera de hierros y de pólvora, habían oído que a su paso sembraban lamentos y que ningún pueblo conocido había sido capaz de hacerles frente, todos los ejércitos sucumbían ante ese puñado de centauros. Ellos eran una tribu antigua, tan pobre que ni el más emplumado monarca se
15   molestaba en exigirles impuestos, y tan mansos que tampoco los reclutaban para la guerra. Habían existido en paz desde los albores del tiempo y no estaban dispuestos a cambiar sus hábitos a causa de unos rudos extranjeros. Pronto, sin embargo, percibieron el tamaño del enemigo y comprendieron la inutilidad de ignorarlos, porque su presencia resultaba
20   agobiante, como una gran piedra cargada a la espalda. En los años siguientes, los indios que no murieron en la esclavitud o bajo los diversos suplicios destinados a implantar otros dioses, o víctimas de enfermedades desconocidas, se dispersaron selva adentro y poco a poco perdieron hasta el nombre de su pueblo. Siempre ocultos,[3] como som-

[1]**los**. . . los conquistadores españoles
[2]región de Venezuela donde vivían los quinaró, según el cuento
[3]cognado falso; aquí significa *escondidos* o *invisibles*.

25 bras entre el follaje, se mantuvieron por siglos hablando en susurros y
movilizándose de noche. Llegaron a ser tan diestros en el arte del disimulo, que no los registró la historia y hoy día no hay pruebas de su
paso por la vida. Los libros no los mencionan, pero los campesinos de la
región dicen que los han escuchado en el bosque y cada vez que empieza
30 a crecerle la barriga a una joven soltera y no pueden señalar al seductor, le
atribuyen el niño al espíritu de un indio concupiscente. La gente del lugar se enorgullece de llevar algunas gotas de sangre de aquellos seres invisibles, en medio del torrente mezclado de pirata inglés, de soldado español, de esclavo africano, de aventurero en busca de El Dorado[4] y
35 después de cuanto inmigrante atinó a llegar por esos lados con su alforja
al hombro y la cabeza llena de ilusiones.

      Europa consumía más café, cacao[5] y bananas de lo que
podíamos producir, pero toda esa demanda no nos trajo bonanza,
seguimos siendo tan pobres como siempre. La situación dio un vuelco
40 cuando un negro de la costa clavó un pico en el suelo para hacer un pozo
y le saltó un chorro de petróleo a la cara. Hacia el final de la Primera
Guerra Mundial, se había propagado la idea de que éste era un país
próspero, aunque casi todos sus habitantes todavía arrastraban los pies
en el barro. En verdad el oro sólo llenaba las arcas del Benefactor[6] y de su
45 séquito, pero cabía la esperanza de que algún día rebasaría algo para el
pueblo. Se cumplían dos décadas de democracia totalitaria, como llamaba el Presidente Vitalicio[7] a su gobierno, durante los cuales todo
asomo de subversión había sido aplastado, para su mayor gloria. En la
capital se veían síntomas de progreso, coches a motor, cinematógrafos,
50 heladerías, un hipódromo y un teatro donde se presentaban espectáculos
traídos de Nueva York o de París. Cada día atracaban en el puerto dece-
nas de barcos que se llevaban el petróleo y otros que traían novedades,
pero el resto del territorio continuaba sumido en una modorra de siglos.

      Un día la gente de San Jerónimo despertó de la siesta con los
55 tremendos martillazos que presidieron la llegada del ferrocarril. Los

---

[4]El... país imaginario de fabulosas riquezas que buscaban los conquistadores españoles
[5]árbol americano de cuyas semillas se hace el chocolate
[6]Juan Vicente Gómez (1857–1935), presidente de Venezuela: 1908–1915, 1922–1929 y 1931–1935. Su
régimen se caracterizó por un poder absoluto.
[7]presidente hasta la muerte

rieles unirían la capital con ese villorio, escogido por El Benefactor para construir su Palacio de Verano, al estilo de los monarcas europeos, a pesar de que nadie sabía distinguir el verano del invierno; todo el año transcurría en la húmeda y quemante respiración de la naturaleza. La única

60 razón para levantar allí aquella obra monumental era que un naturalista belga afirmó que si el mito del Paraíso Terrenal tenía algún fundamento, debió hallarse en ese lugar, donde el paisaje era de una belleza portentosa. Según sus observaciones, el bosque albergaba más de mil variedades de pájaros multicolores y toda suerte de orquídeas silvestres, desde las

65 *Brassias,* tan grandes como un sombrero, hasta las diminutas *Pleurothallis* visibles sólo bajo una lupa.

La idea del palacio partió de unos constructores italianos, quienes se presentaron ante Su Excelencia con los planos de una abigarrada villa de mármol, un laberinto de innumerables columnas, anchos

70 corredores, escaleras curvas, arcos, bóvedas y capiteles, salones, cocinas, dormitorios y más de treinta baños decorados con llaves de oro y plata. El ferrocarril era la primera etapa de la obra, indispensable para transportar hasta ese apartado rincón del mapa las toneladas de materiales y los cientos de obreros, más los capataces y artesanos traídos de Italia. La

75 faena de levantar aquel rompecabezas duró cuatro años, alteró la flora y la fauna y tuvo un costo tan elevado como todos los barcos de guerra de la flota nacional,[8] pero se pagó puntualmente con el oscuro aceite de la tierra, y el día del aniversario de La Gloriosa Toma del Poder[9] cortaron la cinta que inauguraba el Palacio de Verano. Para esa ocasión la locomo-

80 tora del tren fue decorada con los colores de la bandera y los vagones de carga fueron remplazados por coches de pasajeros forrados en felpa y cuero inglés, donde viajaron los invitados en traje de gala, incluyendo algunos miembros de la más antigua aristocracia, que si bien detestaban a ese andino[10] desalmado que había usurpado el gobierno, no osaron re-

85 chazar su invitación.

El Benefactor era hombre tosco, de costumbres campesinas, se bañaba en agua fría, dormía sobre un petate en el suelo con su pistolón

---

[8]**flota**... fuerza marina

[9]**Toma**... El Benefactor se hizo dictador por un golpe de estado.

[10]proveniente de los Andes. El adjetivo se usa con sentido peyorativo para sugerir cierto antagonismo entre los habitantes de la costa y los de los Andes.

al alcance de la mano y las botas puestas, se alimentaba de carne asada y maíz, sólo bebía agua y café. Su único lujo eran los cigarros de tabaco ne-
90 gro, todos los demás le parecían vicios de degenerados o maricones, incluyendo el alcohol, que miraba con malos ojos y rara vez ofrecía en su mesa. Sin embargo, con el tiempo tuvo que aceptar algunos refinamientos a su alrededor, porque comprendió la necesidad de impresionar a los diplomáticos y otros eminentes visitantes, no fueran ellos a darle en el
95 extranjero fama de bárbaro. No tenía una esposa que influyera en su comportamiento espartano. Consideraba el amor como una debilidad peligrosa, estaba convencido de que todas las mujeres, excepto su propia madre, eran potencialmente perversas y lo más prudente era mantenerlas a cierta distancia. Decía que un hombre dormido en un abrazo amoroso
100 resultaba tan vulnerable como un sietemesino, por lo mismo exigía que sus generales habitaran en los cuarteles, limitando su vida familiar a visitas esporádicas. Ninguna mujer había pasado una noche completa en su cama ni podía vanagloriarse de algo más que un encuentro apresurado, ninguna le dejó huellas perdurables hasta que Marcia Lieberman apare-
105 ció en su destino.

La fiesta de inauguración del Palacio de Verano fue un acontecimiento en los anales del gobierno del Benefactor. Durante dos días y sus noches las orquestas se turnaron para tocar los ritmos de moda y los cocineros prepararon un banquete inacabable. Las mulatas más bellas del
110 Caribe, ataviadas con espléndidos vestidos fabricados para la ocasión, bailaron en los salones con militares que jamás habían participado en batalla alguna, pero tenían el pecho cubierto de medallas. Hubo toda clase de diversiones: cantantes traídos de La Habana y Nueva Orleáns, bailadoras de flamenco, magos, juglares[11] y trapecistas, partidas de
115 naipes y dominó y hasta una cacería de conejos, que los sirvientes sacaron de sus jaulas para echarlos a correr, y que los huéspedes perseguían con galgos de raza, todo lo cual culminó cuando un gracioso mató a escopetazos los cisnes de cuello negro de la laguna. Algunos invitados cayeron rendidos sobre los muebles, borrachos de cumbias[12] y licor,
120 mientras otros se lanzaron vestidos a la piscina o se dispersaron en pare-

[11]personas que por dinero recitan o cantan poemas
[12]baile muy popular en la costa norte de Sudamérica y en toda la región del Caribe

jas por las habitaciones. El Benefactor no quiso conocer los detalles. Después de dar la bienvenida a sus huéspedes con un breve discurso e iniciar el baile del brazo de la dama de mayor jerarquía, había regresado a la capital sin despedirse de nadie. Las fiestas lo ponían de mal humor. Al
125 tercer día el tren hizo el viaje de vuelta llevándose a los comensales extenuados. El Palacio de Verano quedó en estado calamitoso, los baños parecían muladares, las cortinas chorreadas de orines, los muebles despanzurrados y las plantas agónicas en sus maceteros. Los empleados necesitaron una semana para limpiar los restos de aquel huracán.

130 El Palacio no volvió a ser escenario de bacanales. De tarde en tarde El Benefactor se hacía conducir allí para alejarse de las presiones de su cargo, pero su descanso no duraba más de tres o cuatro días por temor a que en su ausencia creciera la conspiración. El gobierno requería de su permanente vigilancia para que el poder no se le escurriera entre las
135 manos. En el enorme edificio sólo quedó el personal encargado de su manutención. Cuando terminó el estrépito de las máquinas de la construcción y del paso del tren, y cuando se acalló el eco de la fiesta inaugural, el paisaje recuperó la calma y de nuevo florecieron las orquídeas y anidaron los pájaros. Los habitantes de San Jerónimo retomaron sus que-
140 haceres habituales y casi lograron olvidar la presencia del Palacio de Verano. Entonces, lentamente, volvieron los indios invisibles a ocupar su territorio.

Las primeras señales fueron tan discretas que nadie les prestó atención: pasos y murmullos, siluetas fugaces entre las columnas, la
145 huella de una mano sobre la clara superficie de una mesa. Poco a poco comenzó a desaparecer la comida de las cocinas y las botellas de las bodegas, por las mañanas algunas camas aparecían revueltas. Los empleados se culpaban unos a otros, pero se abstuvieron de levantar la voz, porque a nadie le convenía que el oficial de guardia tomara el asunto en
150 sus manos. Era imposible vigilar toda la extensión de esa casa; mientras revisaban un cuarto, en el del lado se oían suspiros, pero cuando abrían la puerta sólo encontraban las cortinas temblorosas, como si alguien acabara de pasar a través de ellas. Se corrió el rumor de que el Palacio estaba embrujado y pronto el miedo alcanzó también a los soldados, que
155 dejaron de hacer rondas nocturnas y se limitaron a permanecer inmóviles en sus puestos, oteando el paisaje, aferrados a sus armas. Asustados, los

sirvientes ya no bajaron a los sótanos y por precaución cerraron varios aposentos con llave. Ocupaban la cocina y dormían en un ala del edificio. El resto de la mansión quedó sin vigilancia, en posesión de esos indios
160 incorpóreos, que habían dividido los cuartos con líneas ilusorias y se habían establecido allí como espíritus traviesos. Habían resistido el paso de la historia, adaptándose a los cambios cuando fue inevitable y ocultándose en una dimensión propia cuando fue necesario. En las habitaciones del Palacio encontraron refugio, allí se amaban sin ruido,
165 nacían sin celebraciones y morían sin lágrimas. Aprendieron tan bien todos los vericuetos de ese dédalo de mármol, que podían existir sin inconvenientes en el mismo espacio con los guardias y el personal de servicio sin rozarse jamás, como si pertenecieran a otro tiempo.

El embajador Lieberman desembarcó en el puerto con su esposa y un
170 cargamento de bártulos. Viajaba con sus perros, con todos sus muebles, su biblioteca, su colección de discos de ópera y toda clase de implementos deportivos, incluyendo un bote a vela. Desde que le anunciaron su nueva destinación comenzó a detestar aquel país. Dejaba su puesto de ministro consejero en Viena, impulsado por la ambición de ascender a
175 embajador, aunque fuera en Sudamérica, una tierra estrafalaria que no le inspiraba ni la menor simpatía. En cambio Marcia, su mujer, tomó el asunto con mejor humor. Estaba dispuesta a seguir a su marido en su peregrinaje diplomático, a pesar de que cada día se sentía más alejada de él y de que los asuntos mundanos le interesaban muy poco, porque a su
180 lado disponía de una gran libertad. Bastaba cumplir con ciertos requisitos mínimos de una esposa y el resto del tiempo le pertenecía. En verdad su marido, demasiado ocupado en su trabajo y sus deportes, apenas se daba cuenta de su existencia, sólo la notaba cuando estaba ausente. Para Lieberman su mujer era un complemento indispensable en su carrera, le
185 daba brillo en la vida social y manejaba con eficiencia su complicado tren doméstico.[13] La consideraba una socia leal, pero hasta entonces no había tenido ni la menor inquietud por conocer su sensibilidad. Marcia consultó mapas y una enciclopedia para averiguar pormenores sobre esa le-

[13]**tren**... los numerosos sirvientes que necesitaba Lieberman para vivir de acuerdo con su posición de embajador

jana nación y comenzó a estudiar español. Durante las dos semanas de
190 travesía por el Atlántico leyó los libros del naturalista belga[14] y antes de
conocerla ya estaba enamorada de esa caliente geografía. Era de temperamento retraído, se sentía más feliz cultivando su jardín que en los salones
donde debía acompañar a su marido, y dedujo que en ese país estaría más
libre de las exigencias sociales y podría dedicarse a leer, a pintar y a des-
195 cubrir la naturaleza.

La primera medida de Lieberman fue instalar ventiladores en
todos los cuartos de su residencia. Enseguida presentó credenciales a las
autoridades del gobierno. Cuando El Benefactor lo recibió en su despacho, la pareja había pasado sólo unos días en la ciudad, pero ya el chisme
200 de que la esposa del embajador era muy bella había llegado a oídos del
caudillo.[15] Por protocolo los invitó a una cena, a pesar de que el aire
arrogante y la charlatanería del diplomático le resultaron insoportables.
En la noche señalada, Marcia Lieberman entró al Salón de Recepciones
del brazo de su marido y por primera vez en su larga trayectoria El Bene-
205 factor perdió la respiración ante una mujer. Había visto rostros más her-
mosos y portes más esbeltos, pero nunca tanta gracia. Despertó la

[14]Probablemente se refiera a Aimé Bonpland, botanista que hizo exploraciones geográfico-científicas en
América del Sur junto con Alejandro Von Humboldt, entre los años 1799–1804.
[15]jefe o líder pero casi siempre un dictador, un militar que se ha adueñado del poder

memoria de conquistas pasadas, alborotándole la sangre con un calor que no había sentido en muchos años. Durante esa velada se mantuvo a distancia, observando a la embajadora[16] con disimulo, seducido por la
210 curva del cuello, la sombra de sus ojos, los gestos de las manos, la seriedad de su actitud. Tal vez cruzó por su mente el hecho de que tenía cuarenta y tantos años más que ella y que cualquier escándalo tendría repercusiones insospechadas más allá de sus fronteras, pero eso no logró disuadirlo; por el contrario, agregó un ingrediente irresistible a su na-
215 ciente pasión.

Marcia Lieberman sintió la mirada del hombre pegada a su piel, como una caricia indecente, y se dio cuenta del peligro, pero no tuvo fuerzas para escapar. En un momento pensó pedirle a su marido que se retiraran, pero en vez de ello se quedó sentada deseando que el anciano se
220 le aproximara y al mismo tiempo dispuesta a huir corriendo si él lo hacía. No sabía por qué temblaba. No se hizo ilusiones respecto a él, de lejos podía detallar los signos de la decrepitud, la piel marcada de arrugas y manchas, el cuerpo enjuto, el andar vacilante, pudo imaginar su olor rancio y adivinó que bajo los guantes de cabritilla blanca sus manos eran dos
225 zarpas. Pero los ojos del dictador, nublados por la edad y el ejercicio de tantas crueldades, tenían todavía un fulgor de dominio que la paralizó en su silla.

El Benefactor no sabía cortejar a una mujer, no había tenido hasta entonces necesidad de hacerlo. Eso actuó a su favor, porque si hu-
230 biera acosado a Marcia con galanterías de seductor habría resultado repulsivo y ella habría retrocedido con desprecio. En cambio ella no pudo negarse cuando a los pocos días él apareció ante su puerta, vestido de civil y sin escolta, como un bisabuelo triste, para decirle que hacía diez años que no había tocado a una mujer y ya estaba muerto para las tenta-
235 ciones de ese tipo, pero con todo respeto solicitaba que lo acompañara esa tarde a un lugar privado, donde él pudiera descansar la cabeza en sus rodillas de reina y contarle cómo era el mundo cuando él era todavía un macho bien plantado y ella todavía no había nacido.

—¿Y mi marido? —alcanzó a preguntar Marcia con un soplo
240 de voz.

[16]esposa del embajador. Hoy en día el significado de la palabra podría ser ambiguo, ya que hay mujeres que son embajadoras.

—Su marido no existe, hija. Ahora sólo existimos usted y yo —replicó el Presidente Vitalicio, conduciéndola del brazo hasta su Packard[17] negro.

Marcia no regresó a su casa y antes de un mes el embajador
245 Lieberman partió de vuelta a su país. Había removido piedras en busca de su mujer, negándose al principio a aceptar lo que ya no era ningún secreto, pero cuando las evidencias del rapto fueron imposibles de ignorar, Lieberman pidió una audiencia con el Jefe de Estado y le exigió la devolución de su esposa. El intérprete intentó suavizar sus palabras en la
250 traducción, pero el Presidente captó el tono y aprovechó el pretexto para deshacerse de una vez por todas de ese marido imprudente. Declaró que Lieberman había insultado a la nación al lanzar aquellas disparatadas acusaciones sin ningún fundamento y le ordenó salir de sus fronteras en tres días. Le ofreció la alternativa de hacerlo sin escándalo, para proteger
255 la dignidad de su país, puesto que nadie tenía interés en romper las relaciones diplomáticas y obstruir el libre tráfico de los barcos petroleros. Al final de la entrevista, con una expresión de padre ofendido, agregó que podía entender su ofuscación y que se fuera tranquilo, porque en su ausencia continuaría la búsqueda de la señora. Para probar su buena vo-
260 luntad llamó al Jefe de la Policía y le dio instrucciones delante del embajador. Si en algún momento a Lieberman se le ocurrió rehusarse a partir sin Marcia, un segundo pensamiento lo hizo comprender que se exponía a un tiro en la nuca, de modo que empacó sus pertenencias y salió del país antes del plazo designado.

265 Al Benefactor el amor lo tomó por sorpresa a una edad en que ya no recordaba las impaciencias del corazón. Ese cataclismo remeció sus sentidos y lo colocó de vuelta en la adolescencia, pero no fue suficiente para adormecer su astucia de zorro. Comprendió que se trataba de una pasión senil y fue imposible para él imaginar que Marcia retribuía sus
270 sentimientos. No sabía por qué lo había seguido aquella tarde, pero su razón le indicaba que no era por amor y, como no sabía nada de mujeres, supuso que ella se había dejado seducir por el gusto de la aventura o por la codicia del poder. En realidad a ella la venció la lástima. Cuando el anciano la abrazó ansioso, con los ojos aguados de humillación porque la

---

[17]coche de lujo hecho en los Estados Unidos. El último modelo se fabricó en 1958.

275 virilidad no le respondía como antaño, ella se empecinó con paciencia y
buena voluntad en devolverle el orgullo. Y así, al cabo de varios intentos,
el pobre hombre logró traspasar el umbral y pasear durante breves instantes por los tibios jardines ofrecidos, desplomándose enseguida con el
corazón lleno de espuma.

280 —Quédate conmigo —le pidió El Benefactor apenas logró
sobreponerse al miedo de sucumbir sobre ella.

Y Marcia se quedó porque la conmovió la soledad del viejo
caudillo y porque la alternativa de regresar donde su marido le pareció
menos interesante que el desafío de atravesar el cerco de hierro tras el
285 cual ese hombre había vivido durante casi ochenta años.

El Benefactor mantuvo a Marcia oculta en una de sus
propiedades, donde la visitaba a diario. Nunca se quedó a pasar la noche
con ella. El tiempo juntos transcurría en lentas caricias y conversaciones.
En su titubeante español, ella le contaba de sus viajes y de los libros que
290 leía, él la escuchaba sin comprender mucho, pero complacido con la ca-
dencia de su voz. Otras veces él se refería a su infancia en las tierras secas
de los Andes o a sus tiempos de soldado, pero si ella le formulaba alguna
pregunta, de inmediato se cerraba, observándola de reojo, como un enemigo. Marcia notó esa dureza inconmovible y comprendió que su hábito
295 de desconfianza era mucho más poderoso que la necesidad de abandonarse a la ternura, y al cabo de unas semanas se resignó a su derrota. Al
renunciar a la esperanza de ganarlo para el amor, perdió interés en ese
hombre, y entonces quiso salir de las paredes donde estaba secuestrada,
pero ya era tarde. El Benefactor la necesitaba a su lado porque era lo más
300 cercano a una compañera que había conocido, su marido había vuelto a
Europa y ella carecía de lugar en esta tierra, hasta su nombre comenzaba
a borrarse del recuerdo ajeno. El dictador percibió el cambio en ella y su
recelo aumentó, pero no dejó de amarla por eso. Para consolarla del
encierro al cual estaba condenada para siempre, porque su aparición en la
305 calle confirmaría las acusaciones de Lieberman y se irían al carajo las
relaciones internacionales, le procuró todas aquellas cosas que a ella le
gustaban, música, libros, animales. Marcia pasaba las horas en un mundo
propio, cada día más desprendida de la realidad. Cuando ella dejó de
alentarlo, a él le fue imposible volver a abrazarla y sus citas se con-
310 virtieron en apacibles tardes de chocolate y bizcochos. En su deseo de

agradarla, un día El Benefactor la invitó a conocer el Palacio de Verano, para que viera de cerca el paraíso del naturalista belga, del cual ella tanto había leído.

315 El tren no se había usado desde la fiesta inaugural, diez años antes, y estaba en ruinas, de modo que hicieron el viaje en automóvil, presididos por una caravana de guardias y empleados que partieron con una semana de anticipación llevando todo lo necesario para devolver al Palacio los lujos del primer día. El

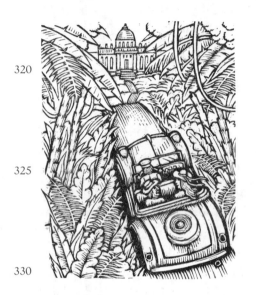

320 camino era apenas un sendero defendido de la vegetación por cuadrillas de presos.[18] En algunos trechos tuvieron que recurrir a los machetes para despejar los helechos

325 y a bueyes para sacar los coches del barro, pero nada de eso disminuyó el entusiasmo de Marcia. Estaba deslumbrada por el paisaje. Soportó el calor húmedo y los mos-

330 quitos como si no los sintiera, atenta a esa naturaleza que parecía envolverla en un abrazo. Tuvo la impresión de que había estado allí antes, tal vez en sueños o en otra existencia, que pertenecía a ese lugar, que hasta entonces había sido una extranjera en el mundo y que todos los pasos da-

335 dos, incluyendo el de dejar la casa de su marido por seguir a un anciano tembleque, habían sido señalados por su instinto con el único propósito de conducirla hasta allí. Antes de ver el Palacio de Verano ya sabía que ésa sería su última residencia. Cuando el edificio apareció finalmente entre el follaje, bordeado de palmeras y refulgiendo al sol, Marcia suspiró aliviada,

340 como un náufrago al ver otra vez su puerto de origen.

A pesar de los frenéticos preparativos para recibirlos, la mansión tenía un aire de encantamiento. Su arquitectura romana, ideada como centro de un parque geométrico y grandiosas avenidas, estaba sumergida en el desorden de una vegetación glotona. El clima tórrido

---

[18]**cuadrillas**... grupos de prisioneros que hacen trabajos forzados para el beneficio público

345 había alterado el color de los materiales, cubriéndolos con una pátina
prematura; de la piscina y de los jardines no quedaba nada visible. Los
galgos de caza habían roto sus correas mucho tiempo atrás y vagaban por
los límites de la propiedad, una jauría hambrienta y feroz que acogió a
los recién llegados con un coro de ladridos. Las aves habían anidado en
350 los capiteles y cubierto de excremento los relieves. Por todos lados había
signos de desorden. El Palacio de Verano se había transformado en una
criatura viviente, abierta a la verde invasión de la selva que lo había en-
vuelto y penetrado. Marcia saltó del automóvil y corrió hacia las grandes
puertas, donde esperaba la escolta agobiada por la canícula. Recorrió una
355 a una todas las habitaciones, los grandes salones decorados con lámparas
de cristal que colgaban de los techos como racimos de estrellas y muebles
franceses en cuyos tapices anidaban las lagartijas, los dormitorios con sus
lechos de baldaquino desteñidos por la intensidad de la luz, los baños
donde el musgo se insinuaba en las junturas de los mármoles. Iba son-
360 riendo, con la actitud de quien recupera algo que le ha sido arrebatado.

Durante los días siguientes El Benefactor vio a Marcia tan
complacida, que algo de vigor volvió a calentar sus gastados huesos y
pudo abrazarla como en los primeros encuentros. Ella lo aceptó dis-
traída. La semana que pensaban pasar allí se prolongó a dos, porque el
365 hombre se sentía muy a gusto. Desapareció el cansancio acumulado en
sus años de sátrapa y se atenuaron varias de sus dolencias de viejo. Paseó
con Marcia por los alrededores, señalándole las múltiples variedades de
orquídeas que trepaban por los troncos o colgaban como uvas de las ramas más altas, las nubes de mariposas blancas que cubrían el suelo y los
370 pájaros de plumas iridiscentes que llenaban el aire con sus voces. Jugó
con ella como un joven amante, le dio de comer en la boca la pulpa deli-
ciosa de los mangos silvestres, la bañó con sus propias manos en infu-
siones de yerbas y la hizo reír con una serenata bajo su ventana. Hacía
años que no se alejaba de la capital, salvo breves viajes en una avioneta a
375 las provincias donde su presencia era requerida para sofocar algún brote
de insurrección y devolver al pueblo la certeza de que su autoridad era
incuestionable. Esas inesperadas vacaciones lo pusieron de muy buen ánimo, la vida le pareció de pronto más amable y tuvo la fantasía de que
junto a esa hermosa mujer podría seguir gobernando eternamente. Una
380 noche lo sorprendió el sueño en los brazos de ella. Despertó en la ma-

drugada aterrado, con la sensación de haberse traicionado a sí mismo. Se levantó sudando, con el corazón al galope, y la observó sobre la cama, blanca odalisca en reposo, con el cabello de cobre cubriéndole la cara. Salió a dar órdenes a su escolta para el regreso a la ciudad. No le sor-
385 prendió que Marcia no diera indicios de acompañarlo. Tal vez en el fondo lo prefirió así, porque comprendió que ella representaba su más peligrosa flaqueza, la única que podría hacerlo olvidar el poder.

El Benefactor partió a la capital sin Marcia. Le dejó media do-cena de soldados para vigilar la propiedad y algunos empleados para su
390 servicio, y le prometió que mantendría el camino en buenas condiciones, para que ella recibiera sus regalos, las provisiones, el correo y algunos periódicos. Aseguró que la visitaría a menudo, tanto como sus obliga-ciones de Jefe de Estado se lo permitieran, pero al despedirse ambos sabían que no volverían a encontrarse. La caravana del Benefactor se
395 perdió tras los helechos y por un momento el silencio rodeó al Palacio de Verano. Marcia se sintió verdaderamente libre por primera vez en su exis-tencia. Se quitó las horquillas que le sujetaban el pelo en un moño y sacudió la cabeza. Los guardias se desabrocharon las chaquetas y se des-pojaron de sus armas, mientras los empleados partían a colgar sus
400 hamacas en los rincones más frescos.

Desde las sombras los indios habían observado a los visitantes durante esas dos semanas. Sin dejarse engañar por la piel clara y el estu-pendo cabello crespo de Marcia Lieberman, la reconocieron como una de ellos, pero no se atrevieron a materializarse en su presencia porque lle-
405 vaban siglos en la clandestinidad. Después de la partida del anciano y su séquito, ellos volvieron sigilosos a ocupar el espacio donde habían exis-tido por generaciones. Marcia intuyó que nunca estaba sola, por donde iba mil ojos la seguían, a su alrededor brotaba un murmullo constante, un aliento tibio, una pulsación rítmica, pero no tuvo temor, por el con-
410 trario, se sintió protegida por duendes amables. Se acostumbró a pe-queñas perturbaciones, uno de sus vestidos desaparecía por varios días y de pronto amanecía en una cesta a los pies de la cama, alguien devoraba su cena poco antes que ella entrara al comedor, se robaban sus acuarelas y sus libros, sobre su mesa aparecían orquídeas recién cortadas, algunas
415 tardes su bañera la esperaba con hojas de yerbabuena flotando en el agua fresca, se escuchaban las notas de los pianos en los salones vacíos, jadeos

de amantes en los armarios, voces de niños en el entretecho. Los empleados no tenían explicación para estos trastornos y muy pronto ella dejó de
hacerles preguntas porque imaginó que ellos también eran parte de esa
420 benevolente conspiración. Una noche esperó agazapada con una linterna
entre las cortinas, y al sentir un golpeteo de pies sobre el mármol encendió la luz. Le pareció ver unas siluetas desnudas, que por un instante
le devolvieron una mirada mansa y enseguida se esfumaron. Los llamó en
español, pero nadie le respondió. Comprendió que necesitaría inmensa
425 paciencia para descubrir esos misterios, pero no le importó, porque tenía
el resto de su vida por delante.

Algunos años después el país fue sacudido con la noticia de que la dictadura había terminado por una causa sorprendente: El Benefactor había
muerto. A pesar de que ya era un anciano reducido sólo a huesos y
430 pellejo y desde hacía meses estaba pudriéndose en su uniforme, en realidad muy pocos imaginaban que ese hombre fuera mortal. Nadie se
acordaba del tiempo anterior a él, llevaba tantas décadas en el poder, que
el pueblo se acostumbró a considerarlo un mal inevitable, como el clima.
Los ecos del funeral demoraron un poco en llegar al Palacio de Verano.
435 Para entonces casi todos los guardias y los sirvientes, cansados de esperar
un relevo que nunca llegó, habían desertado de sus puestos. Marcia
Lieberman escuchó las nuevas sin alterarse. En realidad tuvo que hacer
un esfuerzo por recordar su pasado, lo que había más allá de la selva y a
ese anciano con ojillos de halcón que había trastornado su destino. Se
440 dio cuenta de que con la muerte del tirano desaparecerían las razones
para permanecer oculta, ahora podía regresar a la civilización, donde se-
guramente a nadie le importaba ya el escándalo de su rapto, pero desechó
pronto esa idea, porque no había nada fuera de esa región enmarañada
que le interesara. Su vida transcurría apacible entre los indios, inmersa en
445 esa naturaleza verde, apenas vestida con una túnica, el cabello corto,
adornada con tatuajes y plumas. Era totalmente feliz.

Una generación más tarde, cuando la democracia se había establecido en el país y de la larga historia de dictadores no quedaba sino
un rastro en los libros escolares, alguien se acordó de la villa de mármol
450 y propuso recuperarla para fundar una Academia de Arte. El Congreso
de la República envió una comisión para redactar un informe, pero los

automóviles se perdieron por el camino y cuando por fin llegaron a San Jerónimo, nadie supo decirles dónde estaba el Palacio de Verano. Trataron de seguir los rieles del ferrocarril, pero habían sido arrancados de los durmientes y la vegetación había borrado sus huellas. El Congreso envió entonces un destacamento de exploradores y un par de ingenieros militares que volaron sobre la zona en helicóptero, pero la vegetación era tan espesa que tampoco ellos pudieron dar con el lugar. Los rastros del Palacio se confundieron en la memoria de la gente y en los archivos municipales, la noción de su existencia se convirtió en un chisme de comadres, los informes fueron tragados por la burocracia y como la patria tenía problemas más urgentes, el proyecto de la Academia de Arte fue postergado.

Ahora han construido una carretera que une San Jerónimo con el resto del país. Dicen los viajeros que a veces, después de una tormenta, cuando el aire está húmedo y cargado de electricidad, surge de pronto junto al camino un blanco palacio de mármol, que por breves instantes permanece suspendido a cierta altura, como un espejismo, y luego desaparece sin ruido.

Comprensión

ぇ**ぁ**ゑ**ぁ**ゑ**ぁ**ゑ**ぁ**ゑ**ぁ**ゑ**ぁ**ゑ

Argumento

Indique con un número del 1 al 10 la secuencia de los acontecimientos principales del cuento, según la cronología de la narración.

a. _____ El embajador Lieberman desembarcó en el puerto con su esposa y un cargamento de bártulos.

b. _____ La fiesta de inauguración del Palacio de Verano fue un acontecimiento en el gobierno del Benefactor.

c. _____ Los indios habían observado a los visitantes durante esas dos semanas, y reconocieron a Marcia Lieberman como una de ellos.

d. _____ Dicen los viajeros que a veces surge de pronto, junto al camino, un blanco palacio de mármol.

e. _____ Marcia no regresó a su casa y antes de un mes, el embajador Lieberman partió de vuelta a su país.

f. _____ Los rieles unirían la capital con ese villorio, escogido por El Benefactor para construir su Palacio de Verano.

g. _____ El Benefactor había muerto, y los rastros del Palacio se confundieron en la memoria de la gente.

h. _____ Los habitantes de San Jerónimo retomaron sus quehaceres habituales, y casi lograron olvidar la presencia del Palacio de Verano, y volvieron los indios invisibles.

i. _____ Marcia tuvo la impresión de que había estado allí antes, tal vez en sueños o en otra existencia.

j. _____ Por primera vez, El Benefactor perdió la respiración ante una mujer.

Cuestionario

1. ¿Cuáles son las diferencias entre los indios y los «rudos extranjeros»?
2. ¿Qué recurso natural se descubrió en la región?
3. ¿Qué despertó a los habitantes de San Jerónimo?
4. ¿Por qué fue necesario un ferrocarril?
5. ¿Cómo era El Benefactor?
6. ¿Cómo quedó el Palacio de Verano después de la fiesta de inauguración?
7. ¿Qué sospechaba siempre El Benefactor?
8. ¿Quién era el señor Lieberman?

9. ¿Cómo reaccionó El Benefactor cuando vio a Marcia Lieberman?
10. ¿Qué le respondió El Benefactor a Marcia cuando ésta le recordó que ella tenía marido?
11. ¿Por qué aceptó Marcia al Benefactor?
12. ¿Por qué no fueron al Palacio por tren?
13. ¿Qué sabían Marcia y El Benefactor cuando éste volvió solo a la capital?
14. ¿Cómo se enteraba Marcia de la presencia de los indios?
15. Cuando los miembros de la comisión fueron enviados a buscar el Palacio de Verano, ¿por qué no pudieron encontrarlo?

Modismos

Conteste las siguientes preguntas, utilizando el modismo indicado.

1. **hacerles frente** (línea 12)
   ¿Qué habían oído decir los indios de los españoles?
2. **molestarse en** + *inf.* (línea 15)
   ¿Qué efecto tuvo la pobreza de la tribu sobre los monarcas?
3. **de tarde en tarde** (línea 130)
   ¿Cómo eran las visitas que El Benefactor hacía al Palacio después de la fiesta de inauguración?
4. **convenirle a alguien** (línea 149)
   Cuando empezó a haber señales de una presencia misteriosa en el Palacio, ¿por qué no dijeron nada los oficiales?
5. **correr el rumor** (línea 153)
   ¿Cuál fue el resultado de los eventos misteriosos en el Palacio?
6. **dejarse** + *inf.* + **por** (línea 272)
   El Benefactor no sabía por qué Marcia lo había seguido aquella tarde, pero ¿qué supuso?
7. **regresar donde** (línea 283)
   Para Marcia, ¿cuál era la alternativa de quedarse con el Benefactor?
8. **sentirse (muy) a gusto** (línea 365)
   ¿Por qué decidió El Benefactor quedarse otra semana en el Palacio?
9. **hacer un/el esfuerzo** + **por** + *inf.* (línea 437)
   Cuando Marcia escuchó las nuevas de la muerte del Benefactor, ¿por qué no se alteró?
10. **convertirse en** (línea 460)
    ¿Por qué no se pudo obtener información sobre el Palacio de Verano?

Síntesis: Temas de conversación y de composición

1. ¿Qué imagen de los indios se presenta en este cuento? Comente lo mítico y lo real de esta imagen.
2. ¿Qué ejemplos existen hoy del problema de la lucha entre dos culturas o grupos étnicos? ¿En qué región(es) del mundo es más grave esta situación? Comente las posibles soluciones.
3. Comente el fenómeno de la explotación ecológica en Norteamérica y en América Latina. ¿Qué se puede hacer para ayudar a resolver este problema?
4. ¿Qué piensa Ud. del amor entre las personas de diferentes edades? ¿Puede citar ejemplos parecidos al del Benefactor y Marcia?
5. ¿Cuál es el tema que predomina en este cuento, el de la explotación de los indígenas, el de los abusos de un dictador o el de la fuerza del amor? ¿Puede Ud. mencionar otros?
6. Comente las relaciones entre la historia verdera de una nación y los mitos que llegan a ser parte de la historia popular.
7. Actividades de recapitulación: interpretación dramática de los dibujos (o de otras escenas del cuento) con unos compañeros de clase.

10

De barro estamos hechos

Preparación

Título

1. El título de este cuento recuerda la creación bíblica de Adán, a quien Dios creó del barro. ¿Es posible que la alusión del título sea irónica? Comente el tratamiento del tema religioso en otros cuentos de esta antología y la ironía que podría haber en éste.
2. Si es cierto que estamos hechos de barro, ¿volveremos a ser barro después de morir? ¿Sugiere esto también el título?
3. El título insinúa la fragilidad de la vida, y nos invita a considerar nuestra vida presente y pasada. ¿En qué momentos es más lógico que nos vengan estos pensamientos? ¿Le parece que el título implica esto?
4. El uso del pronombre «nosotros» en el título puede ser significativo. ¿Se refiere a toda la humanidad o sólo a nosotros, los lectores del cuento? Esta dualidad, junto con la profundidad del tema, ¿puede sugerir un diálogo muy íntimo entre la autora y nosotros los lectores? Explique su respuesta.

Temas e ideas

Cambie impresiones con un compañero/una compañera usando el siguiente cuestionario.

1. Cuando hace erupción un volcán, la ceniza, las piedras y la lava volcánica causan mucha destrucción. Otros desastres naturales como incendios e inundaciones también causan grandes daños. ¿Ha presenciado Ud. algún desastre natural? ¿Cuáles fueron sus consecuencias? ¿Fueron los daños irreparables? Comente sus respuestas.

2. ¿Cuál debe ser el papel de los medios de comunicación cuando ocurren desastres naturales? ¿Deben los reporteros limitarse a informar sobre los eventos o deben ayudar en el rescate de las víctimas? ¿Puede y debe el reportero ser completamente objetivo? Por lo general, ¿respetan los reporteros a las víctimas o cree Ud. que son indiferentes ante el dolor ajeno? ¿Cómo participa el lector o televidente en estos reportajes?

3. Eva Luna no ha aparecido como personaje en los cuentos de esta antología. ¿Qué papel ha representado ella? Si apareciera como personaje, ¿en qué cambiarían los cuentos?

4. El amor es uno de los temas principales en los cuentos de esta antología. ¿Cree Ud. que también puede ser el tema de un cuento sobre un desastre natural? ¿Tienen la guerra u otros desastres algún efecto sobre el amor?

5. El feminismo es otro de los temas recurrentes de estos cuentos, y en casi todos el personaje principal es del sexo femenino. Si un cuento presentara la historia de un hombre, ¿podría ser un cuento de tema feminista? Explique.

Primer párrafo

Lea el primer párrafo del cuento y conteste las preguntas.

Descubrieron la cabeza de la niña asomada en el lodazal, con los ojos abiertos, llamando sin voz. Tenía un nombre de Primera Comunión, Azucena.[1] En aquel interminable cementerio, donde el olor de los muertos atraía a los buitres más remotos y donde los llantos de los huérfanos y los lamentos de los heridos llenaban el aire, esa muchacha obstinada en vivir se convirtió en el símbolo de la tragedia. Tanto

---

[1]flor blanca de la familia liliácea, símbolo de castidad. Sugiere la inocencia, pureza o blancura de los niños que hacen su primera comunión. Por eso es una flor asociada con este sacramento en la tradición religiosa católica.

transmitieron las cámaras la visión insoportable de su cabeza brotando
del barro, como una negra calabaza, que nadie se quedó sin conocerla
ni nombrarla. Y siempre que la vimos aparecer en la pantalla, atrás estaba Rolf Carlé, quien llegó al lugar atraído por la noticia, sin
sospechar que allí encontraría un trozo de su pasado, perdido treinta
años atrás.

1. ¿Dónde estaba la niña?
2. ¿Qué llegó a simbolizar Azucena?
3. ¿Cómo la llegó a conocer todo el mundo?
4. ¿Qué iba a encontrar Rolf Carlé en ese lugar?

Segundo párrafo

Lea el segundo párrafo del cuento y conteste las preguntas.

Primero fue un sollozo subterráneo que remeció los campos de algodón, encrespándolos como una espumosa ola. Los geólogos habían instalado sus máquinas de medir con semanas de anticipación y ya sabían
que la montaña había despertado otra vez. Desde hacía mucho pronosti-
caban que el calor de la erupción podría desprender los hielos eternos
de las laderas del volcán, pero nadie hizo caso de esas advertencias,
porque sonaban a cuento de viejas. Los pueblos del valle continuaron su
existencia sordos a los quejidos de la tierra, hasta la noche de ese miércoles de noviembre aciago, cuando un largo rugido anunció el fin del
mundo y las paredes de nieve se desprendieron, rodando en un alud de
barro, piedras y agua que cayó sobre las aldeas, sepultándolas bajo metros insondables de vómito telúrico. Apenas lograron sacudirse la parálisis del primer espanto, los sobrevivientes comprobaron que las casas, las
plazas, las iglesias, las blancas plantaciones de algodón, los sombríos
bosques del café y los potreros de los toros sementales habían desaparecido. Mucho después, cuando llegaron los voluntarios y los soldados a
rescatar a los vivos y sacar la cuenta de la magnitud del cataclismo, calcularon que bajo el lodo había más de veinte mil seres humanos y un
número impreciso de bestias, pudriéndose en un caldo viscoso. También habían sido derrotados los bosques y los ríos y no quedaba a la vista
sino un inmenso desierto de barro.

1. ¿Qué habían pronosticado los geólogos?
2. ¿Qué pasó la noche de ese miércoles de noviembre?
3. ¿Qué comprobaron los sobrevivientes poco después del desastre?
4. ¿Para qué vinieron los voluntarios y los soldados?

Palabras útiles para la comprensión

VERBOS	SUSTANTIVOS	ADJETIVOS
	el lodazal sitio lleno de lodo o barro	
	el sobreviviente persona que sobrevive después de un desastre	
	la pantalla donde aparecen las imágenes cinematográficas o televisadas	
halar atraer con fuerza algo hacia una persona		
	el suplicio sufrimiento intenso y prolongado	
	la bomba máquina para elevar el agua u otro líquido	
	el padecimiento sufrimiento, tormento	
	el rescate acción de salvar a una persona	
esforzarse por tratar de conseguir algo por todos los medios		
	el horno aparato que usaron los nazis para incinerar a las víctimas del Holocausto	
	la horca aparato en el cual se ejecutaba a los condenados a muerte	
	el hedor mal olor, pestilencia	
doler padecer una parte del cuerpo		
rendirse entregarse		

Práctica

1. ¿Qué palabras de la lista tienen que ver con un desastre natural?
2. ¿Qué palabras se relacionan con el rescate?
3. ¿Qué palabra indica el método de comunicar el desastre al público?
4. ¿Qué palabras se refieren a un hecho histórico? ¿En que país ocurrió?
5. ¿Puede Ud. hacer un breve resumen anticipado del cuento? (Vea los dibujos antes de contestar.) Si su respuesta es negativa, ¿puede Ud. predecir cuáles serán algunos de los principales acontecimientos del cuento?

Lectura: De barro estamos hechos

Descubrieron la cabeza de la niña asomada en el lodazal, con los ojos abiertos, llamando sin voz. Tenía un nombre de Primera Comunión, Azucena.[1] En aquel interminable cementerio, donde el olor de los muertos atraía a los buitres más remotos y donde los llan-
5 tos de los huérfanos y los lamentos de los heridos llenaban el aire, esa muchacha obstinada en vivir se convirtió en el símbolo de la tragedia. Tanto transmitieron las cámaras la visión insoportable de su cabeza brotando del barro, como una negra calabaza, que nadie se quedó sin conocerla ni nombrarla. Y siempre que la vimos aparecer en la pantalla,
10 atrás estaba Rolf Carlé, quien llegó al lugar atraído por la noticia, sin sospechar que allí encontraría un trozo de su pasado, perdido treinta años atrás.

Primero fue un sollozo subterráneo que remeció los cam-
15 pos de algodón, encrespándolos como una espumosa ola. Los geó- logos habían instalado sus máquinas de medir con semanas de anticipación y ya sabían que la
20 montaña había despertado otra vez. Desde hacía mucho pronosti- caban que el calor de la erupción podía desprender los hielos eter- nos de las laderas del volcán, pero

[1] flor blanca de la familia liliácea, símbolo de la castidad. Sugiere la inocencia, pureza o blancura de los niños que hacen su primera comunión. Por eso es una flor asociada con este sacramento en la tradición reli- giosa católica.

25 nadie hizo caso de esas advertencias, porque sonaban a cuento de viejas.
Los pueblos del valle continuaron su existencia sordos a los quejidos de
la tierra, hasta la noche de ese miércoles de noviembre aciago, cuando un
largo rugido anunció el fin del mundo y las paredes de nieve se desprendieron, rodando en un alud de barro, piedras y agua que cayó sobre
30 las aldeas, sepultándolas bajo metros insondables de vómito telúrico.
Apenas lograron sacudirse la parálisis del primer espanto, los sobrevivientes comprobaron que las casas, las plazas, las iglesias, las blancas
plantaciones de algodón, los sombríos bosques del café y los potreros de
los toros sementales habían desaparecido. Mucho después, cuando lle-
35 garon los voluntarios y los soldados a rescatar a los vivos y sacar la
cuenta de la magnitud del cataclismo, calcularon que bajo el lodo había
más de veinte mil seres humanos y un número impreciso de bestias, pudriéndose en un caldo viscoso. También habían sido derrotados los
bosques y los ríos y no quedaba a la vista sino un inmenso desierto de
40 barro.

Cuando llamaron del Canal en la madrugada, Rolf Carlé y yo
estábamos juntos. Salí de la cama aturdida de sueño y partí a preparar
café mientras él se vestía de prisa. Colocó sus elementos de trabajo en la
bolsa de lona verde que siempre llevaba, y nos despedimos como tantas
45 otras veces. No tuve ningún presentimiento. Me quedé en la cocina sorbiendo mi café y planeando las horas sin él, segura de que al día siguiente
estaría de regreso.

Fue de los primeros en llegar, porque mientras otros periodistas se acercaban a los bordes del pantano en jeeps, en bicicletas, a pie,
50 abriéndose camino cada uno como mejor pudo, él contaba con el helicóptero de la televisión y pudo volar por encima del alud. En las pantallas aparecieron las escenas captadas por la cámara de su asistente,
donde él se veía sumergido hasta las rodillas, con un micrófono en la
mano, en medio de un alboroto de niños perdidos, de mutilados, de
55 cadáveres y de ruinas. El relato nos llegó con su voz tranquila. Durante
años lo había visto en los noticiarios, escarbando en batallas y catástro-
fes, sin que nada le detuviera, con una perseverancia temeraria, y siempre
me asombró su actitud de calma ante el peligro y el sufrimiento, como si
nada lograra sacudir su fortaleza ni desviar su curiosidad. El miedo
60 parecía no rozarlo, pero él me había confesado que no era hombre va-

liente, ni mucho menos. Creo que el lente de la máquina tenía un efecto
extraño en él, como si lo transportara a otro tiempo, desde el cual podría
ver los acontecimientos sin participar realmente en ellos. Al conocerlo
65 más comprendí que esa distancia ficticia lo mantenía a salvo de sus
propias emociones.

Rolf Carlé estuvo desde el principio junto a Azucena. Filmó a
los voluntarios que la descubrieron y a los primeros que intentaron
aproximarse a ella, su cámara enfocaba con insistencia a la niña, su cara
70 morena, sus grandes ojos desolados, la maraña compacta de su pelo. En
ese lugar el fango era denso y había peligro de hundirse al pisar. Le lanzaron una cuerda, que ella no hizo empeño en agarrar, hasta que le gri-
taron que la cogiera, entonces sacó una mano y trató de moverse, pero
enseguida se sumergió más. Rolf soltó su bolsa y el resto de su equipo y
75 avanzó en el pantano, comentando para el micrófono de su ayudante que
hacía frío y que ya comenzaba la pestilencia de los cadáveres.

—¿Cómo te llamas —le preguntó a la muchacha y ella le respondió con su nombre de flor—. No te muevas, Azucena —le ordenó
Rolf Carlé y siguió hablándole sin pensar qué decía, sólo para distraerla,
80 mientras se arrastraba lentamente con el barro hasta la cintura. El aire a
su alrededor parecía tan turbio como el lodo.

Por ese lado no era posible acercarse, así es que retrocedió y fue a dar un rodeo por donde el terreno parecía más firme. Cuando al fin estuvo cerca tomó la cuerda y se la amarró bajo los brazos, para que
85 pudieran izarla. Le sonrió con esa sonrisa suya que le achica los ojos y lo devuelve a la infancia, le dijo que todo iba bien, ya estaba con ella, enseguida la sacarían. Les hizo seña a los otros para que halaran, pero apenas se tensó la cuerda la muchacha gritó. Lo intentaron de nuevo y aparecieron sus hombros y sus brazos, pero no pudieron moverla más, es-
90 taba atascada.

Alguien sugirió que tal vez tenía las piernas comprimidas entre las ruinas de su casa, y ella dijo que no eran sólo escombros, también la sujetaban los cuerpos de sus hermanos, aferrados a ella.

—No te preocupes, vamos a sacarte de aquí —le prometió
95 Rolf. A pesar de las fallas de transmisión, noté que la voz se le quebraba y me sentí tanto más cerca de él por eso. Ella lo miró sin responder.

En las primeras horas Rolf Carlé agotó todos los recursos de su ingenio para rescatarla. Luchó con palos y cuerdas, pero cada tirón era un suplicio intolerable para la prisionera. Se le ocurrió hacer una palanca
100 con unos palos, pero eso no dio resultado y tuvo que abandonar también esa idea. Consiguió un par de soldados que trabajaron con él durante un rato, pero después lo dejaron solo, porque muchas otras víctimas reclamaban ayuda. La muchacha no podía moverse y apenas lograba respirar, pero no parecía desesperada, como si una resignación ancestral le permi-
105 tiera leer su destino. El periodista, en cambio, estaba decidido a arrebatársela a la muerte. Le llevaron un neumático, que colocó bajo los brazos de ella como un salvavidas, y luego atravesó una tabla cerca del hoyo para apoyarse y así alcanzarla mejor. Como era imposible remover los escombros a ciegas, se sumergió un par de veces para explorar ese infierno,
110 pero salió exasperado, cubierto de lodo, escupiendo piedras. Dedujo que se necesitaba una bomba para extraer el agua y envió a solicitarla por radio, pero volvieron con el mensaje de que no había transporte y no podrían enviarla hasta la mañana siguiente.

—¡No podemos esperar tanto! —reclamó Rolf Carlé, pero
115 en aquel zafarrancho nadie se detuvo a compadecerlo. Habrían de pasar todavía muchas horas más antes de que él aceptara que el tiempo se

había estancado y que la realidad había sufrido una distorsión irremediable.

Un médico militar se acercó a examinar a la niña y afirmó que
120 su corazón funcionaba bien y que si no se enfriaba demasiado podría resistir esa noche.

—Ten paciencia, Azucena, mañana traerán la bomba —trató
de consolarla Rolf Carlé.

—No me dejes sola —le pidió ella.
125 —No, claro que no.

Les llevaron café y él se lo dio a la muchacha, sorbo a sorbo. El
líquido caliente la animó y empezó a hablar de su pequeña vida, de su familia y de la escuela, de cómo era ese pedazo de mundo antes de que
reventara el volcán. Tenía trece años y nunca había salido de los límites
130 de su aldea. El periodista, sostenido por un optimismo prematuro, se
convenció de que todo terminaría bien, llegaría la bomba, extraerían el
agua, quitarían los escombros y Azucena sería trasladada en helicóptero a
un hospital, donde se repondría con rapidez y donde él podría visitarla
llevándole regalos. Pensó que ya no tenía edad para muñecas y no supo
135 qué le gustaría, tal vez un vestido. No entiendo mucho de mujeres, concluyó divertido, calculando que había tenido muchas en su vida, pero
ninguna le había enseñado esos detalles. Para engañar las horas comenzó
a contarle sus viajes y sus aventuras de cazador de noticias, y cuando se le
agotaron los recuerdos echó mano de la imaginación para inventar
140 cualquier cosa que pudiera distraerla. En algunos momentos ella dormitaba, pero él seguía hablándole en la oscuridad, para demostrarle que
no se había ido y para vencer el acoso de la incertidumbre. Ésa fue una
larga noche.

145 A muchas millas de allí, yo observaba en una pantalla a Rolf Carlé y a la
muchacha. No resistí la espera en la casa y me fui a la Televisora Nacional, donde muchas veces pasé noches enteras con él editando programas. Así estuve cerca suyo y pude asomarme a lo que vivió en esos tres
días definitivos. Acudí a cuanta gente importante existe en la ciudad, a
150 los senadores de la República, a los generales de las Fuerzas Armadas, al
embajador norteamericano y al presidente de la Compañía de Petróleos,

rogándoles por una bomba para extraer el barro, pero sólo obtuve vagas promesas. Empecé a pedirla con urgencia por radio y televisión, a ver si alguien podía ayudarnos. Entre llamadas corría al centro de recepción
155 para no perder las imágenes del satélite, que llegaban a cada rato con nuevos detalles de la catástrofe. Mientras los periodistas seleccionaban las escenas de más impacto para el noticiario, yo buscaba aquellas donde aparecía el pozo de Azucena. La pantalla reducía el desastre a un solo plano y acentuaba la tremenda distancia que me separaba de Rolf Carlé,
160 sin embargo yo estaba con él, cada padecimiento de la niña me dolía como a él, sentía su misma frustración, su misma impotencia. Ante la imposibilidad de comunicarme con él, se me ocurrió el recurso fantástico de concentrarme para alcanzarlo con la fuerza del pensamiento y así darle ánimo. Por momentos me aturdía en una frenética e inútil activi-
165 dad, a ratos me agobiaba la lástima y me echaba a llorar, y otras veces me vencía el cansancio y creía estar mirando por un telescopio la luz de una estrella muerta hace un millón de años.

En el primer noticiario de la mañana vi aquel infierno, donde flotaban cadáveres de hombres y animales arrastrados por las aguas de
170 nuevos ríos, formados en una sola noche por la nieve derretida. Del lodo sobresalían las copas de algunos árboles y el campanario de una iglesia, donde varias personas habían encontrado refugio y esperaban con paciencia a los equipos de rescate. Centenares de soldados y de voluntarios de la Defensa Civil intentaban remover escombros en busca de los sobre-
175 vivientes, mientras largas filas de espectros en harapos esperaban su turno para un tazón de caldo. Las cadenas de radio informaron que sus teléfonos estaban congestionados por las llamadas de familias que ofrecían albergue a los niños huérfanos. Escaseaban el agua para beber, la gasolina y los alimentos. Los médicos, resignados a amputar miembros[2] sin
180 anestesia, reclamaban al menos sueros, analgésicos y antibióticos, pero la mayor parte de los caminos estaban interrumpidos y además la burocracia retardaba todo. Entretanto el barro contaminado por los cadáveres en descomposición, amenazaba de peste a los vivos.

Azucena temblaba apoyada en el neumático que la sostenía so-
185 bre la superficie. La inmovilidad y la tensión la habían debilitado mucho,

---

[2]cognado falso; significa las extremidades del ser humano, como los brazos o las piernas.

pero se mantenía consciente y todavía hablaba con voz perceptible cuando le acercaban un micrófono. Su tono era humilde, como si estuviera pidiendo perdón por causar tantas molestias. Rolf Carlé tenía la barba crecida y sombras oscuras bajo los ojos; se veía agotado. Aun a esa
190 enorme distancia pude percibir la calidad de ese cansancio, diferente a todas las fatigas anteriores de su vida. Había olvidado por completo la cámara, ya no podía mirar a la niña a través de un lente. Las imágenes que nos llegaban no eran de su asistente, sino de otros periodistas que se habían adueñado de Azucena, atribuyéndole la patética responsabilidad
195 de encarnar el horror de lo ocurrido en ese lugar. Desde el amanecer Rolf se esforzó de nuevo por mover los obstáculos que retenían a la muchacha en esa tumba, pero disponía sólo de sus manos, no se atrevía a utilizar una herramienta, porque podía herirla. Le dio a Azucena la taza de papilla de maíz y plátano que distribuía el Ejército, pero ella la vomitó de
200 inmediato. Acudió un médico y comprobó que estaba afiebrada, pero dijo que no se podía hacer mucho, los antibióticos estaban reservados para los casos de gangrena. También se acercó un sacerdote a bendecirla y colgarle al cuello una medalla de la Virgen. En la tarde empezó a caer una llovizna suave, persistente.
205   —El cielo está llorando —murmuró Azucena y se puso a llorar también.

       —No te asustes —le suplicó Rolf—. Tienes que reservar tus fuerzas y mantenerte tranquila, todo saldrá bien, yo estoy contigo y te voy a sacar de aquí de alguna manera.
210   Volvieron los periodistas para fotografiarla y preguntarle las mismas cosas que ella ya no intentaba responder. Entretanto llegaban más equipos de televisión y cine, rollos de cables, cintas, películas, videos, lentes de precisión, grabadoras, consolas de sonido, luces, pantallas de reflejo, baterías y motores, cajas con repuestos, electricistas, técnicos de
215 sonido y camarógrafos, que enviaron el rostro de Azucena a millones de pantallas de todo el mundo. Y Rolf Carlé continuaba clamando por una bomba. El despliegue de recursos dio resultados y en la Televisora Nacional empezamos a recibir imágenes más claras y sonidos más nítidos, la distancia pareció acortarse de súbito y tuve la sensación atroz de que
220 Azucena y Rolf se encontraban a mi lado, separados de mí por un vidrio irreductible. Pude seguir los acontecimientos hora a hora, supe cuánto

hizo mi amigo por arrancar a la niña de su prisión y para ayudarla a soportar su calvario,[3] escuché fragmentos de lo que hablaron y el resto pude adivinarlo, estuve presente cuando ella le enseñó a Rolf a rezar y
225 cuando él la distrajo con los cuentos que yo le conté en mil y una noches bajo el mosquitero blanco de nuestra cama.

Al caer la oscuridad del segundo día él procuró hacerla dormir con las viejas canciones de Austria aprendidas de su madre, pero ella estaba más allá del sueño. Pasaron gran parte de la noche hablando, los dos exte-
230 nuados, hambrientos, sacudidos por el frío. Y entonces, poco a poco, se derribaron las firmes compuertas que retuvieron el pasado de Rolf Carlé durante muchos años, y el torrente de cuanto había ocultado en las capas más profundas y secretas de la memoria salió por fin, arrastrando a su paso los obstáculos que por tanto tiempo habían bloqueado su conciencia. No
235 todo pudo decírselo a Azucena, ella tal vez no sabía que había mundo más allá del mar ni tiempo anterior al suyo, era incapaz de imaginar Europa en la época de la guerra, así es que no le contó de la derrota, ni de la tarde en que los rusos lo llevaron al campo de concentración para enterrar a los prisioneros muertos de hambre. ¿Para qué explicarle que los cuerpos
240 desnudos, apilados como una montaña de leños, parecían de loza quebradiza? ¿Cómo hablarle de los hornos y las horcas a esa niña moribunda? Tampoco mencionó la noche en que vio a su madre desnuda, calzada con zapatos rojos de tacones de estilete, llorando de humillación. Muchas cosas se calló, pero en esas horas revivió por primera vez todo aquello que
245 su mente había intentado borrar. Azucena le hizo entrega de su miedo y así, sin quererlo, obligó a Rolf a encontrarse con el suyo. Allí, junto a ese pozo maldito, a Rolf le fue imposible seguir huyendo de sí mismo y el terror visceral que marcó su infancia lo asaltó por sorpresa. Retrocedió a la edad de Azucena y más atrás, y se encontró como ella atrapado en un pozo
250 sin salida, enterrado en vida, la cabeza a ras de suelo, vio junto a su cara las botas y las piernas de su padre, quien se había quitado la correa de la cintura y la agitaba en el aire con un silbido inolvidable de víbora furiosa. El dolor lo invadió, intacto y preciso, como siempre estuvo agazapado en su mente. Volvió al armario donde su padre lo ponía bajo llave para castigarlo

---

[3]lugar donde fue crucificado Jesucristo. Metafóricamente, significa las etapas dolorosas de un sufrimiento intenso.

255 por faltas imaginarias y allí estuvo horas eternas con los ojos cerrados para no ver la oscuridad, los oídos tapados con las manos para no oír los latidos de su propio corazón, temblando, encogido como un animal. En la neblina de los recuerdos encontró a su hermana Katharina, una dulce criatura retardada que pasó la existencia escondida con la esperanza de que el padre

260 olvidara la desgracia de su nacimiento. Se arrastró junto a ella bajo la mesa del comedor y allí ocultos tras un largo mantel blanco, los dos niños permanecieron abrazados, atentos a los pasos y a las voces. El olor de Katharina le llegó mezclado con el de su propio sudor, con los aromas de la cocina, ajo, sopa, pan recién horneado y con un hedor extraño de barro

265 podrido. La mano de su hermana en la suya, su jadeo asustado, el roce de su cabello salvaje en las mejillas, la expresión cándida de su mirada. Katharina, Katharina. . . surgió ante él flotando como una bandera, envuelta en el mantel blanco convertido en mortaja, y pudo por fin llorar su muerte y la culpa de haberla abandonado. Comprendió entonces que sus hazañas de

270 periodista, aquellas que tantos reconocimientos y tanta fama le habían dado, eran sólo un intento de mantener bajo control su miedo más antiguo, mediante la treta de refugiarse detrás de un lente a ver si así la realidad le resultaba más tolerable. Enfrentaba riesgos desmesurados como ejercicio de coraje, entrenándose de día para vencer los monstruos que lo

275 atormentaban de noche. Pero había llegado el instante de la verdad y ya no pudo seguir escapando de su pasado. Él era Azucena, estaba enterrado en el barro, su terror no era la emoción remota de una infancia casi olvidada, era una garra en la garganta. En el sofoco del llanto se le apareció su madre, vestida de gris y con su cartera de piel de cocodrilo apretada contra el

280 regazo, tal como la viera por última vez en el muelle, cuando fue a despedirlo al barco en el cual él se embarcó para América. No venía a secarle las lágrimas, sino a decirle que cogiera una pala, porque la guerra había terminado y ahora debían enterrar a los muertos.

    —No llores. Ya no me duele nada, estoy bien —le dijo Azu-
285 cena al amanecer.

    —No lloro por ti, lloro por mí, que me duele todo —sonrió Rolf Carlé.

En el valle del cataclismo comenzó el tercer día con una luz pálida entre nubarrones. El Presidente de la República se trasladó a la zona y apare-

290 ció en traje de campaña para confirmar que era la peor desgracia de este
siglo, el país estaba de duelo, las naciones hermanas habían ofrecido
ayuda, se ordenaba estado de sitio, las Fuerzas Armadas serían in-
clementes, fusilarían sin trámites a quien fuera sorprendido robando o
cometiendo otras fechorías. Agregó que era imposible sacar todos los
295 cadáveres ni dar cuenta de los millares de desaparecidos, de modo que el
valle completo se declaraba camposanto y los obispos vendrían a celebrar
una misa solemne por las almas de las víctimas. Se dirigió a las carpas del
Ejército, donde se amontonaban los rescatados, para entregarles el alivio
de promesas inciertas, y al improvisado hospital, para dar una palabra de
300 aliento a los médicos y enfermeras, agotados por tantas horas de
penurias. Enseguida se hizo conducir al lugar donde estaba Azucena,
quien para entonces ya era célebre, porque su imagen había dado la vuelta
al planeta. La saludó con su lánguida mano de estadista y los micrófonos
registraron su voz conmovida y su acento paternal, cuando le dijo que su
305 valor era un ejemplo para la patria. Rolf Carlé lo interrumpió para
pedirle una bomba y él le aseguró que se ocuparía del asunto en persona.
Alcancé a ver a Rolf por unos instantes, en cuclillas junto al pozo. En el
noticiario de la tarde se encontraba en la misma postura; y yo, asomada a
la pantalla como una adivina ante su bola de cristal, percibí que algo fun-
310 damental había cambiado en él, adiviné que durante la noche se habían
desmoronado sus defensas y se había entregado al dolor, por fin vulnerable. Esa niña tocó una parte de su
alma a la cual él mismo no había
tenido acceso y que jamás compar-
tió conmigo. Rolf quiso consolarla
y fue Azucena quien le dio consuelo a él.

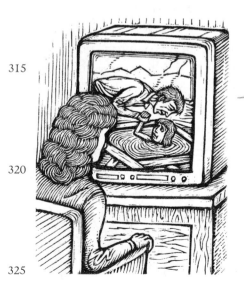

315

320

Me di cuenta del mo-
mento preciso en que Rolf dejó de
luchar y se abandonó al tormento
de vigilar la agonía de la muchacha.
Yo estuve con ellos, tres días y dos
noches, espiándolos al otro lado de
la vida. Me encontraba allí cuando
325 ella le dijo que en sus trece años

nunca un muchacho la había querido y que era una lástima irse de este mundo sin conocer el amor, y él le aseguró que la amaba más de lo que jamás podría amar a nadie, más que a su madre y a su hermana, más que a todas las mujeres que habían dormido en sus brazos, más que a mí, su

330 compañera, que daría cualquier cosa por estar atrapado en ese pozo en su lugar, que cambiaría su vida por la de ella, y vi cuando se inclinó sobre su pobre cabeza y la besó en la frente, agobiado por un sentimiento dulce y triste que no sabía nombrar. Sentí cómo en ese instante se salvaron ambos de la desesperanza, se desprendieron del lodo, se elevaron por encima

335 de los buitres y de los helicópteros, volaron juntos sobre ese vasto pantano de podredumbre y lamentos. Y finalmente pudieron aceptar la muerte. Rolf Carlé rezó en silencio para que ella se muriera pronto, porque ya no era posible soportar tanto dolor.

Para entonces yo había conseguido una bomba y estaba en

340 contacto con un General dispuesto a enviarla en la madrugada del día siguiente en un avión militar. Pero al anochecer de ese tercer día, bajo las implacables lámparas de cuarzo y los lentes de cien máquinas, Azucena se rindió, sus ojos perdidos en los de ese amigo que la había sostenido hasta el final. Rolf Carlé le quitó el salvavidas, le cerró los párpados,[4] la

345 retuvo apretada contra su pecho por unos minutos y después la soltó. Ella se hundió lentamente, una flor en el barro.

Estás de vuelta conmigo, pero ya no eres el mismo hombre. A menudo te acompaño al Canal y vemos de nuevo los videos de Azucena, los estudias con atención buscando algo que pudiste haber hecho para salvarla y no se

350 te ocurrió a tiempo. O tal vez los examinas para verte como en un espejo, desnudo. Tus cámaras están abandonadas en un armario, no escribes ni cantas, te quedas durante horas sentado ante la ventana mirando las montañas. A tu lado, yo espero que completes el viaje hacia el interior de ti mismo y te cures de las viejas heridas. Sé que cuando regreses de tus

355 pesadillas caminaremos otra vez de la mano, como antes.

[4]Véase la nota número 10 de «La mujer del juez».

Comprensión

¿☙¿☙¿☙¿☙¿☙¿☙¿☙

Argumento

Indique con un número del 1 al 10 la secuencia de los principales acontecimientos del cuento, según la cronología de la narración.

a. _____ Un largo rugido anunció el fin del mundo.

b. _____ Para engañar las horas, Rolf comenzó a contarle sus viajes y
sus aventuras de cazador de noticias.

c. _____ Rolf Carlé fue de los primeros en llegar porque contaba con
el helicóptero.

d. _____ En las primeras horas, Rolf Carlé agotó todos los recursos
para rescatarla.

e. _____ Estuve presente cuando ella le enseñó a Rolf a rezar y cuando
él la distrajo con los cuentos.

f. _____ Azucena se rindió. Rolf Carlé le quitó el salvavidas y le cerró
los párpados.

g. _____ Cuando Rolf al fin estuvo cerca, tomó la cuerda y amarró a la
niña bajo los brazos para que pudieran izarla.

h. _____ A muchas millas de allí, yo observaba en una pantalla a Rolf
Carlé y a la muchacha.

i. _____ A tu lado, yo espero que completes el viaje hacia el interior
de ti mismo y te cures de las viejas heridas.

j. _____ Rolf comprendió entonces que sus hazañas de periodista
eran sólo un intento de mantener bajo control su miedo más
antiguo.

Cuestionario

1. ¿Qué llegó a simbolizar Azucena?
2. ¿Qué hicieron Rolf y Eva después de recibir la llamada del Canal?
3. ¿Por qué llegó Rolf al lugar antes que los demás?
4. ¿Qué efecto tenía sobre Rolf el lente de la cámara?
5. Describa lo que hizo Rolf para rescatar a Azucena.
6. ¿Por qué no pudieron sacar a Azucena del pozo?
7. ¿Qué hacía Eva mientras Rolf trataba de rescatar a la niña?
8. ¿Qué efecto tenían sobre Eva las imágenes televisadas de Azucena?
9. Describa las circunstancias del desastre del segundo día.
10. ¿Cómo se notó en Rolf el efecto de sus esfuerzos para rescatar a la
niña?

11. Cuando Rolf y Azucena empezaron a hablar durante la segunda noche, ¿qué le pasó a él?
12. Describa los recuerdos que atormentaban a Rolf.
13. ¿Quién era Katharina? ¿Por qué se escondían Rolf y ella bajo la mesa del comedor?
14. ¿Quién llegó el tercer día? ¿Llegó para ayudar a Azucena?
15. Describa el cambio en las relaciones entre Rolf y Azucena hacia el final del cuento.
16. ¿Cómo está Rolf cuando regresa? ¿Cómo reacciona Eva Luna?

Modismos

Conteste las siguientes preguntas, utilizando el modismo indicado.

1. **desde hacía mucho** (línea 21)
   ¿Ya sabían los geólogos que el volcán iba a hacer erupción otra vez? Explique.
2. **hacer caso de** (línea 25)
   ¿Cómo era la actitud de la gente hacia los pronósticos de los geólogos?
3. **a salvo** (línea 65)
   ¿Qué efecto tenía en Rolf el lente de la cámara?
4. **quebrársele la voz** (línea 95)
   Cuando Rolf le prometió a Azucena que la sacaría del pozo, ¿cómo se dio cuenta Eva de que él estaba muy conmovido?
5. **engañar las horas** (línea 137)
   ¿Por qué comenzó Rolf a contarle a Azucena sus viajes?
6. **echar mano de** (línea 139)
   ¿Qué tuvo que hacer Rolf para distraer a Azucena cuando se le agotaron los recuerdos?
7. **esforzarse por** + *inf.* (línea 190)
   ¿Hizo Rolf un nuevo intento de sacar a Azucena el segundo día? Explique.
8. **dar la vuelta a** (línea 302)
   ¿Por qué era célebre Azucena?
9. **estar de vuelta** (línea 347)
   Al final del cuento, ¿dónde está Rolf?

Síntesis: Temas de conversación y de composición

1. ¿Quién es el personaje principal de este cuento, Eva Luna, Azucena o Rolf Carlé?
2. Comente el simbolismo religioso del cuento.
3. ¿Qué significa el título? ¿Qué tiene de irónico? ¿Se relaciona tanto con Rolf como con Azucena?
4. Comente los temas políticos y sociales del cuento. ¿Cómo se relacionan con otros temas?
5. Comente el tema del amor en el cuento. ¿Cómo se contrasta con las manifestaciones de este tema en otros cuentos? ¿Se sugiere un triángulo amoroso? ¿Cómo es ese triángulo?
6. Escoja entre los diez cuentos de esta antología el que para Ud. . . .
   a. muestre mejor el tema del feminismo.
   b. presente la mejor imagen del hombre.
   c. interprete el tema del amor con más profundidad.
   d. presente más valores universales.
7. Actividades de recapitulación: interpretación dramática de los dibujos (o de otras escenas del cuento) con unos compañeros de clase.

$\mathcal{V}$ocabulario

This Spanish-English Vocabulary contains only the words in the text that may not be familiar to the average fourth-semester Spanish student. Only the meanings used in the text are given.

Modismos are cross-listed under each of their main terms.

The gender of nouns is only indicated to avoid confusion, such as for feminine nouns beginning with a stressed (h)a or ending in -o, masculine nouns ending in -a, or where the gender is not obvious by the vowel ending.

The ñ is listed as a separate letter and considered as such in alphabetizing, so that **no** would come before **ña.** All other alphabetizing is as in English. In accordance with the April 1994 decision of the Spanish language academies, the **ch** and **ll** are no longer considered separate letters.

The following abbreviations are used:

adj.	adjective	*obj.*	object
f.	feminine	*pl.*	plural
indir. obj.	indirect object	*prep.*	preposition
inf.	infinitive	*sing.*	singular
m.	masculine		

abajo down; **barranco abajo** downhill

abandonarse to give oneself to

abanicarse to fan oneself

abanico fan

abierto open; **abierto en canal** slit open

abigarrado multicolored

abigarrar to paint in various colors

ablandar to soften

abordar to come across

abrazar to embrace

abrumado loaded; **un árbol abrumado de fruta** a tree (over)loaded with fruit

abrumar to overwhelm

abrupto rugged

abstenerse to refrain

aburrimiento boredom

aburrir to bore

acabado finished *(too old)*

acabar to finish; **acabar con** to put an end to; **acabar de** to have just; **acabar por** to end up; **acabársele algo a alguien** to run out of something

acallarse to be silent

acariciar to caress

acarrear to transport, carry

acechar to wait with precaution

acentuar to accentuate

acero steel

achaque *m.* ailment, infirmity

achicar to make smaller

aciago ill-fated

acierto certainty

acoger to accept

acogida reception, welcome

acomodarse to make oneself comfortable; **acomodarse el peinado** to arrange (run fingers through) one's hair; **acomodarse un mechón** to straighten one's hair

acontecer to happen

acontecimiento happening, event

acosar to pursue

acoso attack

acostumbrar to be in the habit of; **acostumbrarse a** to get accustumed to

acre *m.* acrid

acuarela water color

acudir to attend; to show up *(for an appointment);* to appeal to; to respond to a call

acuerdo agreement; **ponerse de acuerdo** to come to an agreement

acurrucarse to crouch, huddle

adentro inside

adiestrar to train

adivinar to guess

adormecer to make to sleep

adueñarse to take possession of

advertir to advise

afecto love, affection; **obtener el afecto de las gentes** win the hearts of the people

aferrado clinging

aferrar to grasp

aferrarse to cling to

afiche *m.* poster

afiebrado feverish

afilar to file, sharpen

afuerino outsider

agarrar to clutch

agazapado concealed

agazapar(se) to crouch down

agobiado burdened; exhausted

agobiante unbearable

agobiar to overwhelm, oppress; to wear out

agotado exhausted; worn out

agotar to exhaust, wear down

agradar to please

agrandarse to enlarge

agregar to add; to add on *(a room)*

agreste rough

aguado watery

aguantar to tolerate

aguar to water

aguardar to save; to wait

aguardiente *m.* brandy, rum or other liquor *(See also Note 31, "Un discreto milagro".)*

agudizarse to intensify

aguerrir to harden, to inure

aguja needle

ahorcado hanged

ahorcarse to hang oneself

ahorros *pl.* savings

ajeno not belonging to, someone else's; oblivious (to); **ojos ajenos** other people's eyes; **terreno ajeno** property belonging to someone else

ala (*but* **el ala**) wing

alarde *m.* bragging

alardear to brag

alarido shriek

albañil *m.* stonemason

albergar to shelter

albergue *m.* shelter

albor *m.* dawn

alborotar to cause a fuss, to stir up

alboroto disturbance

alborozado elated

alcanzar to reach; **alcanzar** + *indir. obj.* + *obj.* to have sufficient *(amount of something)*

aldea village

alegar to contend

alejado distanced

alejarse to go away

alelado bewitched

alelar to stupefy, bewilder

alentar to encourage

alfiler *m.* needle

alfombra carpet

alforja sack

algazara show of pride; sounds of people talking and laughing

algodón *m.* cotton

algún some; **en algún resquicio** (hidden) in some part *(of someone)*

aliento breath; **palabra de aliento** word of encouragement

alimentar to feed; **alimentarse** to feed on

alistar to ready

allá over there; **el más allá** the hereafter

allanar to raid, force entry

alma *(but* **el alma)** soul

almacén *m.* grocery store

almohada pillow

alrededor surrounding

alrededores *m. pl.* surroundings, outskirts

altanería aggressiveness, haughtiness

altibajos *m. pl.* ups and down

altoparlante *m.* loudspeaker

alucinante fascinating

alud *m.* avalanche

alzarse to rise

amanecer to wake up; to appear *(early in the morning);* to awaken to

amaño caprice, desire

amarrar to tie

amasar to knead, prepare; to caress

ambiente *m.* atmosphere, scene

amenaza threat

amenazar to threaten

amilanar intimidate

amonestación *f.* admonition, reprimand

amordazar to gag

amotinado mutinied

amotinar to mutiny

amparar to protect, shelter, aid

anacoreta *m., f.* anchorite, hermit

anacrónico anachronistic, out of place *(in time)*

analfabeto illiterate

anca rump; **trepar al anca** to mount a horse behind the rider

anclar to anchor

andanzas: volver a las andanzas to be up to one's old tricks

andar to walk; **andar con ánimo para** to be in the mood for; **andar suelto** to be on the loose; **a poco andar** after a brief walk; **echar a andar** to start to walk

andas *f.:* **en andas** on a stretcher

andino Andean *(See also Note 10, "El palacio imaginado".)*

angarilla stretcher

angosto narrow

anidar to make a nest

animal *m.* animal; **animal de tiro** draft animal; **dolor animal** severe anguish

animar to give life to

ánimo spirit, humor; **andar con ánimo para** to be in the mood for

animoso enthusiastic, lively

antena antenna

antes before; **antes de** + *inf.* before *(doing something)*

antigüedad *f.* antique

antro den

anudar to tie in knots

anular to nullify

añejo old

apabullado crushed

apabullar to crush

apalear to beat, thrash

aparatoso showy

aparatosidad *f.* showiness

apilado piled up

apilar to pile up

aplomo poise

apoderarse de to take possession of

apogeo peak, climax

aposento bedroom, lodging

apósito poultice

apostar to bet

apostarse to station oneself

apreciación *f.* evaluation

apresurado hurried

apretar to squeeze; to press down; to hug; **apretar los dientes** clench one's teeth

apretura crowdedness

aprobar to approve

aproximar to approach

apuesta *n.* bet

apuntar to write down; to point out

apuro difficulty; **estar en un apuro** to be in a jam

árbol *m.* tree; **un árbol abrumado de fruta** a tree (over)loaded with fruit

arbusto bush

arcilla clay

arder to burn

arena sand

arenga harrangue

arepa fried cornmeal cake *(See also Note 8, "El oro de Tomás Vargas".)*

arraigado to be rooted

arraigar to take root

arrancado torn out from

arrancar(se) to tear out from; to take from

arranque *m.* sudden start

arrastrar to drag

arrastrarse to crawl

arrebatado taken away

arrebatar to take away; to take from

arrebato fit

arreglar to arrange

arribar to arrive

arrodillar to kneel

arrogancia *(fierce)* pride

arruga wrinkle

arrullar to lull; to cradle

asegurar to assure

asemejarse (a) to be similar (to)

asidero hold, grasp

asomado sticking out

asomar to rise, appear

asomarse to appear

asombrar to surprise

asombro surprise

asomo hint, touch

áspero harsh

aspirar to breathe

astucia cunning

asustado frightened

asustar to frighten

atado bundle *(luggage)*

atar to tie

atascado stuck

atascar to get stuck; to be caught

ataviado dressed

ataviar to dress

atemorizar to frighten

atención *f.* attention; **prestar atención** to pay attention

atenuar to attenuate, weaken

atenuarse to diminish

atestiguar to attest to

atiborrado stuffed with

atiborrar to stuff with

atinar to succeed

atónito amazed

atorar to stop up, choke up

atracar to dock *(ship)*

atraer to attract

atraído attracted

atraso delay

atravesar to cross; to place across; **colocar atravesado** to place across

atrayente attractive

atreverse to dare

atronar to blare out

atropellado abused

atropellar to bump into

atropello violation, abuse

aturdido bewildered, dazed

aturdir to bewilder, bother

augurar to foretell

aula classroom

aullar to howl

aumentar to grow

austral southern

avanzar to advance; **avanzar a tropezones** to stumble along

avaro miser

avatar transformation

avergonzado to be ashamed of

avergonzar to shame

averiguar to find out

avioneta small plane

ayuno fast

azar *m.* chance, hazard; fate; **al azar** by chance

azaroso hazardous, adventurous

azorado bewildered

azorar to fluster

bacanal *f.* bacchanal, orgy, drunken feast

bailarín *m.* ballet dancer

balbucear to stammer, mumble

baldaquino canopy

balneario spa

banderín *m.* pennant

bando: bando opuesto opposing (political) group

bañar to bathe; **bañado de sudor** dripping with sweat

bañera bathroom

barba beard; **una barba del miércoles** three-day beard

barbudo bearded

barco ship; **barcos de carga** steamships, freighters

barrabasada outrage

barranco gully, ravine; **barranco abajo** downhill

barriga belly

barro mud

bártulos *pl.* belongings

basura garbage

basurero garbage dump

bata bathrobe

bautismo baptism; **fe de bautismo** baptismal certificate

bautizado: ser bautizado to be given a name

bautizar to baptize; to name

beata *n.* devout woman

beato excessively devout

bellaco brute, villain

bendecir to bless

benefactor *m.*: el Benefactor *(See Note 1, "El oro de Tomás Vargas".)*

bicho insect

bien: portarse bien to behave oneself

biombo screen, wall

blanquear to whiten

blasfemia blasphemy; **lanzar blasfemias** to shout curses

bobalicón shallow, foolish

bocadito bite *(food)*

bochinchero brawler

bochorno feeling of shame; embarrassment

bocinazo sound of car horn

bodega cellar

bofetón *m.* hard slap; **propinar un par de bofetones** to deal a few blows

bolero bolero *(type of dance)*

boleta: boleta de notas report card

bolsa bag

bomba pump

bonachón *m.* good-natured

bondad goodness

bondadoso kindly

bordado embroidered

bordar to embroider

borra coffee grounds

borrachera drunkenness

borrado covered, erased

borrarse to fade

borroso blurred

bosque *m.* forest

bote *m.* boat; **bote a vela** sailboat

botín *m.* booty; ankle boot

brasa hot coal

bravo bold

brazos arms; **brazos en jarra** arms akimbo

brillo glow, brightness, brilliance

brincar to jump; **pegar un brinco** to skip a beat *(heart)*

brindar to offer *(gift)*

británico British; **colonia británica** British community *(living in another country)*

brotar to break from, break out; to pour out

bruja witch

brújula compass

bruma mist, fog

buey *m.* ox

buitre *m.* buzzard

bullicio commotion

bulto bundle *(luggage)*

burdel *m.* brothel

burlar to make fun of, avoid; to thwart; **burlar a la muerte** to cheat death; **lograr burlar** to outwit

burlón mocking

buscar to look for

caber to fit; **no caber duda** without doubt

cabida space

cabo end; **cabo de vela** candle stub

cabrón *m.* son of a bitch *(See also Note 12, "El oro de Tomás Vargas".)*

cacería hunting

cacha butt *(of a revolver)*

cachiporra club

cachorro puppy

cadera hip

caer to fall; **caer rendido** to fall from exhaustion

caja fuerte safe, strongbox

calabaza squash, pumpkin

calcinado bleached *(by sun)*

calcinar to bleach *(by sun)*

caldo soup

calentar to warm

calibrar to measure

calidad *f.* quality

cálido warm

calificado proven

calificar to grade

caligrafía penmanship

callar to silence

callejón *m.* alley

calvo bald

camaradería companionship

camastro cot

caminante walking

caminar to walk; **caminar con la cintura quebrada** to walk proudly with back erect *(movement only from the waist down)*

camionero truck driver

camioneta van, light truck

campana bell; **echar a volar las campanas** to set the bells ringing *(See also Note 5, "Cartas de amor traicionado".)*

campanario bell tower

campesino country dweller; peasant

camposanto graveyard

cana gray hair

canal *m.*: **abierto en canal** slit open

canasto basket

candor *m.* innocence

canícula dog days *(summer heat)*

cántaro pitcher

cantimplora canteen

capataz *m.* foreman

capitel *m.* capital *(architecture)*

carajo: qué carajo what the hell; **vete al carajo** go to hell *(See also Note 12, "Dos palabras", and Note 9, "El oro de Tomás Vargas".)*

carcajada guffaw *(loud laugh)*

cardenalicio *adj.* cardinal *(religious)*; **jurado cardenalicio** jury of cardinals

carecer to lack, be scarce

carente lacking

carga load; **barcos de carga** steamships, freighters

cargado loaded

cargamento load

cargar to load

cargo office *(official position)* *(See also Note 3, "La mujer del juez".)*; **hacerse cargo de** to take care of, take charge of

caricia caress

caridad *f.* charity

cariño affection

carmín *m.* rouge

carne *f.* flesh; **carne y hueso** flesh and blood

carnudo fleshy

carpa tent

carreta burden

carretera highway

carretilla cart

casaca jacket; uniform

casco helmet

caso: hacer caso de to pay attention to

castigar to punish

castigo punishment

castizo pure, correct

casualidad chance; **por casualidad** by chance

casulla chasuble *(sleeveless vestment worn by celebrant at Mass)*

cataplasma poultice

catedrático professor

caudillo leader, commander
cavar to dig
caza: galgo de caza hunting dog
cebo bait
ceguera blindness
celo zeal
ceniciento ash-colored; **volverse ceniciento** to turn ashen
ceniza ash
centenar *m.* (a unit of a) hundred
centésima hundreth
cepillar to brush
cera bee's wax
cercanías surroundings
cercenar to cut off
cerciorarse to make certain
cerco fence
cerro hill; pile
cesta basket
chaleco vest
charco puddle
charlatanería charlatanism
charol *m.* patent leather
chillar to scream
chiquillo youngster
chisme *m.* gossip, **chisme de comadres** gossip of old women
chistar to say a word; **sin chistar** without a word
chorreado dripping
chorrear to soak
chorro spurt; gusher *(oil well)*
cicatriz *f.* scar
ciego blind; **a ciegas** blindly; **quedarse ciego de perinola** to go blind as a bat
ciénaga marsh, swamp
cigarro cigar
cimarrón *m.* runaway slave *(See also Note 5, "La mujer del juez".)*
cincha cinch *(saddle strap)*
cinta ribbon
cintura waist; waistline; **caminar con la cintura quebrada** to walk proudly with back erect *(movement only from the waist down)*
cinturón *m.* belt
circundante surrounding

cirio candle
cisne *m.* swan
civil civilian; **vestido de civil** dressed in civilian clothes *(not in military uniform)*
clamar to beg
claro light *(color)*
clavado nailed; **clavado en el vientre** deep inside; **la vista clavada en** staring at, not taking one's eyes from
clavar to nail
clavo nail
codicia greed
coger to grab
cojo lame
cojones *m. pl.* testicles; **tener cojones** to have balls *(guts)*
cola: hacer cola to stand in line
colar to brew *(coffee)*
colegio primary and secondary school
colgar to hang
colina hill; **una colina enmarañada** a hill entangled with underbrush
colocar to place; **colocar atravesado** to place across
colonia cologne; colony; **colonia británica** British community *(living in another country);* **colonia italiana** Italian community *(See also Note 2, "Tosca".)*
columpiar to rock, sway
comadre *f.:* **chisme de comadres** gossip of old women
comején *m.* nagging worry
comensal *m., f.* dinner guest
comicios elections
comilona feast
comodidad *f.* comfort
compadecer to feel sorry for
compadecerse to sympathize with, pity
compartir to share
compinche *m.* buddy
complacer to please
componer to compose; **componerse de** to be composed of

comprimido trapped

comprobar to prove

compuerta door

compuesto: estar compuesto por to be composed of

compungido contrite

compungir to make remorseful

comulgar to take communion

conciliar to reconcile

concupiscente concupiscent, lusty

conducir to lead to

conejo rabbit; **paladar partido como un conejo** cleft palate

confín *m.* limit, boundary

congoja distress, grief

conjurar to exorcise

conmiseración commiseration

conmover to move *(emotionally)*

conmoverse to be moved *(emotionally)*

consejero counselor

consola de sonido amplifier

consultorio medical office

contrahecho deformed

contumaz persistent, long-lasting

convenir to be one's benefit; **convenirle a alguien** to be to one's advantage

convertir to convert, to change; **convertirse en** to become

convocar to convoke

coraje *m.* courage

coraza shell

cordillera mountain chain

cornudo cuckold

corpiño bodice

correa belt; thong

correazo lash with a belt

correr to run; **correr el rumor (la voz)** to be rumored

corretear to rush after

corrido: de corrido fluently

cortejo entourage

cosecha crop, harvest

costar to cost; **costarle** to do *(something)* through a great deal of effort

costurón *m.* scar

crecer to grow

crepuscular *adj.* twilight, dusk

crespo curly

criarse to grow up, be reared

criatura creature

crin *f.* mane

cristal *m.* crystal; **pelotilla de cristal** teardrop crystal *(of chandelier)*

cuadrilátero (town) square

cuadrilla squad, gang; **cuadrilla de obreros** work gang *(See also Note 18, "El palacio imaginado".)*

cuanto: unos cuantos some, a few; **propinar unos cuantos planazos** to give some swats

cuchicheo whispering

cuchillo knife

cuclillas *pl.*: **en cuclillas** squatting; **sentarse en cuclillas** to squat down

cuenta account; **darse cuenta de** to realize; **pedirle cuentas a alguien** to ask for or demand an explanation; **tener en cuenta** to take into account

cuerno horn *(See also Note 12, "Tosca".)*

cuero leather; skin; **cuero curtido** tanned hide

cuidar to care for; **cuidar con** to treat with, take care of with; **cuidarse de** to be wary of, to be careful about

culebra snake

culpa blame, guilt

culpar to blame

cumbia *dance popular in Caribbean region*

cumplir to complete; to fulfill

cuota tuition fee *(See also Note 2, "El oro de Tomás Vargas".)*

curtir to tan *(hides);* **cuero curtido** tanned hide

daño harm

dar to give; **dar la vuelta al planeta** to go around the world; **darle vergüenza a alguien** to be ashamed; **darse cuenta de** to realize; **darse prisa** to hurry; **dar un**

rodeo to walk about; **dar un vuelco** to upset
debilidad *f.* weakness
decena (a unit of) ten
dédalo labyrinth
defender to protect
dejar to leave; to allow; **dejar a su paso** to leave in one's path; **dejar de** + *inf.* to stop; **dejar** + *inf.* + **por** to allow oneself (*to do something*) because of (*some reason*)
dejo touch, hint
delante in front; **plantársele delante, ponerse por delante** to stand in front of threateningly, to oppose
delatado betrayed
deleite *m.* delight
demente demented
demorar to delay
deportivo *adj.* sport; **página deportiva** sports page
depositorio trustee, guardian
derramar to spill
derrame *m.* hemorrhage
derretir to melt
derribar to tear down
derrochar to waste
derrota defeat
derrotado defeated
derrotar to defeat
desabrochar to unbutton
desafiante defiant, challenging
desafiar to defy; to challenge
desafío challenge
desahogarse to unburden oneself (*emotionally*)
desalmado heartless
desamparado helpless, without protection
desaparecer to disappear; **hacer desaparecer** to make disappear (*person*) (*See Notes 9 and 12, "Un discreto milagro".*)
desaparecido missing person
desarrollar to develop
desatar to untie
desazón *m.* annoyance, frustration
desbaratar to ruin

desbocar to rush headlong, be unbridled
desbordado overflowing
desbordar to overflow; to run over
desbordarse to overflow
descalabrar to smash, damage
descalzar to take off shoes
descarada shameless, brazen
descarriar to lead astray
descartar to discard
desconsuelo distress, grief
descuido carelessness; **en sus descuidos** when least expected
desde since; from; **desde hacía mucho** for a long time; **desde ... hasta** from ... to
desechar to discard
desempeñar(se) to carry out
desencadenar to let loose
desfachatez *f.* brazenness
desfiladero mountain pass
desfile *m.* file, line (*of people*)
desgracia misfortune (*See also Note 16, "Un discreto milagro".*)
deshacerse to get rid of
deslumbrado dazzled
deslumbrar to dazzle
desmedido excessive
desmentir to deny, refute
desmesurado excessive, without measurement
desmoronar to crumble, fall apart
desnudo unadorned, naked
despachurrar to mangle, crush
despanzurrar to gut, disembowel; **muebles despanzurrados** furniture with upholstery in tatters
despecho spite, rancor
despedazar to tear to pieces
despedirse to say good-bye
despejar to clear
despeñadero cliff
despertar to awaken
desplazarse to move into
desplegar to unfold, develop
despliegue *m.* deployment
desplomarse to collapse
despojarse de to get rid of
despojo remains, residue

despreciar to scorn, despise

desprender to break off; to detach

desprenderse de to separate from

desprendido broken off

desprendimiento detachment, casualness

destacamento detachment

destacar to make stand out

desteñir to discolor, fade

desuso disuse

desvalido helpless

desván *m.* attic

desviar to make a detour

detallar to detail

detenerse to stop; **detenerse en seco** to stop abruptly

devolución *f.* returning of

devolver to return

dibujar to draw

dicha happiness

dicho saying, proverb

dientes teeth; **apretar los dientes** clench one's teeth; **escarbarse los dientes** to pick one's teeth

diestro skillful

difícil difficult; **resultarle (muy) difícil** to be (very) difficult (*for a person*)

dirigir to direct, drive; **dirigirse a** to move towards

díscolo unruly

discreto discrete, quiet

discurso (*political*) speech

discusión *f.* argument

disparar to fire (*a firearm*), shoot; to scatter

dispararse to accelerate rapidly

disponer de to have at one's disposal

disponerse a to get ready to

dispuesto disposed toward (*something*); **estar dispuesto a** to be in the mood; to be prepared to

divisar to make out (*see*)

divulgar to spread (*word*)

doler to ache

dolor pain; **dolor animal** severe anguish

dominical *adj.* Sunday

don *m.* talent

dorado gold-covered; **pata dorada** golden foot (*furniture*)

dormitar to doze

dos: dos palabras a few words, some words

dotado gifted, blessed

duda doubt; **no caber duda** without doubt

duelo mourning

duende *m.* spirit

dueño owner

dulcificar to sweeten

durazno peach

dureza *f.* hardness

durmiente *f.* railroad tie

echado thrown; **quedarse echado** to stay stretched out

echar to throw, to throw out; **echar a andar** to start to walk; **echar a volar las campanas** to ring out the bells; **echar mano de** to resort to; **echarse a llorar** to burst into tears; **quedarse echado** to stay stretched out

ectoplasma *m.* ectoplasm

eje *m.* axis, focal point

embajador ambassador; **embajadora** ambassador's wife (*See Note 16, "El palacio imaginado".*)

emboscada ambush

embrujado bewitched

embrujar to bewitch

empapar to soak

empecinar to insist

empeñarse to be determined

empeño (strong) effort, insistence; **hacer empeño** to insist

empeorar to worsen

emplumado feathered

emprender to undertake

empresa business

empujón *m.* push

empuñado in hand

empuñadura: las manos en las empuñaduras de los lazos fingering the knot of their lariats

enano dwarf

enarbolar to hold up above the head

encabezar to head

encaje *m.* lace

encargo charge

encarnar to incarnate

encierro confinement

encima above

encinta pregnant

encoger to shrink, shrivel

encogerse to shrink *(with terror);* to draw up *(body)*, hunch over; **encogerse de hombros** to shrug one's shoulders

encogido drawn up *(body)*, doubled up

encontrar to find; **encontrarse con** to meet, come across

encrespar to churn up

enfilar to drive *(vehicle)*

enfocar to focus

engañar to deceive; **engañar las horas** while away the time

engaño deceit

engranaje *m.* teeth *(of a mechanism)*

engrandecido heightened

engrillado shackled

enjuto wizened

enlazar to join; **enlazar las manos** to hold hands

enmarañado (en)tangled; **una colina emarañada** a hill entangled with underbrush

enmarañar to tangle

enorgullecer to become proud

enraizar to take root

enrollar to roll up

enterarse to become aware of, find out; to be informed; **enterarse de** to find out, be informed of

enterrar to bury

entierro burial place

entretanto meanwhile

entretecho attic

entretejer to interweave

entrevista interview

entrevistar to interview

envasar to package

envejecer to age

envenenar to poison; to ruin *(figurative)*

epistolar epistolary *(letter)*

equilibrarse to balance

equipaje *m.* luggage

equipo team; **equipo de rescate** rescue team

erguir to hold high

esbelto slender

esbozar to sketch, outline; **esbozar un guiño** to wink at

escabullirse to slip away

escarbar to dig, search

escarbarse: escarbarse los dientes to pick one's teeth

escarcha frost

escasear to be scarce

escena: puesta en escena coming on to the scene, into the limelight

escoger to select

escolta escort

escombro remains

escopeta shotgun

escopetazo shot from shotgun

escritura writing

escuchar to listen

escupir to spit (out)

escurrir to slip (away) from

esforzarse to make an effort; **esforzarse por** + *inf.* to try to, make an effort *(to do something);* **hacer un esfuerzo por** + *inf.* to make an effort *(to do something)*

esfumarse to fade away

eslabón *m.* link

esmerarse to take great care

esmero care

espantapájaros *m. sing.* scarecrow

espantar to frighten

espanto fright

espartano Spartan

espejismo mirage

espejo mirror

esperanza: estela de esperanza lingering hope

espesar to make thick

espeso thick

espesor *m.* thickness

espiga: pelo de espiga wheat-colored hair; a "buzzed" haircut
espinudo thorny
esposo spouse
espuma foam
espumosa foamy
estadía stay
estado condition; **estado de sitio** state of siege
estafa fraud
estafar to deceive
estallar to burst; to explode
estampita small religious picture
estancar to stop
estancia stay
estar to be; **estar a punto de** to be on the verge of; **estar a salvo** to be safe; **estar compuesto por** to be composed of; **estar de paso** to be passing through; **estar de vuelta** to be back (home); **estar dispuesto a** to be in the mood; **estar en los huesos** to be (reduced to) skin and bones; **estar en su sano juicio** to have all one's faculties; **estar en un apuro** to be in a jam; **estar fregado** to be in bad shape; **estar gastado** to be used up; **estar harto** to be fed up; **estar hecho para** to be meant to be, born to be
estela trail; **estela de esperanza** lingering hope
estero estuary
estilete *m.* stiletto; **tacones de estilete** high (spike) heels
estilita Stylite *(type of ancient religious ascetic)*
estirar to stretch out, flatten
estirarse to smooth
estrafalario outlandish; strange, eccentric
estrambótico outlandish
estrechar to embrace
estrecho tight
estrellarse to crash into
estrépito noise
estropicio destruction; damaging results
estufa stove, heater

evocar to evoke
exacerbado frustrated
exigencia demand
exigir to demand
eximir to exempt
exposición *f.* display
extenuado weakened; lasting a long time
extenuar to weaken
extragancia eccentricity
extramuros outskirts *(of city)*
exuberancia lushness

facciones *f., pl.* features *(face)*
faena work, chore
fakir *m.* fakir *(Muslim religious ascetic)*, wonderworker *(See Note 2, "Lo más olvidado del olvido".)*
falla defect, fault, failing
fallar (le a uno) to fail (someone)
fallecer to die
falta lack
fanfarronería boasting
fango mud
fariseo Pharisee; hypocrite *(figurative) (See also Note 21, "Un discreto milagro".)*
fastidiar to bother, annoy; **fastidiarle a uno** to bother someone
fatídico announcing misfortune
fealdad *f.* ugliness
fechoría villainy, misdeed
fe de bautismo *f.* baptismal certificate
feligrés *m.* parishioner
felpa stuffing
féretro coffin
férrea iron, strong-willed
fiel loyal, faithful
fiereza fierceness
fiero fierce
fijarse to settle in
fijo fixed, permanent
fingir(se) to pretend
firme firm; **de grupa firme** solid buttocks
flaqueza weakness, fault; thinness
flema phelgm; impassiveness
flojo loose *(not taut)*

fluvial: por vía fluvial river travel, river transport

fogón *m.* fireplace, hearth

fondo back(ground); bottom

forajido outlaw, marauder

forastero outsider, foreigner

formulario form *(document)*

fornida robust, strong

forrado upholstered

forrar to upholster

fosa grave

frasco jar

fregado screwed *(annoyed)*; **estar fregado** to be in bad shape

fregar to scrub; to worry, harass

frente: hacerle frente to stand up to someone

frontera border *(country)*, boundary

fruta fruit; **un árbol abrumado de fruta** a tree (over)loaded with fruit

fuerte strong; **caja fuerte** safe, strongbox

fuerzas *pl.* force

fugacidad fleetingness

fugar to flee

fugaz fleeting

fulminar to explode

fumarola fumarole *(volcanic hole from which gas issues)*

fundar to found

fundo estate *(Chile)*

funesto tragic, unfortunate; ill-fated

fusil *m.* rifle

fusilamiento execution; **pelotón de fusilamiento** firing squad

fustigar to stroke

galgo greyhound; **galgo de caza** hunting dog

gallo rooster; **riñas de gallos** cockfights *(See also Note 10, "El oro de Tomás Vargas".)*

ganadero *adj.* cattle

ganso goose

garganta throat

garra claw

gastado spent, worn out, wasted; **estar gastado** to be used up

gastar to spend, to waste

gatas: a gatas on all fours

gemido groan

gemir to moan

genocéntrico female-centered

gentileza gallantry, charm, kindness

gesto gesture; act, deed

glotona gluttonous

golpiza beating

gorrión *m.* sparrow; **trino de gorrión** sparrow's warble

gota drop

gozo joy

grabadora tape recorder

grabar to record; **grabárselo en la memoria** stamped in his memory

gracioso wise guy

gravedad *f.* seriousness; **de gravedad** seriously

gringo foreigner *(often from United States) (See also Note 16, "Tosca".)*

grosería crude language

grupa rump *(of horse)*; **de grupa firme** solid buttocks

gruta cave, grotto

guacamaya macaw

guama *tree native to Colombia and Venezuela;* **sombrero de pelo de guama** Panama hat

guante *m.* glove

guardaespalda *m.* bodyguard

guardar to protect; **guardar bajo llave** to keep under lock and key

guarida lair

guerrero warrior

guiño wink; **esbozar un guiño** to wink at slyly

gusto pleasure; **sentirse (muy) a gusto** to be (very much) at home

haber to have *(auxiliary verb)*; **haber de** + *inf.* to have to, be obliged to

habilidad *f.* ability; **habilidad de jinete** horsemanship

hacer to make, do; **desde hacía mucho** for a long time; **hacer caso de** to pay attention to; **hacer cola** to stand in line; **hacer desaparecer** to make disappear *(person)*; **hacer**

empeño to insist; **hacer oídos sordos** to turn a deaf ear; **hacer rueda** to form a circle; **hacer señas** to gesture; **hacerle frente** to stand up to someone; **hacerse cargo de** to take care of, to take charge of; **hacerse** + *adj.* to become; **hacer un esfuerzo por** + *inf.* to make an effort *(to do something)*

halar to pull

halcón *m.* falcon; **ojillos de halcón** cunning hawkish eyes

hambriento hungry

haragán *m.* good-for-nothing

harapo rag

harto full; **estar harto** to be fed up

hasta until; **desde... hasta** from... to

hazaña daring deed

hechizo spell *(witchcraft)*

hecho made; **estar hecho para** to be meant to be, born to be

hedor *m.* stench

heladería ice cream shop

helecho fern

hembra female *(See Note 1, "La mujer del juez".)*

heredero heir

herido wounded

herir to wound

hermético hermetic, sealed

herramienta instrument, tool

hierba maligna weed

hierro iron; **sonajera de hierros y de pólvora** "rattle of iron and gunpowder", "thunderstick" *(primitive firearm carried by Spanish conquistadors)*

hígado liver

hilacha shred

hilera row

hilo thread

hincarse to kneel

hinchado swollen

hinchar to swell up

hipódromo hippodrome, horse racetrack

hoja leaf

holgorio rowdiness

hombre de paso transient

hombría masculinity

hombro shoulder; **encogerse de hombros** to shrug one's shoulders

hombronazo huge, strong men

hondonada hollow, dip

hora hour; **engañar las horas** to while away the time

horca gallows

horchata drink made of fruit blend

hornear to bake

horno oven

horquilla hairpin

hueco hole

huelga strike *(work stoppage)*

huella sign, imprint

hueso bone; **carne y hueso** flesh and blood; **estar en los huesos** to be (reduced to) skin and bones

huidizo fleeting

huir to flee

humareda cloud of smoke

humedecer to moisten

humedecerse to become moist

hundir to sink

hundirse to sink into

huraño unsociable

hurgar to dig, probe

husmear to snoop, to pry

ideado designed

idear to design

ignorar to ignore, be unaware of *(See also Note 17, "Tosca".)*

igualar to equal

imborrable indelible

imperante prevailing

imperar to prevail, rule

inacabable unending

inagotable endless

inaugurar to open *(ceremony)*

incertidumbre *f.* uncertainty

inclemente unfriendly

inconsistente without substance

incorpóreo incorporeal

indagar to find out; to inquire into

indiscutible without doubt

infaltable inevitable

inflexible with firmness and determination (*See also Note 5, "El huésped de la maestra".*)

infructuoso without benefit

ingresos *pl.* income

inmisericorde pitiless

inmundo filthy

inquietud *f.* doubt, concern

insensatez *f.* foolishness

insinuarse to penetrate

insólito unexpected

insondable unfathomable, immeasurable

instalarse to find a good seat (*at an event*), settle down, get comfortable

intemperie *f.* bad weather

intentar to try to

intercalar to intercalate, to insert; **intercalado de** mixed with, with . . . inserted

interno boarding student

interrumpido blocked

intocado untouched

intrahistoria history within a single family

inútil useless

ira anger

irreductible unyielding

irremediable without remedy

irremisiblemente beyond hope of recovery

irrumpir to rush into

irse to go away; **vete al carajo** go to hell (*See also Note 12, "Dos palabras", and Note 9, "El oro de Tomás Vargas".*)

izar to raise

jadeo heavy breathing, panting

jarana: de jarana on a spree

jarra jar; **brazos en jarra** arms akimbo

jaula cage

jauría pack of howling dogs

jeringa syringe

jinete *m.* horseback rider; **habilidad de jinete** horsemanship

jirón *m.* shred

joder to screw, to harass

jorobado hunchback

jugarse to risk; **jugarse la vida** to put one's life at stake

juglar *m.* wandering minstrel (*of the Middle Ages*), storyteller; juggler (*See also Note 2, "Dos palabras".*)

juicio: estar en su sano juicio to have all one's faculties

juntar to join

juntura joint

jurado jury, panel of judges; **jurado cardenalicio** jury of cardinals

ladera hillside

lagarto lizard

lágrima tear

laguna lake; gap (*in knowledge*)

lamer to lick

lanzar to hurl, to throw; **lanzar blasfemias** to shout curses

largo long

latido *n.* beat (*heart*)

látigo whip; **latigazo** blow from whip

latir to beat (*heart*)

latón *m.* brass

lavado: lavado de lejía lye douche

lavanda lavender

lazo lariat; **las manos en las empuñaduras de los lazos** fingering the knot of their lariats

lecho bed

lejía lye; **lavado de lejía** lye douche

lente *m.* lens

leño log

lienzo canvas

ligar to link, connect

ligero lightweight, slight

límite *m.* boundary

lío mess

líquido liquid, soft

lirio lilly

liviano lightweight

lividez *f.* lividness (paleness)

lívido pale

llanto crying, sobbing

llanuras *pl.* plains

llave *f.* faucet; guardar bajo llave to keep under lock and key

llevar: llevarse una sorpresa to have another thing coming

llorar to cry; echarse a llorar to burst into tears; llorar de + *noun* to weep for (because of)

llovizna drizzle

lodazal *m.* mud heap

lodo mud

lograr to achieve, to succeed in; lograr burlar to outwit; lograr traspasar el umbral to regain one's sexual vigor

lona canvas

loza china, crockery

lucir to show off

lujo luxury

lujuria lust

luminoso shining

lupa magnifying glass

lustrado shined

lustrar to shine

luto mourning; de luto in mourning

macetero pot *(plant)*

macho male; un macho bien plantado a man in his prime

macizo massive

mago magician

magullón *m.* bruise

maíz corn; papilla de maíz corn mush

mal: portarse mal to misbehave

malabarismo juggling

malcriar to spoil, pamper *(a child)*

malestar *m.* indisposition

maldito cursed

maligna: hierba maligna weed

malograr to fail; nacimiento malogrado stillborn

maltrato bad treatment

maltrecho battered

manantial *m.* stream

mancha spot

manchado stained

manchar to stain

mando command

manejar to drive *(a car)*

manga sleeve

manifestar to make known

mano *f.* hand; echar mano de to resort to; enlazar las manos to hold hands las manos en las empuñaduras de los lazos fingering the knot of their lariats; pasar la mano to overdo, get carried away

manopla brass knuckles

manoseo handling

manotazo smack, slap; heavy stroke

manso timid, meek; tornarse manso to become submissive

manta blanket

mantenerse to keep oneself

mantilla silk veil

manutención *f.* upkeep

maña cleverness

mañoso having bad habits; ser mañoso to be difficult *(person)*

maraña tangle

maricón *m.* homosexual

marinero sailor

mármol marble

martillazo hammer blows

más allá *n.m.* the hereafter

mascullar to mumble

mata tuft; plant *(botanical)*

matón bully, thug, lout

mazamorra mush, bits

mazazón *m.* heavy blow

mecedora rocking chair

mechón *m.*: acomodarse un mechón to put one's hair back in place

medida size, act; a medida que as, while

medir to measure

medirse con to pit oneself against

mejilla cheek

melifluo mellifluous

memoria: grabárselo en la memoria stamped in his memory

mendigar to beg

menester duty

mensualidad *f.* monthly payment

mente *f.* mind
mentir to feign, pretend; to lie
meñique *m.* little finger
meollo marrow
mequetrefe *m.* good-for-nothing
mercadear to do business
mercader *m.* merchant
mercadería merchandise
merced *f.* mercy; **a merced de** at the mercy of
mermar to lessen, to reduce, to diminish
mermelada marmalade
meter to insert; **meterle un tiro** to fire a shot into; **meterse a** + *noun* to enter
mezcla mixture
mezcolanza hodpodge, jumble
mezquindad *f.* act of meanness; stinginess
mezquino stingy
miembro limb *(body part)* (See also Note 2, *"De barro estamos hechos".*)
miércoles *m.* Wednesday; **una barba del miércoles** three-day beard
mierda shit
milagro miracle
millar *m.* thousand
mimar to spoil *(a child)*
mimo pampering
mirar to look (at); **mirar de reojo** to look out of corner of eye
mirón *m.* onlooker, gawker
miseria misery, poverty
mísero wretched
mito myth
mobiliario furniture
moda fashion, style
modales *m. pl.* manners, breeding
modorra slumber
mojado dampened
mojar to wet, dampen
mojarse to get wet
mole *f.* mass
moler to grind
molestar to annoy, bother; **molestarse en** + *inf.* to bother *(to do something)*
moneda coin

monja nun
montar to mount
montuno *adj.* mountain; rustic
montura mount *(horse)*
moño bun *(hair)*
moquear to snivel; to have a runny nose; to whine
moquilleo sniveling, whining
moreno dark *(complexion)*
morocota old Spanish coin
morsa walrus
mortaja shroud
mosca fly; **patitas de mosca** fly specks *(See Note 5, "Dos palabras".)*
mosquitero mosquito netting
mostrador *m.* showcase
movilizarse to get around
muchedumbre *f.* crowd, throng
mueble furniture; **muebles despanzurrados** furniture with upholstery in tatters
muelle *m.* dock
muerte *f.* death; **burlar a la muerte** to cheat death
muestra sign, indication; sample
mujeriego womanizer
muladar *m.* dungheap, pigsty
muleta crutch
mundano worldly
muñeca wrist; doll
muselina muslin
musgo moss

naciente beginning
nacimiento birth; **nacimiento malogrado** stillborn
naipe *m.* playing card
nariz *f.* nose; **sonarse la nariz** to blow one's nose
náufrago shipwrecked
nebulosa cloudiness
nefasto malevolent, wicked
negar to deny; **negarse a** to refuse to
neumático inner tube
níspero medlar tree *(belonging to the apple family)*
noche night; **pasar noches en vela** to watch over someone night after night

nota grade; **boleta de notas** report card

novedoso novel, new

novenario novena *(nine days of worship offered to a saint)*

nubarrón *m.* storm cloud

nuca nape of neck

nuera daughter-in-law

nuevas *pl.* news

ñapa bonus *(See Note 13, "Dos palabras".)*

obrero laborer; **cuadrilla de obreros** work gang

obsequiar to make a gift

ocioso with nothing to do

ocultarse to hide oneself

oculto hidden

ocuparse de to take charge of

ocurrir to happen, to occur

ocurrírsele to occur to one, come into one's mind

odalisca odalisque *(female slave in harem, concubine)*

odio hatred

oficio job, profession

ofuscación *f.* bewilderment

ofuscar to confuse

oído (inner) ear; **hacer oídos sordos** to turn a deaf ear; **prestar oídos** to listen to

oír to hear; **oír a** + *person* + *inf.* to hear someone *(doing something)*

ojera circle under the eye

ojillo eye *(diminutive and pejorative);* **ojillos de halcón** cunning hawkish eyes

ojos eyes; **ojos ajenos** other people's eyes

oleajes *m. pl.* succession of waves

ombligo navel

onda wave

oprimente oppressive

optar to choose; **optar por** to decide, to choose

opuesto opposite; **bando opuesto** opposing (political) group

osado daring

osar to dare to

oscuro dark

otear to peer

otorgar to grant

ovillado curled up

ovillar to curl up

padecimiento suffering

padrastro stepfather

padrote *m.* womanizer, "don Juan"

página page; **página deportiva** sports page

pala shovel

palabra word; **dos palabras** a few words, some words; **palabra de aliento** word of encouragement

paladar *m.* palate; **paladar partido como un conejo** cleft palate *(See also Note 4, "El huésped de la maestra".)*

palanca lever

palillo small stick; **palillo de tejer** knitting needle

paliza beating

palo stick

palpable real, concrete

palpar to caress, fondle

palurdo hick, lout, yokel

pandilla band *(of thieves)*

pantalla screen *(movie or television)*

pantano swamp

papilla pap; **papilla de maíz** corn mush

par pair; **propinar un par de bofetones** to deal a few blows

parche *m.* patch

pariente *m.* relative, kin

parir to give birth to

párpado eyelid

parranda party, spree, binge

parrilla grill

parroquia parish

parsimonia carefulness

parsimonioso careful

partida game

partido split; **paladar partido como un conejo** cleft palate

partir to leave; **a partir de** + *time* from *(a point in time)* on

partirse to break
partitura (musical) score
parto childbirth
pasar to pass, to spend *(time)*; **pasar la mano** to overdo, get carried away; **pasar noches en vela** to watch over someone night after night
pasear to walk about
paso step; **a su paso** in passing; **dejar a su paso** to leave in one's path; **estar de paso** to be passing through; **hombres de paso** transients
pata foot *(of animal or furniture)*; **pata dorada** golden foot *(furniture)*; **patitas de mosca** fly specks *(See Note 5, "Dos palabras".)*
patada kick; **propinar unas patadas** to give a kicking
pátina patina *(surface of something discolored with age)*
patraña hoax
paulatinamente slowly
pecoso freckled
pedazo piece
pedir to ask (for); **pedir(le) cuentas (a alguien)** to demand an explanation
pegado stuck to
pegajoso sticky
pegar to glue, to paste; to hit; **pegar un brinco** to skip a beat *(heart)*
peinado hair style; **acomodarse el peinado** to arrange (run fingers through) one's hair
pelandusca slut
pelea fight
pellejo skin
pelo hair; **pelo de espiga** wheat-colored hair; a "buzzed" haircut; **sombrero de pelo de guama** Panama hat
pelotera hubbub; contest, struggle, fight
pelotilla: pelotilla de cristal teardrop crystal *(of chandelier)*
pelotón *m.* squad; **pelotón de fusilamiento** firing squad

pena sorrow; **penosamente** with sorrow
pendenciero brawler
pender to hang
pendiente pending; **vivir pendiente de alguien** to worry constantly about someone
penumbra shadow
penuria sacrifice
perdulario ominous, menacing; dissolute
perdurar to last
pereginaje *m.* pilgrimage
peregrino pilgrim
perentorio curt, peremptory; urgent
periférico marginal, outlying
perinola: quedarse ciego de perinola to go blind as a bat
pernicioso pernicious, evil
persiana Venetian-blind type shutters on exterior of window frame *(See also Note 22, "Tosca".)*
pertenecer to belong
pertenencias belongings
pesadilla nightmare
pesadumbre *f.* sorrow
peste *f.* plague, epidemic
pestillo (door) latch
petardo firecracker
petate *m.* (reed *or* straw) mat
pezón *m.* nipple
piadoso pious
picado pocked
picardía malice, roguishness
piedad *f.* piety
piel *f.* skin; **tira de piel** strip of skin
pieza room
pileta wash basin
pintarrajear to paint gaudily, garishly
piragua canoe
pirueta caper
pisar to step
pistoletazo pistol shot
placentero pleasant
planazo swat; **propinar unos cuantos planazos** to give some swats
plancha sheet *(metal)*

planear to glide

planeta *m.* planet, world; **dar la vuelta al planeta** to go around the world

plano single dimension

plantado: un macho bien plantado a man in his prime

plantársele delante to place in front of; to stand in front of threateningly

plazo period *(of time)*

plegar to fold

plegaria prayer

pliegue *m.* pleat, fold

poco little; few; **a poco andar** after a brief walk

poder to be able; **no poder más** unable to do more; **poder más** to overcome; **toma de poder** *m.* swearing-in ceremony, inauguration; **toma del poder** coup d'état

podredumbre *f.* rottenness

podrirse to rot

polvareda dust cloud

polvo dust

pólvora gunpowder; **sonajera de hierros y de pólvora** "rattle of iron and gunpowder", "thunderstick" *(primitive firearm carried by Spanish Conquistadors)*

poner to put, place; **ponerse de acuerdo** to come to an agreement; **ponerse por delante** to stand in front of threateningly, to oppose

por for; by; through; **por casualidad** by chance

pordiosero beggar

pormenores *m. pl.* details

portador *m.* carrier, vessel

portarse to behave; **portarse bien** to behave oneself; **portarse mal** to misbehave

porte *m.* appearance, bearing

portentoso marvelous

portón *m.* main gate

posada inn, resting place

postergado postponed

postergar to postpone

postigo shutter *(window)*

postular to be about; to postulate

postura position, attitude

potrero pasture

pozo (oil) well, hole *(in ground)*

pregonar to announce, proclaim; to peddle *(merchandise)*

prender to catch; to grasp

prendido caught; grasping

prensa press

preñada pregnant

preñar to impregnate

preñez *f.* pregnancy

presagio omen

presentir to have a premonition of

preso prisoner; arrested

prestar to loan; **prestar atención** to pay attention; **prestar oídos** to listen to

pretender to seek, strive for

pretendiente *m.* boyfriend

principio beginning

prisa haste; **darse prisa** to hurry

procurar to try

prodigio wonder

prodigioso prodigious, marvelous

prójimo fellow man

pronosticar to predict

propinar to give; **propinar unas patadas** to give a kicking; **propinar unos cuantos planazos** to give some swats; **propinar un par de bofetones** to deal blows

propio one's own

proporcionar to give

proveer to provide, supply

provenir to originate

provisto armed

prudente reserved, wise

prueba proof

pudor *m.* modesty

pudoroso modest

pudrirse to rot

puesta: puesta en escena coming on to the scene, in the limelight

pujar to struggle

pulir to polish, shine

pulmón *m.* lung; **a todo pulmón** loudly

punto point; **estar a punto de** to be on the verge of

puñado fistful

pupitre *m.* desk *(student)*

quebradizo brittle

quebrado broken; **caminar con la cintura quebrada** to walk proudly with back erect *(movement only from the waist down)*

quebrar to break; **quebrársele la voz** to have one's voice break

quedar(se) to remain; **quedarse ciego de perinola** to go blind as a bat; **quedarse echado** to stay stretched out; **quedar viuda** to become widowed

quehacer *m.* chore

quejido moan

quemar to burn; **quemarse** to get burned up

quiebra bankruptcy

quimera illusion

quincena *(a unit of)* fifteen *(See Note 6, "La mujer del juez".)*

quinqué *m.* oil lamp

rabia anger

rabieta fit of temper

rabipelado mangy dog

radio radius

raíz *f.* root; **a raíz de** due to, because of

ramo bouquet

rancho shack, hut *(See also Note 4, "El oro de Tomás Vargas".)*

rancio rank *(odor)*

rapto kidnapping

raquítico sparse

ras: a ras de suelo even (level) with the ground

rasgo characteristic, peculiarity

rasgos *pl.* features *(face)*

rastro sign; trace; scent

rebaño herd, flock

rebasar to spill over, overflow

rebatir to refute

rebotar to bounce

recelo suspicion

rechazo rejection

rechoncho stocky

recio strong, robust

reclamar to cry for

reclutar to recruit

recoger to pick up

recóndito hidden, recondite

recordatorio reminder

recorrer to go across, walk or go the length of; to run one's hands over; to look over, scan

recurrir to resort to

recurso resource

redactar to write

refulgente brilliant

refulgir to shine

refunfuñar to grumble

regalar to make a gift

regar to spread, scatter; to water

regazo lap *(body)*

regresar to return; **regresar donde** + *proper noun* to return to *(person's place)*

regular ordinary

rehusarse to refuse

reír to laugh

relato story

relevo relief

relieve *m.* raised work

remecer to stir up

remilgo primness

remo oar

remover to turn over

rencor *m.* rancor

rendido: caer rendido to fall from exhaustion

rendimiento performance

rendirse to submit, yield, surrender

reojo: mirar de reojo to look out of corner of eye

repartir to distribute

repentino sudden

repisa shelf

repleto full

reponer to recover

repuesto spare, replacement

requerir to require

res *f.* beast, animal
resabio hint, suggestion
resbalar to slide
rescatar to rescue
rescate *m.* rescue; **equipo de rescate** rescue team
resfrío cold *(infection)*
resistir to withstand, accept
respingo gesture of disgust
resquicio chink, crack; **en algún resquicio** (hidden) in some part *(of someone)*
resultar to result, turn out; **resultarle (muy) difícil** to be (very) difficult (for a person)
retahila stream, string, volley
retardar to retard
retazo moment; remnant
retén *m.* jailhouse
retener to detain
retirarse to retire *(from work);* to go to bed
retomar to pick up anew
retorcido twisted
retraer to draw in
retraído shy, reserved
retratar to delineate
retribuir to reward; to pay back
retroceder to go back, return; to withdraw
revancha rematch, revenge
reventar to break, smash
reventarse to burst
revisar to look over carefully, inspect
revolver to stir
revuelto upset
rezar to pray
riachuelo stream
rico rich; **dejar de ser rico** to be rich no longer; **hacerse rico** to become rich
riel *m.* rail *(train)*
rienda rein, control
riña quarrel, fight, brawl; **riñas de gallos** cockfights *(See also Note 10, "El oro de Tomás Vargas".)*
risotada loud laugh
rizo curl

roce *m.* touch, contact
rodeo roundabout course; **dar un rodeo** to walk about
rodilla knee
roer to gnaw
rogar to beg
rompecabezas *m. pl.* puzzle
romper to break
roncar to snore
rostro face
rozar(se) to touch lightly
ruborizar to redden, become embarrassed
rudeza crudity, coarseness
rudo unpolished, coarse, without refinement *(See also Note 7, "La mujer del juez".)*
rueda circle; **hacer rueda** to form a circle
rugido roar
rugir to roar
rumbo route, direction
rumor rumor; sound; **correr el rumor** to be rumored

sábana sheet *(bed)*
saborear to taste
saciar to satisfy
sacudido shaken, shaking
sacudir to shake
sacudirse to shake off
saltar to skip over; to leap off; **sin saltarse nada** without skipping anything
salvar to save, salvage
salvataje *m.* (life)saving, protecting
salvavidas *m. pl.* lifesaver
salvo safe; **estar a salvo** to be safe; **sano y salvo** safe and sound
sano healthy; **estar en su sano juicio** to have all one's faculties; **sano y salvo** safe and sound
Santa Sede *f.* Holy See, Chair of St. Peter
santón *m.* would-be saint
sapo toad
sátrapa *m.* satrap *(local despot)*
secar to dry

seco dry; **detenerse en seco** to stop abruptly
secuestrada kidnapped
secuestrar to kidnap
seguidor *m.* follower
seguir to follow; **seguir de** + *noun* to continue
sellado sealed
selva jungle
sembrado (de) covered (with)
sembrar to seed
semental *m.* breeder bull
sencillez *f.* simplicity; without pretension
sendero path, way
seno breast
sensibilidad *f.* sensitivity
sentarse to sit down; **sentarse en cuclillas** to squat down
sentir to feel; **sentirse (muy) a gusto** to be (very much) at home *(in a place)*
señalar to point out
señas *pl.*: **hacer señas** to signal
señero outstanding
señorial lordly
sepelio burial
sequía drought
séquito entourage
ser to be; **ser bautizado** to be given a name; **ser mañoso** to be difficult *(person)*
setenta seventy; **setenta y tantos años** seventy-some years *(of age)*
siembra sowing *(of crops)*
sien *f.* temple *(side of head)*
sietemesino premature baby
sigiloso silent
silabario spelling book
silbar to whistle
silbido whistle *(sound)*
silvestre wild, rustic
siniestro evil, sinister
sitio site; **estado de sitio** state of siege
soberbia haughtiness
sobrar to be left over, have in excess
sobre *m.* envelope
sobreponerse to control oneself

sobresalir to emerge
sobresaltado startled
sobresaltar to startle
sobresalto scare, sudden shock
sobrevivencia survival
sobreviviente *m.* survivor
sobrevivir to survive
socavón *m.* tunnel *(mine)*
socio partner
socorrer to help
sofoco suffocation, stifling sensation
solapado hidden, concealed
soler to be accustomed to; to be used to
solicitar to apply
sollozar to sob
sollozo sob
soltar to let loose, to detach
solterón *m.* confirmed bachelor
sombrero hat; **sombrero de pelo de guama** Panama hat
sombrío shadowed
someterse to give in, yield
sometimiento submission
sonajera rattle, **sonajera de hierros y de pólvora** "rattle of iron and gunpowder", "thunderstick" *(primitive firearm carried by Spanish Conquistadors)*
sonar to sound, make a noise; **sonarse la nariz** to blow one's nose
sonido: consola de sonido amplifier
sopor *m.* drowsiness
soportar to tolerate
sorbo sip, drink, swallow
sordo deaf; **hacer oídos sordos** to turn a deaf ear
sorpresa surprise; **llevarse una sorpresa** to have another thing coming
sosiego peacefulness
sospechar to be suspicious
sostener to support, sustain
súbito sudden; **de súbito** *adv.* suddenly
suceder to happen
sudar to sweat

sudor *m.* sweat; **bañado de sudor** dripping with sweat

suela sole

suelo ground; **a ras de suelo** even with the ground

suelto loose; **andar suelto** to be on the loose

suero serum

suerte *f.* sort, kind *(species)*

sujetar to subject; to subdue

sumado added

sumar to add

sumarse to be added to

sumido submerged

superficie *f.* surface

suplicar to plead

suplicio suffering, torment, anguish

surco furrow

surgir to spring up, emerge, appear

surtir to produce

suscitar to cause

suspirar to sigh

sustraer (*alternate spelling:* **substraer**) to rob

sustraído robbed

susurrar to whisper

susurro whisper

tabla plank, board

tablón *m.* board, plank

taburete *m.* stool

tacón *m.* heel; **tacones de estilete** high (spike) heels

talante *m.* mood

tamaño size

tantos *pl.*: **setenta y tantos años** seventy-some years (of age)

tapado covered

tapar to cover

tapicería tapestry

taponear to cover

tararear to hum

tardar to delay; **tardar** + *time* + **en** to take (*a certain time*) to

tarde *f.* afternoon; evening; **de tarde en tarde** now and then; **tarde o temprano** sooner or later

tarima platform

tarro pot

tazón *m.* bowl

techo ceiling

tejer to knit; **palillo de tejer** knitting needle

tejido connective tissue

tela cloth

telúrico of the earth

tembleque *m.* shaking

temblor *m.* trembling

temer to fear

temerario reckless

temido feared

templanza moderation, restraint

templar to harden

temprano early; **tarde o temprano** sooner or later

tender to lay out

tenderete *m.* stall

tenderse to stretch out *(body)*

tener to have; **tener en cuenta** to take into account; **tener cojones** to have balls *(guts)*

terciar to join in

terminar to end; **terminar por** + *inf.* to end up *(doing something)*

ternura tenderness

terquedad *f.* stubbornness

terrateniente *m.* large landholder

terreno land; **terreno ajeno** property belonging to someone else

tetilla nipple

tinta ink

tintero inkwell

tira strip; **tira de piel** strip of skin

tirar to discard; to pull

tiro shot *(firearm);* **animal de tiro** draft animal; **a tiros** by shooting; **meterle un tiro** to fire a shot into

tirón *m.* tug, sudden jerk

titubeante stuttering

titubeo staggering, falling

título diploma

tobillo ankle

tocar to touch; **tocarle a uno** to be up to someone, fall to someone

todo all, every; **a todo pulmón** loudly

toldo awning

toma de poder *m.* swearing-in ceremony, inauguration

tonelada ton

torbellino whirlwind

torcido twisted

tornarse to become; **tornarse manso** to become submissive

toro bull; **toro semental** breeder bull

torpeza coarseness *(in features or habits)*

tosco rough

tostar to toast

tozudo obstinate, determined

traducir to translate

tragado swallow, gulp *(physical action)*

tragar(se) to swallow

trago swallow

trama plot

trámites *m., pl.* formalities

trampa crookedness, dishonesty; trap

trancarse to brace oneself

tranco big step

transcurrir to occur, to take place

transformar to transform; **transtormársele en** to turn into, become

transitable passable

transitar to go from place to place

tranvía *m.* streetcar

trapo rag

tras *prep.* behind

trascender to overcome

trasero rear

trasfondo background

trasladar to transfer

trasladarse to move

traspasar to go across; **traspasar el umbral** to cross the threshold; to regain one's sexual vigor

traspié *m.* blunder

trastornar to upset

trastorno disturbance

tratarse de to treat one another *(manners)*

trato treatment

travesía crossing

travesura mischief, escapade

travieso lively; naughty

trazo stroke *(penmanship)*

trecho stretch *(road)*

tregua truce, lull; peace

trenzar to weave

trepar to climb; **trepar al anca** mount a horse behind the rider

treta feint, trick

trifulca row, quarrel

trinar to trill

trinitaria pansy

trino warble; **trino de gorrión** sparrow's warble

tropel *m.* bustle, confusion

tropezar to stumble; **tropezar con** to run into

tropezón *m.* stumble; **avanzar a tropezones** to stumble along

trozo piece

tumbar to overthrow

turbio cloudy, thick

turnarse to take turns

tutor *m.* guardian *(See also Note 1, "Cartas de amor traicionado".)*

ubicar to locate

umbral *m.* doorstep, threshold; **traspasar el umbral** to cross the threshold; to regain one's sexual vigor

unir to unite

uva grape

vacilar to hesitate

vacío emptiness

vagar to wander

vagón *m.* car *(railway)*

vaina thing *(colloquial and often pejorative);* **ni de vaina** not on your life, no way

valorización *f.* appraisal, assessment

vanagloriarse to boast of

vasija pot

vecindario neighborhood

vejete *m.* codger

vela vigil; sail; candle; **bote a vela** sailboat; **cabo de vela** candle stub; **pasar noches en vela** to watch over someone night after night

velada social gathering

velar to watch over

veleidad *f.* capriciousness

velo veil

vello hair *(body)*

vencer to overcome, conquer

venda bandage

vendaje *m.* bandaging

ventolera gust of wind

vera edge, shoulder *(of road)*

veraz truthful

vergüenza shame; **darle vergüenza a alguien** to be ashamed

vericueto cracks, corners

vestido dressed; **vestido de civil** dressed in civilian clothes *(not in military uniform)*

vestirse to get dressed

vía: por vía fluvial river travel, river transport

vianda food

vida life; **jugarse la vida** to put one's life at stake

vidrio glass *(window)*

vientre *m.* stomach, belly; **clavado en el vientre** deep inside

viga beam

vigilado watched

vigilancia watchfulness

vigilar to stand guard

villorio little village *(derogatory)* *(See also Note 14, "Tosca".)*

vilo: en vilo suspended, up in the air

viruela smallpox

viscoso thick

vislumbrar to catch a glimpse

vista view; gaze; sight; **la vista clavada en** starring at, not taking one's eyes from

viuda widow; **quedar viuda** to be widowed

viudez *f.* widowhood

vivir to live; **vivir pendiente de alguien** to worry constantly about someone

vocación *f.* habit

vocerío clamor, loud noise

volar to fly; **echar a volar las campanas** to ring out the bells

volátil volatile, changing rapidly

volcar to overturn; **dar un vuelco** to overturn, to roll over

voltear to turn over

volver to return; **volver a** + *inf.* to do *(something)* again; **volver a las andanzas** to be up to one's old tricks

volverse to become; **volverse ceniciento** to turn ashen

voz *f.* voice; **correr la voz** to be rumored; **quebrársele la voz** to have one's voice break

vozarrón *m.* big voice

vuelco: dar un vuelco to overturn, to roll over

vuelo flight

vuelta twist, turn; **dar la vuelta al planeta** to go around the world; **estar de vuelta** to be back *(home)*

vulgar common *(See also Note 4, "Un discreto milagro".)*

yacer to lie *(position)*

yerba herb

yerbabuena mint

yeso chalk; plaster

zafarrancho disaster

zampar to blurt out, hasten to point out

zarpa claw

zorro fox

zurra whipping

zurrar to beat, to wallop

Kenneth M. Taggart is Professor of Spanish at Trinity University in San Antonio, Texas. He received his B.A. and M.A. from Texas Western College, and his Ph.D. from the University of Puerto Rico. His teaching experience of more than thirty years has been at both secondary and university levels. His early publications include *Yáñez, Rulfo y Fuentes*: *El tema de la muerte en tres novelas mexicanas,* and a coauthored Spanish grammar review text. His current writing focuses on Latin American novelists from 1960 to the present, especially Isabel Allende and other women writers of her generation.

Richard D. Woods is Professor of Spanish at Trinity University in San Antonio, Texas. He received an M.A. from the Universidad Nacional Autónoma de México, and he holds the Ph.D. in Iberoamerican Studies from the University of New Mexico. He has taught Spanish for twenty-five years and has published in the fields of Hispanic names, reference books, and Mexican autobiography. In 1964 and 1979 he visited Colombia with the Fulbright program.